지옥 자식
되게 말라

지옥 자식 되게 말라

초판 발행	2019년 1월 30일
지은이	지광남
발행인	한뿌리
펴낸곳	有하
등록	2014년 4월 24일 제 2016-000004호
주소	서울 강서구 방화대로 44길 49
전화	02-2663-5258
팩스	02-2064-0777

값 16,000원
ISBN 979-11-85927-21-3
*이 책의 저작권은 저자에게 있습니다.

지옥 자식 되게 말라

아가페의 통치와 필레오의 사역

지광남 지음

有하

차 례

서론 __7
1장 | 그리스도 도의 초보 __21
2장 | 신학적인 구원론의 문제점 __49
3장 | 구원과 멸망의 여러 가지 상황 __85
4장 | Agape와 Phileo __111
5장 | 구속의 3단계 __135
6장 | 하나님의 은혜를 헛되이 받지 말자 __171
7장 | 십자가의 도, 사랑, 공로 그리고 복음 __189
8장 | 제사 직분과 십일조 __227
9장 | 예배의 장소는 어디인가? __253
10장 | 요한계시록의 하이라이트 __289
11장 | 성만찬을 기념하는 어리석음 __317
12장 | 뜻을 돌이키시는 하나님 __335

서론

　세상의 마지막이 가까워졌는데도 그리스도인들이 아무런 느낌 없이 세상의 물질문명에 휩싸여 세상 사람들과 다를 바 없이 살고 있다고 해도 과언이 아닐 것입니다. 많은 영적인 사람이 '회개하지 않으면 하나님의 진노가 임한다'고 하지만, 많은 교단이나 단체가 니느웨처럼 금식하며 회개하기는커녕 그럴 기색조차 보이지 않으니 너무나 두려울 뿐입니다.

　제가 이전에 출간한 『다른 복음이 판을 치는 한국 교회』와 『마땅히 행할 길』이란 제목의 두 책은 오직 성경 한 권을 손에 잡고 성령이 지각에 넣어주시는 말씀으로 현지 교회에서 외친 것인데, 이것이 책으로까지 나오게 된 것은 전적으로 성령의 말하게 하심입니다.

　이 세 번째 책을 출판하는 동기도 하나님 나라 복음을 외치는 교회가 너무나 적고, 또 복음도 아닌 십자가(?)를 복음이라고 외치는데도 많은 그리스도인과 사역자가 미혹되어 "우와, 야!" 하고 따라가고 있는 현실을 보면서, 이처럼 미혹된 이들을 천국 복음으로 돌아서게 하고 그 영혼을 사망에서 구하기 위함입니다.

주님이 이 땅에 오셔서 천국복음을 전하시면서 사역을 시작하셨습니다. "예수께서 온 갈릴리에 두루 다니사 저희 회당에서 가르치시며 천국복음을 전파하시며 백성 중에 모든 병과 모든 약한 것을 고치시니"(마 4:23).

누가복음 4장 43절은 대단히 중요합니다. "예수께서 이르시되 내가 다른 동네에서도 하나님의 나라 복음을 전하여야 하리니 나는 이 일로 보내심을 입었노라." 주님이 이 일로 보냄을 받으셨습니다. 이것이 진정한 천국 복음이요 하나님 나라 복음인데, 오늘날 많은 교회가 주님이 전파하신 이 복음을 전하고 있는지 살펴보시기 바랍니다. 오히려 참된 천국 복음을 전하는 사람들이 어려움을 겪고 있는 것이 현실입니다. 우리는 하나님이 주님을 이 땅에 보내신 것은 천국 복음을 전파하시기 위한 것임을 명심해야 하고, 또 천국 복음이 무엇인지 분명히 알아야 합니다.

이같이 하나님 나라(천국) 복음을 전하신 주님이 부활 후 40일 동안 하나님 나라의 일만 말씀하셨습니다. "해 받으신 후에 또한 저희에게 확실한 많은 증거로 친히 사심을 나타내사 사십 일 동안 저희에게 보이시며 하나님 나라의 일을 말씀하시니라"(행 1:3).

우리의 사역은 사도들의 사역 행적인 사도행전을 잘 따라가야 할 것입니다. 이것은 매우 중요합니다. 만약 사도들의 사역을 무시하고 나름대로 사역한다면 아무리 열심히 해도 결국 다른 길로 달려가게 될 것입니다. 사도행전 1장 1-2절은 누가복음을 기록한 것에 대해 말씀했고, 3절부터 주님의 마지막 사역으로 부활 후 40일 동안 하나님 나라의 일을 말씀하신 것을 기록하며 서막을 열었습니다. 그리고 주님은 사도들에게 예루살렘을 떠나지 말고 아버지의 약속하신 것을 기다리라고 했습니다. 그것은 "몇 날이 못되어 성령으로 세례를 받으리라"고 한 것입니다.

그들은 함께 모여 마음을 같이하여 기도에 돌입했습니다. 이윽고 성령이 강림했고, 그들은 성령 세례를 받았습니다. 그리고 그들은 사역을 시작했습니다.

3년 동안 하나님 나라에 대해 듣고 배운 제자들은 그들의 사역에서도 하나님 나라를 전파했을 것은 분명합니다. 사도 바울은 예수님의 제자도 아닐 뿐더러 그리스도인들을 결박하는 앞잡이였습니다. 그러나 회심한 후 그가 한 사역을 보면 놀랍게도 주님의 사역을 그대로 이어갔습니다. 바울과 바나바가 루스드라에서 전도한 것에 대해 성경은 이렇게 기록하고 있습니다. "제자들의 마음을 굳게 하여 이 믿음에 거하라 권하고 또 우리가 하나님 나라에 들어가려면 많은 환란을 겪어야 할 것이라"(행 14:22). 이렇게 그들 사역의 핵심은 하나님 나라에 들어가는 것이었습니다.

사도행전 19장 8절에는 바울이 에베소 회당에서 사역하는 장면이 나옵니다. "바울이 회당에 들어가 석 달 동안을 담대히 하나님 나라에 대하여 강론하며 권면하되." 또 20장 25절에서는 이렇게 고별 설교를 합니다. "보라 내가 너희 중에 왕래하며 하나님 나라를 전파하였으나 지금은 너희가 다 내 얼굴을 다시 보지 못할 줄 아노라." 이와 같이 바울 사역의 핵심은 하나님 나라를 강론하고 전파하는 것이었습니다. 이렇게 고별 설교를 한 그는 죄수가 되어 로마로 가게 됩니다.

바울이 로마에서 행한 사역에 대해 사도행전 28장 23절은 그가 자신이 머무는 집에 찾아오는 자들에게 아침부터 저녁까지 강론하여 하나님 나라를 증거했다고 기록하고, 또한 사도행전의 마지막 절인 31절에서는 이렇게 기록하며 끝을 맺습니다. "담대히 하나님 나라를 전파하며 주 예수 그리스도께 관한 것을 가르치되 금하는 사람이 없었더라." 많은 사람이 사도행전은 지금도 계속 쓰이고 있다고 하는데 여기에 대해 아멘이라고 할지 잘 모르겠습니다. 그러나 사도행전은 주님이 하나님 나라를 전파하는 것으로 시작하시고, 또 바울에 의해 하나님 나라를 전파하는 것으로 끝을 맺습니다. 만약 그 후 하나님 나라를 강론하고, 전파하며, 증거하지 않았다면 사도행전의 사역은 지금도 계속되고 있다고 볼 수 없습니다.

우리에게 주어진 것은 성경 한 권입니다. 우리가 사역할 때 성경을 따르는 것은 기본이고 원리며 근본입니다. 그러므로 천국복음과 하나님 나라를 바르게 알지 못한다면 거기서부터 다른 복음을 전하게 되는 것입니다. 주님은 마가복음 7장 7-8절에서 이사야 29장 13절을 인용해 "사람의 계명으로 교훈을 삼아 가르치니 나를 헛되이 경배하는도다 하였느니라 너희가 하나님의 계명을 버리고 사람의 유전을 지키느니라"고 하셨습니다.

문제는 바로 여기에 있습니다. 현재 많은 교회가 예수님과 사도들의 사역인 "하나님 나라 전파"를 하지 않고 사람의 계명으로 가르치고 있기에 심각한 수준에 도달한 것입니다. 그것은 지도자의 문제입니다.

오늘날 세계에서 유명하다고 일컬어지는 대형 교회 목회자들의 배교는 이미 드러났습니다. 주님이 마태복음 23장에서 외식하는 서기관들과 바리새인들에게 책망하신 수준을 넘었다고 할 수 있습니다. "화 있을진저 외식하는 서기관들과 바리새인들이여 너희는 천국 문을 사람들 앞에서 닫고 너희도 들어가지 않고 들어가려 하는 자도 들어가지 못하게 하는도다"(14절). "너희는 교인 하나를 얻기 위하여 바다와 육지를 두루 다니다가 생기면 너희보다 배나 더 지옥 자식이 되게 하는도다"(15절). 이것은 생명을 살리려는 자들이 아니라 사람을 모으는 자들의 모습입니다. 왜 사람을 모으는지 16절, 18절, 24절이 말해주고 있습니다. "화 있을진저 눈먼 인도자여 너희가 말하되 누구든지 성전으로 맹세하면 아무 일 없거니와 성전의 금으로 맹세하면 지킬지라 하는도다"(16절). "너희가 또 이르되 누구든지 제단으로 맹세하면 아무 일 없거니와 그 위에 있는 예물로 맹세하면 지킬지라 하는도다"(18절). "맹인 된 인도자여 하루살이는 걸러 내고 낙타는 삼키는도다"(24절). 이 내용들은 탐심으로 가득한 자들이 사람을 모으는 공통된 모습입니다.

예수님 당시와 지금 시대를 비교해 보면 어느 때가 죄악으로 더 어두운지 알 수 있습니다. 그렇다면 여러분이 나가는 교회를 통하여 구원의 역사가 이루어질 가능성은 미미할 것으로 보입니다. 이제는 스스로 살 길을 찾아야 합니다. 그 길은 오직 말씀과 기도로 거룩해지는 것(딤전 4:5) 외에는 없습니다.

제가 이 책을 쓰게 된 것은 오늘날 교회 지도자들의 타락이 예수님 당시 서기관들과 바리새인들의 수준을 넘어섰고, 선교지에서도 많은 선교사가 보편적으로 알고 있는 것으로 가르치는데, 그 가르침으로 인해 많은 그리스도인이 주님의 뜻대로 살지 못하고 세상 사람들과 다를 바 없는 모습으로 살기 때문입니다.

언젠가 중국 가정교회 사역을 두 주 동안 다녀온 적이 있는데, 현지 지도자들에게서 선교사들이 중국에 와 중국 교회를 완전히 세속화시켰다는 말을 듣고 마음이 몹시 아팠습니다. 그분들 말씀으로 중국 교회가 선교사들을 통하여 돈맛을 보고 세속화되었고, 선교사들이 신학교를 세워 신학과 교리를 가르침으로 인해 그리스도인의 삶에 문제가 생겼다고 했습니다.

또 한 가지 이유는 우리가 흔히 알고 있는 하나님의 사랑, 아가페에 대해 잘못된 인식이 많고, 보편적인 가르침들이 왜곡되었음을 알게 되었기 때문입니다. 아가페에 대해서는 4장에서 자세히 보게 될 것입니다. 이 책은 이러한 이유들로 준비하게 되었고, 저 자신도 알지 못했던 많은 부분에 대해 순수 성경 한 권으로 원어를 확인했고, 성령님이 깨달음을 주셨습니다. 같은 요절과 말씀들이 장마다 계속 사용된 것은 부족한 부분을 보충하시고 바로잡으시는 주님의 뜻인 것 같습니다.

앞서 출간한 두 책에서 이미 언급한 것이지만, 천국복음은 첫 단추처럼 중요하기에 이 책의 서론에서 한 번 더 언급했는데, 이는 구원의 길에서 벗어나지 않기 위함입니다.

주님이 "회개하고 복음을 믿으라"고 하심은 회개해야 천국복음을 믿을 수 있다는 것입니다. 그래서 세례 요한과 예수님은 첫 사역의 외침으로

"회개하라 천국이 가까웠느니라"고 하셨습니다. 회개하지 않으면 하나님 나라와 상관이 없는 것입니다.

복음은 바로 주님입니다. 그리고 회개하고 주님을 믿으라는 이 말씀을 바로 알아야 천국복음을 바로 알 수 있습니다. 주님이 이 땅에 오시기 전까지는 구약성경밖에는 없었습니다. 그래서 우리는 예수님이 이 땅에 복음으로 오실 것을 예언한 것에서부터 출발해야 합니다.

천국 복음의 예언은 이사야 9장 2절과 6절에 이렇게 기록되어 있습니다. "흑암에 행하던 백성이 큰 빛을 보고 사망의 그늘진 땅에 거주하던 자에게 빛이 비치도다." "이는 한 아기가 우리에게 났고 한 아들을 우리에게 주신 바 되었는데 그의 어깨에는 정사를 메었고 그의 이름은 기묘자라, 모사라, 전능하신 하나님이라, 영존하시는 아버지라, 평강의 왕이라 할 것임이라."

이 예언을 보면 그분은 흑암에 빛이 비치게 하고, 평강의 왕으로 오신다고 했습니다.

마태복음 4장 16절은 예언의 성취로 "흑암에 앉은 백성이 큰 빛을 보았고 사망의 땅과 그늘에 앉은 자들에게 빛이 비취었도다"고 했습니다. 이것을 사도 요한은 요한복음 1장에서 너무나 명백하게 진술하고 증언하고 있습니다.

1장 4-8절을 보면 빛을 언급하면서 "예수님 안에 있는 생명은 사람들의 빛이다. 이 빛이 어두움에 비취되 어두움이 깨닫지 못했다. 그때 세례 요한이 나타났다. 그는 이 빛이 아니고 이 빛에 대해 증거하러 온 자다.

빛을 믿게 하려고 빛을 증거하러 왔다"고 명백하게 말하고 있습니다. 우리가 여기서 놓쳐서는 안 될 것이 바로 이 "빛"입니다. 세례 요한이 "회개하고 복음을 믿으라"고 한 것은 요한복음 1장 7절에서 빛을 믿게 하려고 빛을 증거한 것과 일치합니다.

사도 요한은 요한복음 1장 9절에서 "참 빛 곧 세상에 와서 각 사람에게 비취는 빛"으로 오신 예수님에 대해 기록하면서 세례 요한의 증거가 실제로 성취된 것을 언급했습니다. 그리고 1장 11절에서 자기 땅에 오매 자기 백성이 영접하지 않았다고 했는데, 이는 무엇을 영접하지 않았다는 것입니까? "자기 땅, 자기 백성"이라고 함은 예수님이 왕이시라는 것을 말하므로 "빛으로 오신 왕"을 영접하지 않았다는 것입니다.

그러므로 요한복음 1장 12절의 "영접하는 자"란 "빛으로 오신 왕"을 영접하는 자를 가리킵니다. 여기서 한 가지 문제는 번역이 잘못된 부분입니다. 원어와 영어 성경 흠정역(King James Version)을 보면 영접하는 자와 그 이름을 믿는 자는 동격이 아닙니다. 원어에 따르면 "영접하는 자는 하나님이 자녀의 권세를 주셨고, 그 이름을 믿은 자인 하나님께로서 난 자에게도 하나님의 자녀가 되는 권세를 주셨다"입니다. 그러므로 영접하는 자는 앞 문장의 "빛으로 오신 왕"을 영접하는 자를 말합니다. "그 이름을 믿는 자는" 13절의 "혈통으로나 육정으로나 사람의 뜻으로 나지 아니하고 오직 하나님께로부터 난 자"를 말하는 것입니다. 잘못은 "빛으로 오신 왕"을 영접하라는 것을 동격으로 함으로 사람이 만든 것을 영접시킨 것입니다.

이와 같은 세례 요한의 증거만으로도 충분하지만, 예수님도 요한복음 12장 46절에서 "나는 빛으로 세상에 왔나니 무릇 나를 믿는 자로 어두움에 거하지 않게 하려 함이로라"고 너무나 명백히 말씀하셨습니다. 그럼에도 오늘날 복음을 전하면서 빛을 언급하지 않음은 분명히 왜곡된 것임을 놓쳐서는 안 됩니다. 사도 바울은 사도행전 26장 23절에서 이스라엘과 이방인들에게 빛을 선전한다고 명확히 했고, 우리 역시 "복음의 빛 비춰라"고 찬송을 부르면서 복음을 전할 때 왜 "빛으로 오신 왕"이 빠져 있는지 알 수 없는 현실입니다.

빛으로 오신 왕을 영접하지 않았을 때 주님은 정죄를 선포했습니다. 요한복음 3장 19-20절에서 이렇게 설명합니다. 정죄는 이것이니 행위가 악해 빛보다 어두움을 더 사랑했고, 자신들의 악한 행위가 드러날까 염려한 나머지 영접하지 않았습니다. 결국 그들은 예수님을 십자가에 못 박는 무리가 되었습니다.

현재 교회의 문제는 성도들에게 "빛으로 오신 왕"을 영접시키지 않고, '내 죄를 위해 돌아가신 구세주'로만 영접시킨다는 것입니다. 그 이름 예수를 믿는 자는 하나님에게서 난 자라고 했고, 그들에게도 하나님의 자녀기 되는 권세를 주었다고 했는데, 느닷없이 '구세주'를 영접시키는 것은 다른 복음에 속합니다.

우리가 속을 수밖에 없는 것은 나를 위해 죽으신 구세주를 영접하라고 하니 의심하지 않고 영접하게 된 것입니다. 그러나 그것은 요한복음 1장 12절을 잘못 번역한 것으로, 영접은 빛으로 오신 왕을 영접하라는 것이고, 그 이름을 믿는 자로 하나님께로서 난 자에게도 하나님의 자녀의 권세를 주신다는 것입니다. 일단 말씀을 따라 빛으로 오신 왕을 영접시키지 않고 나를 위해 죽어주신 예수님을 영접시킴으로 명목상 하나님의 자녀들이 된 것입니다.

이렇게 해석을 잘못한 복음을 다른 복음이라 하는데, 이는 원어로 '알론 유앙겔리온'(allon euanggelion)이며, 예수님 외에도 구원이 있다는 '헤테론 유앙겔리온'(heteron euanggelion)과 사람을 기쁘게 하는 '파라 유앙겔리온'(para euanggelion)으로 갈라디아서 1장 6-9절이며 10절에서 이렇게 말씀합니다. "이제 내가 사람들에게 좋게 하랴 하나님께 좋게 하랴 사람들에게 기쁨을 구하랴 내가 지금까지 사람의 기쁨을 구하는 것이었더면 그리스도의 종이 아니니라."

이같이 다른 복음이 있지만 그리스도인들이 다른 복음을 잘 모르는 것 같아서 『다른 복음이 판을 치는 한국 교회』라는 책을 2014년에 출판했던 것입니다.

다른 복음, 즉 구세주로만 영접시키는 것이 왜 오류인가 하면 빛으로 오신 왕을 영접할 때 회개를 통해 우리 속에 있는 흑암의 권세는 힘을 잃게 되고, 왕이신 주님이 마귀의 일을 멸해주시며(요일 3:8), 우리는 회개와 세례를 통해 죄 사함(행 2:38)을 받으면 자동으로 나의 구세주가 되는 것입니다. 그러나 구세주를 영접시켰으나 그에게 죄 사함이 일어나지 않았다면 결코 주님은 그의 구세주가 아닌 것입니다.

오늘날 교회 안에 명목상의 그리스도인이 수없이 많음은 내 죄를 위해 돌아가신 구세주로는 영접시켰지만 죄 사함은 일어나지 않았고, 또 해산의 고통도 없이 하나님 자녀가 되었으니, 이것은 잘못된 가르침의 결과입니다.

다니엘 12장 3절은 바로 이같이 미혹된 자들을 위한 말씀입니다. "많은 사람을 옳은 데로 돌아오게 한 자는 별과 같이 영원토록 비취리라." 여기에서 "옳은 데로 돌아오게 한"을 원어로 보면 tsadaq(차다크)로, 이는 목적격을 수반하여 '의롭게 하다'는 뜻입니다. 우리를 의롭게 하기 위해 주님이 외치신 천국복음이 말하는 것은 '그의 나라와 그의 의'가 우리 심령에 임할 때 우리가 '옳은 데로 돌아온다'는 것입니다.

성경 전체에서 '옳는 데'는 창세기 1장과 2장 외에는 없습니다. 거기에만 죄가 없는 하나님 나라가 있었습니다. 그 하나님 나라로 돌아오게 하는 것이 생명을 살리는 것입니다. 하나님 나라로 돌아오게 하는 것은 "먼저[proton(프로톤), 첫째로, 무엇보다도 특히] 그의 나라와 그의 의를 구하라[zeteo(제테오), 소유하고자 하다]"는 것입니다. 이것을 원어로 보면 "첫째로 무엇보다도 특히 하나님 나라와 그의 의를 소유하고자 하라"입니다. 하나님 나라와 그의 의가 내 심령에 소유되지 않으면 옳은 데인 하나님 나라로 돌아오지 않았기 때문에 구원은 없는 것입니다.

아래 성경 말씀은 옳은 데, 즉 하나님 나라로 가지 못하는 자들의 모습을 보여주고 있습니다.

이사야 8장 20-22절입니다. "마땅히 율법과 증거의 말씀을 따를지니 그들이 말하는 바가 이 말씀에 맞지 아니하면 그들이 정녕 아침 빛을 보지 못하고 이 땅으로 헤매며 곤고하며 굶주릴 것이라 그가 굶주릴 때에 격분하여 자기의 왕과 자기의 하나님을 저주할 것이며 위를 쳐다보거나 땅을 굽어보아도 환난과 흑암과 고통의 흑암뿐이리니 그들이 심한 흑암 가운데로 쫓겨 들어가리라." 이같이 말씀에 맞지 않음에도 지도자를 따르는 자들은 결국 환란과 흑암과 고통의 흑암, 즉 지옥으로 떨어지는 것입니다.

이사야 29장 13절 말씀입니다. "주께서 가라사대 이 백성이 입으로는 나를 가까이하며 입술로는 나를 존경하나 그 마음은 내게서 멀리 떠났나니 그들이 나를 경외함은 사람의 계명으로 가르침을 받았을 뿐이라."

마가복음 7장 7-9절 말씀입니다. "사람의 계명으로 교훈을 삼아 가르치니 나를 헛되이 경배하는도다 하였느니라 너희가 하나님의 계명은 버리고 사람의 유전을 지키느니라 또 가라사대 너희가 너희 유전을 지키려고 하나님의 계명을 잘 저버리는도다." 이것은 오늘의 신학에서 나온 교리들을 너무나 적나라하게 지적하고 있는 말씀입니다. 과연 이것들이 어디에서 나왔기에 많은 사람을 미혹시켰을까요?

디모데전서 4장 1-2절 말씀입니다. "그러나 성령이 밝히 말씀하시기를 후일에 어떤 사람들이 믿음에서 떠나 미혹케 하는 영과 귀신의 가르침을 좇으리라 하셨으니 자기 양심이 화인 맞아서 외식함으로 거짓말하는 자들이라." 생명을 죽이는 사탄의 계략에 끌려 간 오늘날 교회의 지도자들이 귀신의 가르침을 좇으며 세속화되어 교인들까지 속이지만, 자신은 주의 종으로 최선을 다한다고 믿고 있는 것이 오늘날 현실입니다.

이같이 많은 사람을 미혹시키는 곳이 바로 오늘날의 교회인데, 많은 사람이 가는 대형 교회에 하나님 나라의 가르침이 없는데도 많은 사람이 좋은 교회라고 생각하고 몰려가고 있습니다. 그러나 그 넓은 길은 사망의 길인 것입니다.

야고보서 5장 19-20절 말씀입니다. "내 형제들아 너희 중에 미혹하여 진리를 떠난 자를 누가 돌아서게 하면 너희가 알 것은 죄인을 미혹한 길에서 돌아서게 하는 자가 그 영혼을 사망에서 구원하며 허다한 죄를 덮을 것이니라."

바로 이 천국복음에서 떠난 자를 천국복음으로 돌아오게 하는 것이 마지막 때 우리의 사명임으로, 이 사명을 감당하기까지 제 생명을 주님께 드려야 할 것이기에 이 책을 출판하게 되었습니다. 이 책은 성도들이 보편적으로 알고 있는 가르침과 신학 교리들이 성경에서 벗어났음을 밝힙니다. 우리를 구원에서 벗어나게 하는 길에서 돌이키게 하는 내용을 담고 있음을 염두에 두고 읽으시기 바라며, 지옥 자식 되게 하는 곳에서 도망쳐 여러분의 생명을 보전하게 되기를 소원합니다.

필리핀 Cainta 천국복음 사역지에서
지광남

1장

그리스도
도의
초보

1장
·
그리스도
도의
초보

　· · · · · · · · · · 　오늘날 많은 가르침은 예수 그리스도의 죽으심을 구원의 완성이라고 가르친다. 그렇다면 당장 문제에 봉착한다. 예수 그리스도의 십자가 죽음은 세상 죄를 지고 가셔서 온 인류의 죄를 다 못 박은 것이기에 온 인류가 구원받아야 마땅하다. 그러나 아담 이후 지금까지 사람들 가운데는 구원받은 자보다 지옥에 간 자들이 훨씬 많다. 왜냐하면 시대마다 예수님을 믿는 자들보다 믿지 않는 자들이 훨씬 많았기 때문이다. 그리고 교회에 출석한다고 해서 다 구원받았나고 볼 수 없다.

　그렇다면 왜 그렇게 가르쳤을까? 그것은 예수님이 십자가에서 "다 이루었다"고 하신 말씀을 잘못 해석한 결과이다. 이 책 5장 '구속의 3단계'에는 예수님이 십자가에서 무엇을 이루셨는지에 대해 원어와 성경의 증명으로 명확한 답을 설명하고 있다.

우리가 여기서 세상 죄를 못 박는 십자가를 생각하지 않고, 내 죄를 못 박아 나를 구원하셨다고만 가르치니 그것이 틀린 말이 아니기에 아멘으로 받아들였는데, 물론 세상 죄 속에는 나의 죄도 있지만, 주님의 죽으심은 세상 죄를 지고 가신 하나님의 어린 양이었다.

본 장의 주제는 그리스도 도의 초보로서, 세상 학문도 기초가 없으면 나아가지 못하듯이 그리스도 도의 초보를 무시한다면 분명히 오류에 빠진다.

히브리서 5장 12절에서 6장 3절까지의 말씀을 보자. "때가 오래므로 너희가 마땅히 선생이 될 터인데 너희가 다시 하나님의 말씀의 초보가 무엇인지 누구에게 가르침을 받아야 할 것이니 젖이나 먹고 단단한 식물을 못 먹을 자가 되었도다 대저 젖을 먹는 자마다 어린 아이니 의의 말씀을 경험하지 못한 자요 단단한 식물은 장성한 자의 것이니 저희는 지각을 사용하므로 연단을 받아 선악을 분변하는 자들이니라 그러므로 우리가 그리스도 도의 초보를 버리고 죽은 행실을 회개함과 하나님께 대한 신앙과 세례들과 안수와 죽은 자의 부활과 영원한 심판에 관한 교훈의 터를 다시 닦지 말고 완전한데 나아갈찌니라 하나님께서 허락하시면 우리가 이것을 하리라."

우리가 이 본문에서 '하나님의 말씀의 초보'와 '그리스도 도의 초보'라고 하는 것은 둘 다 같은 것이다. 많은 지도자는 이미 초보 단계를 지나 상당히 성숙한 자로 교회 안에서 섬기는 자가 되어야 마땅하다. 그런데 아직도 초보가 무엇인지 잘 모르고 있으니 다시 배워야 한다면 이런 상태는 매우 심각한 것이다.

세상 학문은 정확하게 단계를 거쳐야 다음 단계를 할 수 있다. 그런데 오래된 교회 지도자들이 아직 초보도 해결하지 않은 영적 어린아이로 의의 말씀을 경험하지 못한 자라고 했다. 그럼 의의 말씀을 경험하지 못한 자가 100명, 500명, 1,000명을 가르친다고 가정해보라. 유치원 어린이가 유치원 어린이를 가르치는 격이 된다.

만약 이 말씀이 가리키는 대상이 현재 우리의 교회가 아니라면 다행이지만, 만약 오늘날 많은 보편적 교회를 향한 말씀이라면 심각한 것이다. 만약 목회자의 영적 수준이 아직 의의 도를 경험하지 못했다고 한다면 '젖을 먹는 유아'에 해당된다. 즉 젖병을 빨면서 강단에서 외치는 그의 영적 모습과 젖병을 입에 물고 설교를 듣는 교인들을 상상해보라! 같은 수준이니 아무도 젖병을 볼 수 없고 다같이 영적 소경일 뿐이다.

본문 내용은 매우 심각한 현실을 보여주고 있다. 이미 선생의 자격을 갖추고 있어야 하는데 선생이 아닌 자격이 없는 자가 교회 안에서 가르치고 있다는 말이다. 그들은 아직도 그리스도 도의 초보를 가르칠 자격도 갖추지 않고 있으며, 오히려 배워야 할 처지다.

유치원 선생도 보육학과를 거쳐 자격증을 소지할 때 가능하고, 의사도 자격증이 없으면 법의 저촉을 받는다. 그런데 교회에서 가르치는 선생들은 자격 규정도 없고, 그저 세례교인이면 누구나 할 수 있다고 하는데, 이는 그들이 그리스도 도의 초보도 모르는 상태에서 주어진 공과 책으로 하는 것으로, 물론 열심히 잘 가르치는 유능한 교사들도 많지만 이것이 기독교 교육을 망치는 결과를 초래함은 너무나 당연하고, 오직 지식 교육에 지나지 않는 것임을 우리는 보아왔다.

뿐만 아니라 목회자들조차도 초보에 대해 가르칠 수 있는 확실한 지적, 영적 수준이 아니라면 오늘날 기독교는 종교 단체로 몰락할 것은 의심의 여지가 없다. 나아가 구원의 역사를 이룬다는 것은 그림의 떡일 뿐이다.

그래서 히브리서 6장 1-2절에서 회개, 신앙, 세례들, 안수, 죽은 자의 부활 그리고 영원한 심판 이상 여섯 가지로 이제는 초보 단계를 빨리 해결하고, 더 이상 거기에 머물지 말고 성숙한 그리스도인 선생으로 섬겨 완전한 데로 나아가라고 했다.

1절에 보면 "그리스도의 도의 초보를 버리고"에서 "버리고"의 원어는 aphiemi(아피에미)인데, 이는 '다른 것으로 가기 위하여 뒤로 하다'는 의미로, 다음 단계로 나아가기 위해 그리스도 도의 초보를 마스터하라는 것이다.

그런데 문제의 해결책이 6장 3절에 나온다. "하나님께서 허락하시면 우리가 이것을 하리라." 왜 우리가 초보 단계를 벗어나지 못하고 있는지 여기에 답이 있다. 하나님이 허락하지 않으시면 아무리 큰 목회를 해도 의의 말씀을 경험하지 못한 목회를 하게 된다는 것이다.

또한 초보 단계를 거친 자들이 있는데, 그들은 젖을 먹지 않는 장성한 자라고 하면서 지각[aistheterion(아이스데테리온), 판단 능력]을 사용함으로 연단을 받아[gumnazo(큄나조), 마음과 영의 능력을 연단하다] 선악을 분별하는 자들이라고 했다. 시대가 악한 오늘날 선악을 분별한다는 것은 가장 축복된 것이다. 왜냐하면 비진리가 진리로 인정되는 것이 우리의 현실이기 때문이다.

그리스도 도의 초보는 학교로 비유한다면 유치원 과정으로 보아야 한다. 우리가 유치원과 초등학교를 거치지 않고 곧 바로 중등학교 과정을 밟을 수 없다는 것은 상식이다. 그런데 본문은 오늘날 교회에서 그리스도 도의 초보를 거치지 않고 선생의 자격도 없이 가르치고 있다고 언급했으니 하나님이 허락하실 리가 없다.

주님이 이 땅에서 첫 사역을 시작하시면서 "회개하라 천국이 가까웠느니라"고 선포하셨다. 오늘날 신입 교인들에게 죄의 문제를 해결하는 회개를 제일 먼저 시키지 않고서는 결코 완전한 데로 나아갈 수 없으며, 하나님도 이를 허락하실 리가 없다.

누가복음 5장 32절은 "내가 의인을 부르러 온 것이 아니요 죄인을 불러 회개시키러 왔노라"고 말씀한다. 이같이 주님은 회개를 명하시고 또 이 땅에 오신 목적이 회개시키는 것이라고 하셨는데, 만약 이것을 무시하고 더 좋은 것이 있다며 그것을 시킨다면 주님이 허락하시 않으실 것이 틀림없다.

그리고 주님은 마가복음 1장 15절에서 "회개하고 복음을 믿으라"고 하셨는데, 회개도 거치지 않은 신입 교인들이 많다. 그리고 그들 대부분은 요한복음 1장 12절의 빛으로 오신 왕인 그리스도를 영접시키지 않고 곧

장 우리의 죄를 위해 돌아가신 구세주로만 영접시켜 초고속으로 예수를 믿는 하나님의 자녀로 만든다. 이렇게 하는 것은 진정한 복음을 믿는 것이 아니기에 하나님이 허락하시지 않는 것이다.

그리스도 도의 초보 두 번째인 하나님에 대한 신앙[pistis(피스티스)]은 회개하고 복음을 믿어야 하는 것이다. 그러므로 회개 없이 믿는 것은 논리와 순서에서 벗어난 것이다. 우리는 "나는 빛으로 세상에 왔나니 무릇 나를 믿는 자[pisteuo(피스튜오)]로 어둠에 거하지 않게 하려 함이로라"(요 12:46)고 하신 말씀을 믿음의 출발로 삼고 따라야 한다. 왜냐하면 어둠의 권세를 몰아내지 않으면 믿음은 불가하고, 빛을 영접했다면 빛이신 주님이 내 마음에 계시기에 어둠에 거할 수 없는 것이다. 그런데 말로는 예수님을 영접했다고 하면서 삶은 어둠에 머물고 있다면 하나님이 완전한 데로 나아가는 것을 허락하실 수 없다.

세 번째 초보는 세례들이다. 성경에 나타나 있는 세례들은 물 세례, 회개의 세례, 성령 세례와 불 세례이다. 오늘날 교회에서 세례에 대한 인식은 성경에서 많이 벗어나 있다. 즉, 물 세례를 받은 세례교인이면 교회에서 직분을 맡을 자격이 주어진다. 이것은 성경적인 근거가 전혀 없고 물 세례는 의식으로써, 베드로전서 3장 21절을 보면 "물은 예수 그리스도께서 부활하심으로 말미암아 이제 너희를 구원하는 표니 곧 세례라"고 했다.

마가복음 16장 16절은 "믿고 세례를 받는 사람은 구원을 얻을 것이요 믿지 않는 사람은 정죄를 받으리라"고 말씀한다. 다시 정리해보면, 순서는 회개와 믿음, 그다음 세례이다. 여기서 믿고 세례를 받아야 구원을 받는다는 주님의 말씀은 가르치지 않고 믿기만 하면 된다고 하니 세례는 온데간데없이 가르치지 않는다.

우리가 세례를 받았다고 하면 세례교인이지만, 세례의 참 의미를 모르는 경우라면 세례가 구원의 핵심임을 받아들이지 않을 것이다. 바로 이 세례가 그리스도 도의 초보에서 가장 핵심인 것은 믿고 세례를 받아야 구원을 얻는다고 주님이 직접 말씀하셨기 때문이다.

그럼 왜 세례가 구원의 핵심일까? 세례의 의미를 바로 알면 세례가 구원의 핵심임을 알게 된다. 로마서 6장 3-4절을 보면 세례는 예수님과 함께 죽고, 함께 무덤에 들어가고, 함께 살아나 새 생명으로 사는 것이라 했다. 나의 죄를 십자가에 못 박아 죽이고, 죽인 죄를 무덤에 장사 지내고 그리고 예수님과 함께 살아나 새 생명으로 사는 것이 세례인 것이다.

이 세례를 한 마디로 요약하면 고난의 죽으심과 부활이다. 이것이 없다면 구원이 성립되지 않는다는 것을 우리는 알고 있다. 세례에서 세례들이라고 복수로 기록되어 있다. 그러나 성령 세례에 대해서는 오늘날 거의 언급되지 않는다. 주님은 부활하시고 40일간 이 땅에 머무시면서 서론에서 언급했듯이 사도행전을 하나님 나라 전파로 시작해주셨다. 그리고 이어서 사도들에게 "예루살렘을 떠나지 말고 내게 들은 바 아버지의 약속하신 것을 기다리라 요한은 물로 세례를 베풀었으나 너희는 몇 날이 못되어 성령으로 세례를 받으리라"고 하셨다. 그래서 약 120여 명의 성도가 모여 마음을 같이하여 기도에 몰입했고, 드디어 성령 세례를 받았다. 이렇게 사도들의 사역은 성령 세례로 시작되었다. 세 번째 세례들이라고 하는 것과 함께 네 번째가 성령 세례로 연결되어 있음을 볼 수 있다.

그다음 네 번째는 안수[epithesis(에피데시스)]로, 성령과 은사를 받는 통로로 사용되었다(행 8:18). 특히 사도행전 19장 5-6절에 보면 "그들이 듣고 주 예수의 이름으로 세례를 받으니 바울이 그들에게 안수하매 성령이 그들에게 임하시므로 방언도 하고 예언도 하니"라고 한 것은 바로 성령 세례를 말한 것이다.

우리가 아는 안수는 "병든 사람에게 손[cheir(케이르), 손, 권능을 말함)]을 얹은즉 나으리라"고 한 마가복음 16장 18절을 생각할 것이다. 그러나 에피데시스는 안수를 통해 성령이 임할 때, 은사를 받을 때 그리고 성령 세례를 받을 때 사용했다.

우리가 성령에 대해 별 아는 것이 없다면 그리스도인으로서 가장 무미건조한 삶을 살게 될 것이다. 왜냐하면 마태복음 7장 7-11절을 보면 주님이 이 땅에 계실 때 구하라, 찾으라, 문을 두드리라고 하시면서 결론으로 "구하는 자에게 좋은 것을 주시지 않겠느냐"고 하셨다.

우리 민족의 성향으로 볼 때 좋은 것이라면 무엇이든 구하거나 찾을 것이다. 그런데 주님이 좋은 것을 말씀하셨는데도 오늘날 그리스도인들이 시큰둥하고 있으니 어떻게 하나님이 허락하시겠는가? 그럼 그 좋은 것은 무엇인가? 누가복음 11장 9-13절은 구하라고 하신 같은 내용으로 누가는 좋은 것을 분명하게 성령이라고 기록했다.

그러므로 그리스도 도의 초보는 성령을 받는 것과 은사 그리고 성령 세례를 받기 위해 안수를 받아야 하는 것이다. 그런데 많은 그리스도인이 안수를 통해 복을 받으려고 하고 있으니 완전한 데로 나아가는 막대한 거침돌에 걸려 있는 것이다. 그러므로 하나님이 허락하지 않으신다.

다섯 번째는 죽은 자의 부활이다. 예수님의 부활에 대해서는 아멘이라고 하면서, 자신이 죽어 무덤에 들어가 다 썩은 후 마지막 심판 때 부활할 것을 믿지 않는 그리스도인이 많다. 그 예로 고린도전서 15장 12-19절을 보면 고린도 교회 교인들이 예수 그리스도의 부활은 믿으면서 자신들이 죽은 후에 부활할 것을 믿지 않았다고 했다. 그래서 자신들의 부활을 믿지 않으면 그리스도도 부활하지 않았을 것이고 그리고 우리의 믿음도, 전도도 헛것이라고 했다.

그럼 마지막 심판 때 누가 부활하는가? 어떤 사람은 예수님을 잘 믿은 사람이라고 할 것이다. 그러나 주님이 하신 말씀을 보자. "선한 일을 행한 자는 생명의 부활로 악한 일을 행한 자는 심판의 부활로 나오리라"(요 5:29). 이와 같이 예수님이 복음서를 통해 명확한 답을 다 주셨는데 오늘날 많은 사역자가 복음서를 멀리하고 서신서에 편중하여 오류를 범하는 경우를 보게 된다.

그리고 자신이 죽은 후 부활할 것을 믿지 않는다는 것은 구원을 포기한 것으로 보아야 마땅하다. 왜냐하면 부활을 통해 구원을 완전히 이루시기 때문이다. 이미 세례에서 언급한 것이지만 예수 그리스도의 부활하심으로 구원을 받는다고 했다(벧전 3:21).

이제 마지막 그리스도 도의 초보를 보자. 그것은 바로 영원한 심판이다. 앞의 다섯 가지는 우리 삶에서 진행되고 있는 문제들이지만 영원한 심판은 삶의 결과인 영생과 영벌로서 우리가 행한 대로 심판을 받게 되는 것이다. 많은 그리스도인이 믿음으로 심판을 받는다고 생각하지만, 지금까지 본 다섯 가지 초보는 믿음이라는 하나의 문제만이 아닌, 우리의 모든 삶이 다 심판을 받는 것임을 명심해야 영벌의 심판에서 벗어날 수 있다.

이미 두 번의 심판을 보면 경건치 않은 자들을 멸했다고 했고(벧후 2:5-6), 유다서 15절은 바로 심판의 기준을 말씀하고 있다. "이는 뭇사람을 심판하사 모든 경건하지 않은 자가 경건하지 않게 행한 모든 경건하지 않은 일과 또 경건하지 않은 죄인들이 주를 거슬러 한 모든 완악한 말로 말미암아 그들을 정죄하려 하심이라 하였느니라."

이와 같이 그리스도 도의 초보 여섯 가지를 바로 배우지 않으면, 결코 하나님이 허락하시지 않음으로 완전한 데까지 나아갈 수 없다는 것을 명심해야 한다.

또 하나님이 허락하시지 않는 근본 이유가 있다. 그것은 우선순위에 해당하는 것이기 때문이다. 이 세상의 모든 구조는 기초에서 출발해 한 단계씩 전진하는 것이 상식이며, 거기에는 분명히 우선순위가 있다. 세상의 어떤 기업이라도 먼저 해야 하는 것을 먼저 하지 않는 직원이라면 그는 더는 인정받지 못하고 그만두게 될 것은 뻔하다.

예수님이 이 땅에 오셔서 가장 먼저 외치시며 명하신 것이 있고 그리고 먼저 하라고 하신 것이 있다. 그리고 사역의 마지막에 명하신 유언 같은 말씀이 있다. 그러므로 이것을 따르지 않으면 하나님은 결코 허락하지 않으실 것이다.

우리 주님이 먼저 하라고 하신 것은 마태복음 6장 33절이다. "너희는 먼저[proton(프로톤), 무엇보다도 특히] 그의 나라와 그의 의를 구하라[pze-teo(제테오), 소유하고자 하라]." 이것을 하지 않고 예수님만 잘 믿으면 된다고 생각하는데, 주님이 먼저 하라고 하신 것을 하지 않으면 허락하실 리 없다. 이 부분을 원어로 보면 '무엇보다도 특히 그의 나라와 그의 의를 소유하고자 하라'이다(마태복음 6장 33절에 대한 상세한 설명은 『다른 복음이 판을 치는 한국교회』 20장 "천국 복음의 결론은 에덴의 회복"과 『마땅히 행할 길』 5장 "예수님이 제자들에게 명하신 모든 것" 참조).

또 하나님이 왜 허락하시지 않으셨는지 다른 하나를 살펴보자.

주님이 마지막 명하신 유언 같은 말씀은 마태복음 28장 19-20절이다. 주님이 심판하실 때 이 마지막 명하신 것으로 사역자들을 셈하실 것이다. 예수님의 비유에서 달란트 비유나 므나 비유를 보면 주인이 돌아와 셈했고, 이윤을 남기지 못한 종들을 바깥 어두운 곳으로 내쫓았다.

주님은 우리에게 "가서 제자 삼아라"(『다른 복음이 판을 치는 한국교회』 2장과 『마땅히 행할 길』 1, 2장 참조)고 하셨는데, 만일 우리 자신이 그리스도의 제자가 아니라면 결코 다른 사람을 제자 삼을 수 없고, 주님이 오시면 용납하지 않으실 것이다. 이런 경우 하나님은 결코 허락하실 리 없다. 우리가 제자를 삼을 때 제자의 조건 여섯 가지로 출발해야 한다.

제자의 조건 여섯 가지는

1. 어느 누구보다 하나님을 먼저 사랑해야 한다(눅 14:26).

2. 자기 십자가를 지고 주님을 따라가야 한다(눅 14:27).

3. 자기의 모든 소유를 포기할 줄 알아야 한다(눅 14:33).

4. 예수님의 말씀에 순종해야 한다(요 8:31).

5. 서로 사랑해야 한다(요 13:35).

6. 선한 열매를 많이 맺어야 한다(요 15:8).

이상 제자의 조건 여섯 가지를 거쳐 "세례를 주고 그리고 내가 너희에게 분부한 모든 것을 지키도록 가르치라"고 하셨다.

우리가 주님이 명하신 제자 삼기를 하지 않으면 주님 앞에 설 수 없을 것이고, 제자 삼기를 하면 하나님이 허락하셔서 그리스도 도의 초보를 마스터할 수 있다.

그런데 오늘날 큰 문제 하나는 히브리서 5장 12-13절을 보면 의의 도를 경험하지 못하고 목회하고 있다는 것인데, 이는 심각한 문제이다. 이 문제를 해결하기 위해 이미 앞에서 언급한 것이지만, 그리스도 도의 초보인 회개, 신앙(믿음), 세례들, 안수, 죽은 자의 부활, 영원한 심판 이 여섯 가지를 좀 더 구체적으로 살펴보아야 한다.

그런데 여기에 예수 그리스도의 죽으심과 부활이 없다는 것이다. 그 중요한 것이 왜 없는가? 이것은 우리가 말하는 복음의 본질적인 목적이요, 주님이 이루신 생명을 살리는 사역의 본질인데 왜 그리스도 도의 초보에 없는가이다.

우리가 이 땅에 살기 위해 가장 귀한 한 가지는 숨을 쉰다는 것이다.

그렇다면 숨을 쉬는데 없어서는 안 될 무엇인가가 있다. 그것은 바로 공기 속 산소이다. 그럼 갓 태어난 아기에게 공기 속에 있는 산소를 들이마셔야 산다고 가르치는가? 아니면 학교에서 가르치는가? 이것은 가르치는 분야가 아니다. 아기는 그저 태어나기만 하면 사는 것이다.

이와 같이 예수 그리스도의 죽으심과 부활은 생명을 주는 것이므로 우리에게 생명을 주는 것은 태어나는 길 외에는 없다. 그렇다면 우리의 영적 생명이 복음을 믿고 복음이신 주님의 피로 태어나야 얻게 되는 것이지 단지 이론을 가르치는 것으로 생명을 받게 할 수 없기에 그리스도 도의 초보에 죽으심과 부활이 없는 것은 당연하다.

주님이 외치신 "회개하고 복음을 믿으라"는 말씀은 내가 회개할 때 예수 그리스도의 피가 나의 죄를 깨끗이 씻어 죄 사함을 받게 되는 것이고, 이것이 바로 복음을 믿는 과정이 되는 것이다. 우리가 이것을 통해 새 생명이 태어나게 되고, 그리스도의 죽으심과 부활을 통해 태어난 것이며, 이것이 복음을 믿는 것이다. 이 말을 다시 하면 "회개하여 각각 예수 그리스도의 이름으로 세례를 받고 죄 사함을 얻으라 그리하면 성령을 선물로 받으리니"(행 2:38). 바로 이것이 새 생명으로 태어나는 것이다. 예수님은 이 땅에 오실 때 물과 성령과 피로 오셨고, 이 셋은 하나이며 분리할 수 없다.

요한일서 5장 6-8절은 말씀한다. "이는 물과 피로 임하신 자니 곧 예수 그리스도시라 물로만 아니요 물과 피로 임하셨고 증거하는 이는 성령이시니 성령은 진리니라 증거하는 이가 셋이니 성령과 물과 피라 또한 이 셋이 합하여 하나이니라."

　이와 같이 주님의 죽으심과 부활은 생명을 주시는 핵심으로 우리가 회개하고 세례받고 죄사함이 일어나면 주님은 자동으로 우리의 구세주가 되신다. 그러므로 주님의 죽으심과 부활하심은 가르쳐 알게 하는 것이 아니고 세례를 통해 예수님과 함께 죽고 함께 살아남으로 새 생명을 얻게 되는 것이다. 이렇게 새 생명을 얻은 자는 자동으로 주님과 함께함으로 주님의 죽으심과 부활을 직접 체험하게 된다. 즉 이것은 주님이 우리를 위해 십자가에 못 박히셨으니 우리는 주님의 공로로만 구원을 받는다는 교리만 무수히 되뇌이는 것을 경고하는 말이다. 그래서 바울은 우리가 우리 자신의 죄를 십자가에 못 박는 것을 세례로 말씀하신 것이다.

　오늘날 우리는 이 부분을 무관심하게 지나쳐 버림으로 미혹된 그리스도인들이 너무나 많다. 정확하게 성경과 구원의 핵심은 회개와 세례로 죄사함이 일어날 때 그는 예수 그리스도의 죽으심과 부활을 공부하지 않아도 세례를 통해 체험하게 되며, 예수님과 함께 죽고 살아나게 된다. 체험보다 더 명확한 교리가 어디 있겠는가?

　우리에게 주어진 말씀을 체험을 통해 직접 맛보지 못하면 지식에 머물게 된다. 그러므로 내가 회개함으로 죄에서 떠난 실제 간증이 있어야 한다. 많은 그리스도인이 울면서 회개했다고 하는데, 만일 같은 죄를 지어 또 회개한다면 그것은 회개한 것이 아니다. 그리고 내가 예수님과 함께 내 죄를 십자가에 못 박아 죽였다는 실제 간증이 있을 때 그 죽인 죄를 예수님과 함께 장사시킨 실제가 무엇인지 간증할 수 있어야 한다. 그래야 비로소 예수님과 함께 살아나 새 생명으로 사는 것이 무엇이라고 사람들에게 구체적으로 말할 수 있게 된다. 바로 이것이 내가 받은 세례가 될 때 주님의 죽으심과 부활을 주님과 함께 실제 체험한 것이 되면, 이 상태가 그리스도 도의 초보인 것이다. 그렇기 때문에 그리스도 도의 초보에 고난의 죽으심과 부활이 왜 없는지 명확한 설명은 바로 세례를 통한 설명으로 이해할 수 있다.

그리고 이미 세례에 예수님과 함께 부활하는 것이 있음에도 불구하고 다섯 번째에 예수님의 부활을 말하지 않고 죽은 자의 부활을 한 번 더 말하고 있음은 다음과 같은 이유가 있다.

그리스도 도의 초보인 회개, 믿음, 세례를 다시 네 번째 안수를 통한 성령과 은사 그리고 성령 세례를 받는 것이며, 다섯 번째인 죽은 자의 부활은 역시 예수님과 함께 부활한 세례를 거듭 강조한 것임으로, 그리스도 도의 초보는 결국 세례를 바로 알 때 그 초보의 과정을 끝내게 되는 것이다. 그래서 믿고 세례를 받는 사람은 구원을 얻는다고 하셨다.

우리는 "예수님이 내 죄를 위해 돌아가셨다. 그렇기 때문에 예수님의 죽으심이 나를 구원한다"라고 배웠다. 그렇지만 예수님이 죽으셨기에 내 죄가 사해진 것이 아니다. 예수님이 내 죄를 위해 죽으셨다는 말은 진리다. 또 예수님이 온 인류의 죄를 위해 죽으셨다는 말도 진리다. 하나님은 모든 사람이 구원받기를 원하신다(딤전 2:4).

여기서 분명하게 짚어야 할 하나는 주님의 고난의 죽으심을 믿고 고백하면서 평생 살아도 구원받지 못하는 것은 주님이 믿고 세례를 받는 사람이어야만 구원을 얻는다고 말씀하셨기 때문이다(막 16:16).

히브리서 9장 15절을 보면 명확한 구속(속량)이 무엇을 위한 것인지 말해주고 있다. "이로 말미암아 그는 새 언약의 중보자시니 이는 첫 언약 때에 범한 죄에서 속량하려고 죽으사 부르심을 입은 자로 하여금 영원한 기업의 약속을 얻게 하려 하심이라." 여기서 첫 언약(히 9:18-21, 모세의 율법) 때에 범한 죄는 온 인류의 죄를 말하며, 주님의 죽으심에 대해서는 속량하려고 죽으셨지 죽으심으로 속량하셨다고 말하지 않는다. 그리고 문장 마지막에 "약속을 얻게 하려 하심이라"고 하면서 미래에 대해 말하고 있다.

그렇기 때문에 예수 그리스도의 죽으심으로 우리를 구속한 것이라면 회개하고 세례를 받아야 구속(속량)함을 받는다(행 2:38)는 말씀이 필요 없게 된다. 만약 주님의 죽으심으로만 우리를 구원했다면, 이미 말한 바 온 인류의 죄를 위해 돌아가셨기에 온 인류가 구원받아야 한다. 그러나 분명한 것은 구속(속량), 즉 죄 사함은 회개와 세례가 없으면 불가하다.

골로새서 1장 13-14절을 보자. "그가 우리를 흑암의 권세에서 건져 내사 그의 사랑의 아들의 나라로 옮기셨으니 그 아들 안에서 우리가 구속(속량) 곧 죄 사함을 얻었도다." 여기서 우리가 주목해야 할 것은 사망과 흑암의 권세를 부수어 버리시고 부활하신 예수 그리스도시다. 그러므로 사망과 흑암의 권세를 부수기 전 십자가의 죽으심은 속량을 위한 준비를 다 이루었다고 하셨지, 그것을 속량했다로 해석하면 엄청난 오류를 범하게 된다. 속량에 대한 확실한 이해는 구속(속량)의 3단계에서 확인해보기로 하자.

히브리서 6장 1-2절이 그리스도 도의 초보의 내용 안에 분명히 있어야 할 그리스도의 죽으심과 부활이 있어야 하는데 없는 이유에 대해 이미 앞에서 언급했다. 하지만 아직도 왜 그런지에 대한 의문이 있는 사람을 위해 그것을 해결하고자 한다. 확실히 이 부분은 보다 상세한 설명이 필요하다. 많은 시간을 가지고 가르쳤는데 얼마 지나 질문해보면 제대로 대답하지 못하는 경우를 수없이 보았기 때문이다.

많은 사람이 십자가의 죽으심과 부활이 상당히 중요하다고 힘주어 말하며 복음의 핵심이라고 가르친다. 이것은 너무나 보편화된 것이기도 하다. 그러나 복음의 핵심은 Good News이고, 본질은 궁극적인 목적으로 보아야 한다. 그러므로 핵심은 빛으로 오신 왕이요, 본질은 주님의 죽으심과 부활이다. 사실 핵심과 본질을 바로 깨닫게 하신 성령님의 가르침이 없었다면 이렇게 언급할 수 없을 것이다.

모든 하나님의 말씀은 양면성이 있는데, 하나님이 우리에게 하신 말씀이 있고 그 말씀을 지켜 행해야 하는 것이 있다. 그럼 하나님이 하신 말씀을 지켜 행하지 않으면 어떻게 될 것인지 생각해보자. 오늘날 교회의 가르침에서 하나의 문제가 바로 행위 구원에 대한 오류로 구원에 행위가 필요 없다고 가르친다. 그 가르침이 성경에 확실하게 기록되어 있다면 몰라도 율법의 행위로 구원받을 육체가 없다고 한 것에서 율법의 행위는 믿음이 오기 전, 즉 예수 믿기 전의 행위를 말한 것이므로 이에 대해 변론의 가치가 없는데도 상당한 논란이 있었다.

갈라디아 2장 16절을 통해 확실히 하고자 한다. "사람이 의롭게 되는 것은 율법의 행위로 말미암음이 아니요 오직 예수 그리스도를 믿음으로 말미암는 줄 알므로 우리도 그리스도 예수를 믿나니 이는 우리가 율법의 행위로서가 아니고 그리스도를 믿음으로써 의롭다 함을 얻으려 함이라 율법의 행위로서는 의롭다 함을 얻을 육체가 없느니라."

사도 바울은 가말리엘 문하의 수제자로 율법에 정통한 자였다. 그가 갈라디아 교인들에게 율법의 행위가 아니고 예수 그리스도를 믿음으로 의롭게 된다고 했기에 바울도 예수 그리스도를 믿는 이유를 명확히 설명했다. 설명이 필요 없지만 바울 자신이 율법의 행위로 흠이 없었을 때, 즉 그리스도를 믿기 전 그는 그리스도인을 결박하러 다녔다. 그런데 주님을 만나고 나니 율법의 행위로는 의롭다 함을 받을 수 없음을 알고 그것을 가르친 것이다. "내가 전에 예수 믿기 전에 율법에 정통했지만 그것으로는 의롭다 함을 얻을 수 없는 것을 알기에 내가 예수를 믿는 것이다"는 뜻이다. 이것이 바울이 가르친 율법의 행위에 관한 내용이다. 그러므로 예수 믿기 전의 행위로 변론할 가치가 없다.

다시 본론으로 돌아가 왜 그리스도 도의 초보에 그 중요한 그리스도의 죽으심과 부활이 없는가에 대해 앞에서 말한 바 있지만, 많은 사람이 이해하지 못하는 것을 보았기에 이제는 스스로 정답을 말해보기 바란다.

우리가 아무리 예수님이 내 죄를 위하여 십자가에서 피 흘려주셨다고 알고 있거나 믿고 있다고 해도 이미 앞에서 언급한 것처럼 죄 사함이 일어나지는 않는다. 우리가 알고 있고 믿는다는 것은 거의 관념적이기 때문에 알고 있는 것으로는 동전의 한 면일 뿐, 다른 한 면인 말씀을 지키도록 가르쳐 말씀대로 살아야 함이 바로 말씀의 양면성이다.

죄 사함을 받는 길은 내가 회개하고 세례를 받을 때 속량, 곧 죄 사함을 받는다고 이미 언급했기에 주님이 이루어 놓으신 것을 알고 믿는다고 나에게 죄 사함이 일어나지 않는다. 오늘날 많은 그리스도인이 말씀의 홍수 속에서 듣고 싶은 말씀을 얼마든지 들을 수 있지만, 결국 그 말씀을 실천하도록 가르치지 않음으로 지식에 머물고 생명을 살리지 못한다. 그래서 그리스도의 죽으심과 부활을 아무리 가르쳐도 생명력 없는 지식으로만 남아 있는 것은 매우 당연한 것이다.

다시 양면성에 대해 말하자면 그리스도의 죽으심과 부활은 주님 자신의 사역으로 우리가 주님이 이런 사역을 해주셨다고 해서 그것을 알고 믿어도 그것은 단지 동전의 한 면에 불과하다. 다른 한 면인 뒷면은 그리스도 도의 초보로 내가 회개하고 바르게 신앙생활을 해야 하고, 내가 세례받아 나의 죄를 다 죽여야 하는 것이다. 그리고 안수를 통하여 성령과 성령 세례를 받고, 나아가 세례로 죽인 죄를 예수님과 함께 무덤에 장사하고 주님과 함께 죽음에서 살아나야 한다. 바로 이것이 영원한 심판에서 구원인 영생을 거두는 것이다.

다시 언급하면 우리가 매일 예수님이 나를 위해 죽어주셨고 부활하셨다고 죽을 때까지 거듭 고백한다고 해도 우리에게 죄 사함이 일어나지 않는 한 구원받을 수 없는 것이다.

이같이 그리스도 도의 초보를 통과한 사람은 예수 그리스도의 죽으심과 부활을 가르쳐주지 않아도 아무런 문제가 없다. 그리스도의 죽으심과 부활이 무엇을 의미하는지 여기 여섯 가지의 초보 안에 그 의미를 다 내포하고 있다. 회개, 신앙, 세례들, 안수, 죽은 자의 부활을 거쳐 마지막 영원한 심판에서 영생을 거두게 되는 것, 이것을 다 마스터하면 완전한 데로 나아가는 것이다.

만약 우리가 다니는 교회에 회개와 세례로 죄 사함을 받고 그리고 성령을 선물로 받는다는 이 핵심이 없다면 속량, 곧 죄 사함과 믿음의 결국인 영혼 구원(벧전 1:9)이 과연 있겠는가? 이것은 심각한 일인데, 구원이 없는 교회에서 계속 종교인으로 머물 것인지 아니면 죄 사함을 찾아갈 것인지 결정하라. 사실 교회를 찾기란 쉽지 않다. 그렇다면 우리는 자신의 구원을 위해 스스로 말씀을 통해 회개하고 세례를 받고 죄 사함을 이루어야 한다.

오늘날 십자가 복음을 전하는 메시지에 많은 사람이 미혹되어 있다. 그리스도 도의 초보에도 없는 그리스도의 죽으심을 더군다나 십자가에 복음이라는 단어를 붙여 성경에도 없는 십자가 복음을 만들어 주제로 가르친다는 것은 십자가가 형틀이라는 것을 알면 결코 십자가 복음을 말하면 안 된다. 앞으로 7장에서 다루겠지만 예수님의 십자가 좌우에 강도 두 명이 있었다. 만약 십자가에서의 죽음이 구원과 직접 관련이 있다면 두 강도 모두 구원을 받았을 것이다. 그러나 한 명은 예수님이 하나님의 아들이심을 알게 되면서 고백하고, 증거하며, 회개함으로 구원받았다. 다른 한 강도는 끝까지 예수님을 비방하다가 결국 지옥에 가고 말았다. 이것은 십자가에서의 죽음이 복음의 전부가 아니며, 나아가 구원의 완성이 아님을 명백히 설명한 현장이다.

그럼 여기에서 그리스도의 죽으심과 부활에 대한 성경의 정확한 메시지를 살펴보자. 가룟 유다의 빈자리를 위해 사도의 직무를 대신할 자를 선택하는 목적을 분명히 알아야 한다. 성경은 이렇게 기록한다. "이러하므로 요한의 세례로부터 우리 가운데서 올리어 가신 날까지 주 예수께서 우리 가운데 출입하실 때에 항상 우리와 함께 다니던 사람 중에 하나를 세워 우리로 더불어 예수의 부활하심을 증거할 사람이 되게 하여야 하리라"(행 1:21-22).

예수님의 사역은 열두 제자를 세우는 것이었다. 주님이 떠나신 후 그들의 사명은 여러 가지가 있었지만, 우선 예수의 부활을 증거하는 사람들이라고 명확하게 기록되어 있다. 만약 십자가 복음이 틀리지 않았다면 분명히 사도들의 사명에 십자가의 죽으심과 부활을 증거할 자들이 되게 해야 한다고 기록했을 것이다. 그러나 성경은 부활을 증거할 사람들이 사도들임을 확실히 하고 있다. 여기에서 우리가 분명히 알아야 할 것은 그 당시 예수님이 십자가에 죽으셨다는 것은 많은 사도가 눈으로 보고 확인한 의심할 여지가 없는 사실이라는 것이다. 그러니 역사 속에서 다 알고 있는 십자가의 죽으심을 증거한다는 자체가 의미가 없다. 특히 예수 그리스도가 십자가에서 죽으신 것은 로마 법정을 거친 분명한 뉴스였다. 만약 오늘날처럼 매스컴이 있었다면 당시 뉴스로 다 알게 되었고 그리고 역사의 한 순간으로 죽음으로 끝났을 것이다. 그런데 2천 년이 지난 지금 그 기록을 확인하는 데는 문제가 없지만, 부활은 지금이나 그때 당시나 많은 사람이 받아들이지 않았다. 그러므로 오늘날 그 이야기를 듣는 사람 중 일부는 예수란 자가 얼마나 악한 죄인이었기에 그 당시 가장 악한 자를 처형하는 십자가에 처형되었을까 할 것이다. 그러니 부활을 전한다는 것은 결코 쉽지 않다.

그러나 그리스도가 부활하지 않으셨다면 모든 것이 다 무너지기 때문에 당시 악한 무리가 예수의 부활은 없었다고 하니 많은 무리가 그 말을 더 믿었기에 사도들의 핵심 사역이 부활을 증거하는 것이었음은 의심할 여지가 없다. 그러므로 예수 그리스도의 죽으심이 아닌 부활에 초점이 맞추어져 있음을 놓쳐서는 안 된다.

그런데 오늘날 십자가에서 다 이루었기 때문에 우리는 아무것도 할 필요가 없을 뿐 아니라 의롭다 하심도 받았다고 가르치니 이것은 분명히 무엇인가에 미혹된 것이다. 우리가 의롭다 하심을 받지 않는 한 여전히 죄 가운데 있기 때문에 구원은 성립될 수 없다. 그러나 우리를 의롭다 하심은 오직 한 길밖에 없다. "우리를 의롭다 하심을 위하여 살아 나셨느니라"(롬 4:25). 이것이 나의 부활이 될 때, 즉 예수님과 함께 살아났을 때 의롭다 함을 받는다. 이것이 세례이기 때문에 세례로 구원을 받는 것이다.

이미 여러 곳에서 언급했지만 오늘날 많은 그리스도인이 예수님을 믿는 것이 무엇인지 질문하면 제대로 답하지 못한다. 그것은 관념적인 믿음이기 때문이다. 여러 번 언급한 것처럼 회개하고, 각각 예수 그리스도의 이름으로 세례를 받고, 죄 사함을 얻을 때 성령을 선물로 받는 것이 예수님을 믿는 믿음의 출발인 것이다.

　이것은 너무나 명백한데도 왜 많은 가르침이 십자가의 죽으심에 끌려가고 있는가? 이것이 바로 미혹인 것이다. 유명한 사람의 메시지는 무조건 받아들이는 경향이 있다. 대부분의 미혹하는 말씀을 보면 유명한 어떤 사람이 그렇게 말했다고 고집하는 것을 보게 된다. 우리가 분명히 알아야 할 하나는 성령의 가르침이 아니면 잘못될 수 있다는 것이다.

　요한복음 14장 26절은 이렇게 말씀한다. "보혜사 곧 아버지께서 내 이름으로 보내실 성령 그가 너희에게 모든 것을 가르치시고 내가 너희에게 말한 모든 것을 기억나게 하시리라." 또 요한일서 2장 27절도 이렇게 말씀한다. "너희는 주께 받은 바 기름부음이 너희 안에 거하나니 아무도 너희를 가르칠 필요가 없고 오직 그의 기름 부음이 모든 것을 너희에게 가르치며 또 참되고 거짓이 없으니 너희를 가르치신 그대로 주 안에 거하라." 이 두 말씀은 같은 내용으로, 예수님이 직접 하신 말씀과 사도 요한이 주님의 말씀을 해석한 것이다. 예수님의 제자들을 보면 이 말씀이 얼마나 실제인지를 알 수 있다.

　복음서에 나오는 제자들은 대중 앞에서 설교할 실력은 고사하고 아무 기대할 것이 보이지 않는다. 그런데 그들은 사도행전 2장에서 오순절 성령 강림으로 성령 세례를 받고 말씀과 능력의 사람들이 되었다. 그런데 오늘날 문제는 그렇지 않다. 실력과 학위가 아니면 인정하지 않는다. 그러나 잘 생각해보라. 실력과 학위 있는 자들이 가르친 많은 부분이 잘못된 것임이 드러나고 있다.

히브리서 5장 12-14절을 보면 이 말이 틀리지 않다는 것을 알 수 있다. "때가 오래므로 너희가 마땅히 선생이 될 터인데 너희가 다시 하나님의 말씀의 초보가 무엇인지 누구에게 가르침을 받아야 할 것이니 젖이나 먹고 단단한 식물을 못 먹을 자가 되었도다 대저 젖을 먹는 자마다 어린 아이니 의의 말씀을 경험하지 못한 자요, 단단한 식물은 장성한 자의 것이니 저희는 지각을 사용하므로 연단을 받아 선악을 분변하는 자들이니라."

이 말씀에 비추어볼 때 사도행전의 사도들처럼 성령이 가르쳐주시지 않는다면 우리는 분명히 젖을 먹는 자가 될 것이다. 그렇다면 의의 말씀을 경험하지 못한 채 가르치는 오류를 범하게 된다. 이미 앞에서도 젖병을 언급했지만 후안 카를로스 오르티즈 목사님이 쓴 『제자입니까』에 보면 가르치는 목사들이, 또 오래된 장로들이 젖병을 빨고 있다는 것을 영의 눈으로 보고 간증한 내용이 나온다. 정말 심각하다.

세상 학문을 가르치는 곳에는 이런 일이 없다. 그런데 교회 안에 유아 같은 목사와 장로들이 너무나 많다고 한다. 그럼 그들을 통해 어떤 메시지를 들을 수 있겠는가? 생각만 해도 끔찍하다. 그러니 오늘날 지도자들이 세속과 짝하고 타협함으로 기독교는 세속에 빠져 허우적거리게 된 것이다. 그곳에서 구원의 역사는 일어나지 않을 것이며, 탐심으로 가득한 그들을 통해 배나 더 지옥 자식이 될 것이다(마 23:15). 그러므로 지각을 사용함으로 연단을 받아 선악을 분변하는 자들이 지도자가 되어야 한다.

오늘날 말씀 사역의 대가라는 분들은 공부도 많이 했고 높은 학위도

가지고 있다. 그들의 가르침을 들으려고 많은 사람이 모인다. 그래서 그들은 자신들이 하나님이 기뻐하시는 사역을 하고 있고, 그래서 주님이 많은 사람을 보내주셨다고 생각하며 자랑한다. 그러나 주님이 보실 때 의의 말씀을 경험하지 못한 자라면 어떻게 되겠는가?

히브리서 5장 12-14절이 끝나면서 6장 1-2절에서 그리스도 도의 초보를 언급하고 있음을 알아야 한다. 그런데 거기에 성경에서 가장 중요한 예수 그리스도의 죽으심과 부활이 없다는 사실조차도 모르고 있다. 왜냐하면 그리스도의 죽으심과 부활에 대해 너무나 익숙하게 알고 있기 때문이다. 그러나 이것은 가르쳐야 하는 분야가 아니고 직접 체험해야 하며, 그렇게 살 때 구원이 성립된다.

그럼 여기서 다시 지금까지 너무나 보편적으로 가르치고 있고 알고 있는 복음의 핵심은 '예수 그리스도의 죽으심과 부활이다'는 개념을 살펴보자. 앞에서 살펴본 바에 따르면 예수 그리스도의 죽으심과 부활이 나의 구원을 직접 이루어준다면 복음의 본질이라고 해야 한다. 그러나 그것이 그리스도 도의 초보에 없는 이유를 우리는 이미 살펴보았다. 그러므로 예수 그리스도의 십자가의 죽으심과 부활을 복음의 궁극적인 목적으로 해야 함은 이것이 없다면 그리스도 도의 초보인 회개도, 신잉도, 세례들도, 안수도, 죽은 자의 부활도, 영원한 심판까지 아무런 의미가 없는 것이기 때문이다.

결론은 그리스도의 죽으심과 부활로 구원받는 것이 아니라 내가 회개하고 내가 믿음으로 살고, 내가 예수님과 함께 죽고 내가 예수님과 함께 살아나서 새 생명으로 살아야 구원을 받는다는 것이다. 이것을 무시하면 주님을 다시 만나는 그날에 돌이킬 수 없는 후회를 하게 될 것이다.

2장

신학적인 구원론의 문제점

2장
·
신학적인
구원론의
문제점

　　･ ･ ･ ･ ･ ･ ･ ･ ･ ･ ･ ･ 우리가 한 나라의 백성이라면 그 나라의 헌법을 지켜야 한다. 그 많은 조문과 세부 항목 중 어느 것은 지켜야 하고 어느 것은 지키지 않아도 된다는 법은 없다. 처음부터 끝까지 다 지켜야 하고, 만약 법을 어기면 어긴 수준에 따라 형이 판결된다.

　또 어떤 회사에 입사하면 그 회사의 정관과 사칙과 규례가 있다. 만약 사원이 그 규정을 따르지 않으면 해고당할 것이고, 또 학생이 학교의 교칙을 지키지 않으면 그에 해당되는 벌을 받을 것이다. 세상의 모든 조직은 이와 같이 규율과 조례와 법이 있고, 그것을 따르지 않으면 결국 대가를 치르게 된다.

　그렇다면 우리에게 주어진 것은 성경이다. 성경은 하나님의 말씀이요, 하나님의 말씀은 하나님이시다. 그러므로 말씀을 읽다가 하나님을 만나게 되고, 성령님이 임하시기도 한다. 바로 그것이 말씀의 법이다.

그러므로 성경의 어느 부분은 지켜야 하고 어느 부분은 지키지 않아도 된다고 한다면, 그것은 성경을 위에서 말한 헌법이나 규정보다도 더 무의미하게 만드는 것이다. 이 말은 만약 조직신학의 구원론이 구원에 관한 성경 구절만 부분적으로 골라내어 구성된 것이고, 그것이 끔찍할 정도로 우리를 구원에서 벗어나게 하고 있다면 그것은 정말 보잘것없는 신학이 될 것이며, 심각한 일을 야기하고 있다는 뜻이다.

믿음으로 구원받는다. 이것은 진리다. 그러나 믿음이 무엇인지 모르면 머리로만 아는 믿음이 된다. 머리로만 아는 믿음은 야고보서 2장 19절에 "네가 하나님이 한 분이심을 믿느냐 잘하는도다 귀신들도 믿고 떠느니라"고 한 것과 무엇이 다르겠는가?

신학과 교리에서 '한번 구원은 영원하다'고 가르치는데, 이는 성경으로 증명할 수 없고, 이 교리는 사람이 만든 것이다. 반면 구원받았던 자들이 망한 예는 성경에 수없이 많이 나온다. 또 구원의 확신을 가지면 구원받는다는 교리도 성경으로 증명할 수 없다. 또한 예수를 영접해 하나님의 자녀가 되었으니 천국 간다는 말은 진리일 수 있지만, 진짜 하나님의 자녀가 누구인지 모른다면 영접한 것이 아니다.

그러나 이런 것들은 교회에서 일반화되어 있고, 이렇게 믿고 자신만만한 그리스도인들이 너무나 많다. 그러나 성경에는 구원에 관한 명확한 말씀들이 있고, 그 말씀들은 한 마디로 구원은 하나님의 말씀을 전적으로 순종하고 말씀대로 살고 지키는 자에게 해당된다고 말하고 있다.

"끝까지 견디는 자는 구원을 받으리라." "믿고 세례를 받은 자는 구원을 받으리라." "두렵고 떨림으로 구원을 이루라." "믿음의 결국은 영혼의 구원이라." 이 말씀들은 신학적인 구원론과 일치하는가? 일치하지 않는다면 구원론을 가르치는 것보다 가르치지 않는 것이 더 안전할 수도 있다.

성경은 누가 구원을 받았고, 누가 구원을 받지 못했는지에 대해 명확히 말하고 있다. 구약의 경우 본문에는 없지만 멸망 당한 자들에 대한 주석이 신약을 통해 언급된 것을 앞으로 살펴 보고자 한다.

먼저 여기서 구원과 관련된 성경말씀을 찾아보고, 구원의 문제에 대해 깊이 살펴보자. 창세기 4장에서 가인과 아벨의 이야기를 보자. 가인은 분노했고 살인했다. 그러나 구약은 그에 대해 구원을 받았다 못 받았다 말하지 않는다. 그러나 요한일서 3장 12절은 그의 행위를 이렇게 비판하고 있다. "가인 같이 하지 말라 그는 악한 자에게 속하여 그 아우를 죽였으니 어떤 이유로 죽였느냐 자기의 행위는 악하고 그의 아우의 행위는 의로움이라."

여기서 성경은 그의 행위를 심각하게 비판하고 있고, 가인처럼 하지 말라고 교훈히고 있다. 가인은 제사를 잘못 드렸고, 하나님은 그 제사를 받지 않으셨다. 또한 가인이 분을 냈고, 그것이 극으로 치달아 그는 끔직한 일을 저질렀다. 그럼 분을 낸 것을 성경은 뭐라고 하는가?

갈라디아서 5장 19-21절을 보면 육체의 일을 15가지로 말하고 있다. "육체의 일은 분명하니 곧 음행과 더러운 것과 호색과 우상 숭배와 주술과 원수 맺는 것과 분쟁과 시기와 분냄과 당 짓는 것과 분열함과 이단과 투기와 술 취함과 방탕함과 또 그와 같은 것들이라 전에 너희에게 경계한 것 같이 경계하노니 이런 일을 하는 자들은 하나님의 나라를 유업으로 받지 못할 것이요."

이와 같은 일을 행하면 하나님 나라를 유업으로 받지 못한다고 했다. 물론 한 번 분을 냈다고 해서 하나님 나라를 유업으로 받지 못한다면 이 세상에 구원받을 사람은 아무도 없을 것이다. 또 가인의 분냄은 살인으로 나타났다. "살인하지 말라"는 십계명 중 여섯 번째 계명이다. 그렇다면 살인은 구원과 관련이 있는가?

요한일서 3장 15절을 먼저 보자. "그 형제를 미워하는 자마다 살인하는 자니 살인하는 자마다 영생이 그 속에 거하지 아니하는 것을 너희가 아는 바라." 이 말씀은 아주 명확하게 말한다. 문법적으로나 의미적으로나 의심할 여지없이 명확하다. 또한 사도 요한은 수신자들이 이미 이것을 알고 있다고 했다. 그렇다면 그가 이렇게 말한 근거는 무엇일까?

영생에 대한 예수님의 가르침은 사복음서에 나와 있다. 그런데 마태복음, 마가복음, 누가복음은 공관복음으로 같은 내용을 기록했지만, 요한복음은 조금 다른 각도에서 기록했다. 5장 39절에서 "영생을 얻기 위해 성경을 상고한다"고 언급했는데, 여기서 말하는 성경은 바로 구약이다.

마태복음 19장 16-26절, 마가복음 10장 17-31절, 누가복음 18장 18-30절은 한 부자 청년이 예수님께 와서 자신이 무엇을 하여야 영생을 얻느냐고 질문한 것으로, 이에 대해 예수님은 십계명을 지키라는 말씀으로 대답하셨다. 십계명 중 여섯 번째 계명이 바로 "살인하지 말라"이다. 영생을 얻는 조건이 십계명을 지키는 것이라고 한다면 오늘날 그리스도인들은 쉽게 아멘이라고 답할 수 있겠는가.

오늘날 사람들은 갈라디아서 5장에서 말하는 육체의 일 15가지 중 이단과 우상숭배만 심각하게 보고 나머지는 대수롭지 않게 넘기는 경우가 많다. 그렇게 되면 서론에 언급한 것처럼 성경 말씀이 헌법이나 규정보다 더 가볍게 여겨지는 것이다. 그래서 하나님의 말씀이 있는 그대로 받아들여지지 않아 무서운 결과를 초래할 가능성이 아주 높다.

만약 이에 대해 아멘이라고 답하지 못한다면 하나님이 주신 십계명은 헌법이나 규정보다 못한 것이 된다. 예수님이 직접 말씀하신 내용들을 받아들이지 않겠다는 것이 되고 만다.

그렇다면 가인의 구원은 어떻게 되는 것인가? 그에 대해 신약에서 언급한 분을 내어 살인했으니 하나님 나라를 유업으로 받지 못하고 영생을 얻지 못함에 대해 아니라고 말할 수 있는가? 만약 그가 오늘날 성경이 가르치는 내로 자신이 지은 죄에서 돌이키고 하나님 앞에 진심으로 회개하여 정결하게 한다면 하나님은 그를 다시 받으실 것이다. 물론 가인도 자기 죄가 심각한 것을 알았디. 그래시 두려워하는 가인을 하나님이 지켜주신 것이다.

사울의 이야기를 살펴보자.

사무엘상 13장에서 블레셋 사람들이 이스라엘과 싸우려고 엄청난 병기들을 가져와 진을 쳤다. 이스라엘 백성은 굴과 수풀과 바위틈과 은밀한 곳과 웅덩이에 숨었고, 더러는 요단을 건너 갓과 길르앗 땅으로 갔으며, 사울 왕은 아직 길갈에 있었는데 그를 따르는 모든 백성은 떨고 있었다. 그런데 오기로 한 기한이 되어도 사무엘이 오지 않자 백성이 사울에게서 흩어졌다. 그러자 사울은 제사 드릴 자격이 없음에도 불구하고 화목 제물로 번제를 드렸다. 번제 드리기를 마칠 때쯤 사무엘이 도착했다. 사무엘은 사울에게 이렇게 말했다.

"사무엘이 가로되 왕의 행한 것이 무엇이뇨 하니 사울이 가로되 백성은 나에게서 흩어지고 당신은 정한 날 안에 오지 아니하고 블레셋 사람은 믹마스에 모였음을 내가 보았으므로 이에 내가 이르기를 블레셋 사람은 나를 치러 길갈로 내려오겠거늘 내가 여호와께 은혜를 간구치 못하였다 하고 부득이하여 번제를 드렸나이다 사무엘이 사울에게 이르되 왕이 망령되이 행하였도다 왕이 왕의 하나님 여호와께서 왕에게 명하신 명령을 지키지 아니하였도다 그리하였더면 여호와께서 이스라엘 위에 왕의 나라를 영영히 세우셨을 것이어늘 지금은 왕의 나라가 길지 못할 것이라 여호와께서 왕에게 명하신 바를 왕이 지키지 아니하였으므로 여호와께서 그 마음에 맞는 사람을 구하여 그 백성의 지도자를 삼으셨느니라."

우리는 하나님이 사울 왕을 버리셨고, 그래서 그의 가족까지 망한 것을 알고 있다. 그는 왕이 된 지 2년만에 제사장이 드릴 수 있는 번제를 드림으로 하나님 앞에 망령된 자가 되었고, 그의 왕위도 번제 드린 일로 인하여 끝날 것을 사무엘을 통해 듣게 된 것이다.

우리는 이렇게 생각할 수 있다. 하나님이 2년 전에 사울을 택하여 왕으로 세우셨는데, 번제를 드려야 할 사무엘이 정한 기한에 오지 않자 왕인 그는 어쩔 수 없이 제사를 드린 것이다. 그것이 잘못이라면 깨닫도록 알려주고 두 번 다시 그렇게 하지 말라고 가르치는 것이 바람직하지 않은가. 사울은 하나님의 명령을 지키지 아니함으로 망령된 자가 되어 왕위까지 박탈당하게 된 것이다. 여기서 우리가 분명히 알아야 할 것이 있다.

우리가 아무리 높은 지위에 있다 하더라도 하나님의 명령을 지키지 않으면 망령된 자가 된다는 사실이다. 히브리어로 '망령'(싸칼)은 '어리석게 처신하다'는 의미다. 즉, 하나님 말씀을 대수롭지 않게 여기고 어리석게 행동하는 것으로 이 경우 대부분 하나님께 버림받은 자가 된다. 그래서 사울의 집안은 풍비박산 나고 말았다는 것을 우리는 명심해야 한다.

하나님의 명령을 어기면 망령된 자가 된다는 것이 이 본문이 말하는 핵심이다. 그럼 이것이 구원론과 무슨 상관이 있는가? 한마디로 행동 하나하나가 매우 중요하고, '하나님의 선택'과 '하나님의 버림'은 한순간이라는 것이다. 우리는 하나님의 명령을 지킬 때 구원을 받고 복을 받는다. 반대로 하나님의 명령을 지키지 않으면 망령된 자가 되어 버림받고 멸망한다. 그래서 사무엘상 12장 25절에서 엄하게 경고하신 것이다. "만일 너희가 여전히 악을 행하면 너희와 너희 왕이 다 멸망하리라."

다음으로 창세기 6장에 나오는 노아 시대로 가보자.

지금 우리는 구원론을 말하고 있기 때문에 노아 홍수 때 구원받은 자들이 과연 구원론의 가르침과 일치하고 있는가를 살펴보자. 노아 당시는 전 인류가 900세 이상 생존할 때였기에 사람들이 땅 위에 번성하기 시작했고 하나님은 사람 지었음을 한탄하셨다. 그래서 120년이라는 기간을 주셔서 노아가 의를 전파했지만, 노아의 가족 외에는 한 명도 돌아오지 않았다.

하나님은 결국 홍수로 심판하셨고, 노아 가족 8명을 제외한 온 인류는 멸망을 받았으니 이에 대해 구원론은 어떻게 가르치고 있는가를 살펴보자. 노아의 가족이 오늘날 가르치는 구원론으로 구원을 받았는가 하는 것이다.

여기서 놀라운 구원의 핵심 하나를 볼 수 있다.

베드로전서 3장 20-21절이다. "그들은 전에 노아의 날 방주 예비할 동안 하나님이 오래 참고 기다리실 때에 순종치 아니하던 자들이라 방주에서 물로 말미암아 구원을 얻은 자가 몇명 뿐이니 겨우 여덟 명이라 물은 예수 그리스도의 부활하심으로 말미암아 구원을 받는 표니 곧 세례라 육체의 더러운 것을 제하여 버림이 아니요 오직 선한 양심이 하나님을 향하여 찾아가는 것이라."

우리가 알고 있는 노아의 구원은 물에서 그리고 방주로 구원받았다는 것 외에는 아는 바가 없다. 그러나 구약을 완전하게 한 신약성경에서 명백하게 주석이 된 것으로 노아의 여덟 식구는 세례로 구원을 받았는데, 그것도 예수 그리스도의 부활하심으로 구원받았다고 했다.

주님은 구원의 핵심이 세례인 것을 복음서에서 이미 말씀하셨고, 사도들은 그들의 사역에서 세례를 통해 구원의 역사(행 2:38)를 이루어갔다. 이와 같이 노아의 가족이 구원받은 것은 오늘날 가르치는 구원론이 아님을 확실히 보게 된 것이다. 마가복음 16장 16절은 성경 전체의 구원에 대한 핵심 요절이다. "믿고 세례를 받는 사람은 구원을 받을 것이요."

그렇다면 노아의 가족 외에 멸망당한 온 인류는 왜 멸망을 받았는가. 그들이 구원론을 따르지 않아 구원에서 벗어났다고 가르치면 모두가 동의할 수 있다. 그것은 구원론에서 사용하는 성경 구절들이 다 진리지만, 구원에 대한 본질에서 벗어난 구절들인 것을 알지 못하기 때문이다.

우리는 모든 답을 성경에서 찾아야 하고, 그 답이 다른 말씀과 위배되지 않아야 한다. 베드로후서 2장 5절을 보자. "옛 세상을 용서치 아니하시고 오직 의를 전파하는 그 일곱 식구를 보존하시고 경건치 아니한 자들의 세상에 홍수를 내리셨으며." 이같이 멸망한 자들은 의를 행하지 않은 경건하지 않은 자들인 것을 명백히 말해주고 있다.

다음으로 창세기 19장에 나오는 소돔과 고모라의 멸망과 구원을 보자.

아브라함의 조카 롯의 가족이 그곳에 살았고, 하나님이 그의 가족을 구원해주셨다. 그렇다면 하나님은 무엇에 근거해 그들을 구원해주셨는가? 본문 내용으로 볼 때 아브라함을 생각하셔서 조카 롯을 구원하셨음을 29절에서 볼 수 있다. "하나님께서 그 지역의 성을 멸하실 때 곧 롯이 거주하는 성을 엎으실 때에 하나님이 아브라함을 생각하사 롯을 그 엎으시는 중에서 내보내셨더라."

그러나 우리가 구약을 완전케 한 신약의 주석을 보면 롯의 삶의 모습이 나와 있다. 베드로후서 2장 7-8절은 이렇게 말씀한다. "무법한 자의 음란한 행실을 인하여 고통하는 의로운 롯을 건지셨으니 이 의인이 저희

중에 거하며 날마다 저 불법한 행실을 보고 들음으로 그 의로운 심령을 상하니라."

이 말씀에서 우리가 분명히 알아야 할 것은 바로 의를 행하는 것과 구원은 직결되어 있다는 사실이다. 우리는 노아의 식구들이 의를 전파함으로 구원에 동참했고, 하나님은 롯이 의로워서 건져주셨다는 말씀을 간과해서는 안 된다.

그렇다면 소돔과 고모라에서 멸망당한 자들은 무엇에 근거해 유황불에 타 죽었는가? 베드로후서 2장 6절은 이렇게 말씀한다. "소돔과 고모라 성을 멸망하기로 정하여 재가 되게 하사 후세에 경건치 아니할 자들에게 본을 삼으셨으며."

노아와 롯을 보면 의를 행하지 않은 경건치 않은 자들이 다 멸망되었음은 너무나 명백한 진리 중 진리다. 믿음으로 구원받는다고 가르치고 믿지 않으면 멸망한다는 가르침은 진리지만, 믿음이 무엇인지 모르면 다 헛것이 될 뿐이다.

다음으로 출애굽기를 살펴보자.

애굽에서 탈출한 이스라엘 백성의 수는 보행하는 장정으로 20세 이상 남자가 60만 3천5백5십5명이라고 민수기 1장 46절은 기록하고 있다. 애굽 군대가 총출동하여 추격함으로 이스라엘 백성이 가나안으로 출발한 것이 구원이 아니었음이 드러났다.

민수기 14장 10-12절 말씀이다. "바로가 가까이 올 때에 이스라엘 자손이 눈을 들어 본즉 애굽 사람들이 자기 뒤에 미친지라 이스라엘 자손이 심히 두려워하여 여호와께 부르짖고 그들이 또 모세에게 이르되 애굽에 매장지가 없음으로 당신이 우리를 이끌어 내어 이 광야에서 죽게 하느뇨 어찌하여 당신이 우리를 애굽에서 이끌어 내어 이같이 우리에게 하느뇨 우리가 애굽에서 당신에게 고한 말이 이것이 아니뇨 이르기를 우리를 버려 두라 우리가 애굽 사람을 섬길 것이라 하지 아니하더뇨 애굽 사람을 섬기는 것이 광야에서 죽는 것보다 낫겠노라."

이같이 이스라엘 백성은 출애굽하기 싫었기에 그들이 모세를 원망한 것은 당연한 일이다. 하나님의 구원 계획을 아무도 알지 못했다.

출애굽기 14장 13절 말씀이다. "모세가 백성에게 이르되 너희는 두려워 말고 가만히 서서 여호와께서 오늘날 너희를 위하여 행하시는 구원을 보라 너희가 오늘 본 애굽 사람을 또 다시는 영원히 보지 못하리라 여호와께서 너희를 위하여 싸우시리니 너희는 가만히 있을찌니라."

여기까지 보면 열 가지 재앙이 끝나고 이스라엘 백성이 가나안으로 향하는 것이 구원받은 것으로 보였지만 그렇지 않았다. 오히려 지금은 앞으로 홍해가, 좌우로 산으로 둘러싸여 있었다면 그들의 말처럼 죽는 것 외에는 길이 없었다. 이러한 극한 상황에서 하나님의 구원 계획은 그들에게 나가서 싸우라고 하시는 것이 아니라, 가만히 서서 하나님이 어떻게 구하시는지 구경만 하라는 것이었다.

우리는 이 사건을 너무나 잘 안다. 모세가 13절에서 말한 것처럼 "너희가 오늘 본 애굽 사람을 또 다시는 영원히 보지 못하리라"고 한 그대로 모든 애굽 군대는 홍해에 수장되고 말았다. 반면 이스라엘 백성은 싸움에 나서지 않았고 모세가 말한 대로 구원받았다.

　이 구원에 대해 신약에서 주석한 것을 볼 수 있다. 고린도전서 10장 1-2절 말씀이다. "형제들아 너희가 알지 못하기를 내가 원치 아니하노니 우리 조상들이 다 구름 아래 있고 바다 가운데로 지나며 모세에게 속하여 다 구름과 바다에서 세례를 받고." 출애굽기 말씀과 좀 다르다. 하나님의 구원을 가만히 서서 보라고 했는데 주석은 저들이 구름과 바다에서 세례를 받았다고 했으니 세례와 구원을 같은 것으로 묘사하고 있다.

　앞에서 노아의 구원이 세례로 된 것을 살펴보았고, 이곳에서도 구원을 세례받은 것으로 기록하고 있으니 이것은 명확하다. 예수님도 마가복음 16장 16절에서 믿고 세례를 받는 사람은 구원을 얻을 것이라고 하셨다. 즉, 세례가 구원의 핵심이라고 해도 틀린 말이 아니다.

　우리는 보통 구약에 세례가 없다고 생각하지만, 신약 주석은 구약 백성이 세례로 구원받았다고 했으니 이것은 부정할 수 없다. 예수님이 사역을 시작하셨을 때를 신약 시대라고 할 것이지만, 성경에 나오는 구약 사역은 정확히 세례 요한까지다. 마태복음 11장 13절은 말씀한다. "모든 선지자와 율법의 예언한 것이 요한까지니." 누가복음 16장 16절도 이렇게 말씀한다. "율법과 선지자는 요한의 때까지요 그 후부터는 하나님 나라의 복음이 전파되어 사람마다 그리로 침입하느니라."

　구약의 마지막 선지자 세례 요한의 사역을 보면 핵심이 세례였고, 세례가 죄 사함을 받게 하는 것임을 보게 된다. 마가복음 1장 4-5절 말씀이다. "세례 요한이 이르러 광야에서 죄 사함을 받게 하는 회개의 세례를 전파하니 온 유대 지방과 예루살렘 사람이 다 나아가 자기 죄를 자복하고 요단강에서 그에게 세례를 받더라." 여기서 우리의 보편적인 생각을 내려놓아야 한다. 즉, 물세례는 진짜 세례가 아니고 죄 사함을 받게 하는 메시지를 듣고 죄를 자복하는 것이 세례임을 말하는 것이다.

그렇다면 구약의 죄 사함과 신약의 죄 사함은 같은 세례를 통해 일어나는 것을 보게 된다. 앞에 나오는 죄 사함을 받게 하는 회개의 세례는 구약의 세례이고, 사도행전 2장 38절에 나오는 죄 사함은 신약의 예루살렘 교회의 시작이 바로 회개와 세례를 받으면 죄 사함을 얻는다고 했다. 바로 죄 사함이 구속인 것이다. 에베소서 1장 7절과 골로새서 1장 14절은 말씀한다. "구속 곧 죄 사함을 얻었느니라." 바로 이것이다.

다시 언급하면 세례를 바로 알면 세례가 구원의 핵심임을 알게 되는데 예수님의 죽으심과 부활이 세례였음을 누가복음 12장 50절에서 볼 수 있다. "나는 받을 세례가 있으니 그 이루기까지 나의 답답함이 어떠하겠느냐." 예수님은 사역 초기에 세례 요한에게 세례를 받으셨고, 이곳에서는 "나의 받을 세례"라고 하셨으니 이것은 십자가의 죽으심을 말씀하신 것이다.

앞에서 세례의 의미가 예수님과 함께 죽고, 함께 상사되며, 함께 부활하여 새 생명으로 사는 것이라고 했으니 이것을 요약하면 죽으심과 부활이 세례인 것이다. 이것은 우리가 죄에 대해 죽지 않으면 죄 사함이 없고, 죄 사함이 없으면 구속도 없으니 구원도 성립되지 않는 것이다.

그러므로 구약의 백성도 세례로 구원받았고, 우리 역시 세례로 구원받게 된다. 그러나 오늘날 교회는 "믿고 세례를 받는 자는 구원을 얻으리라"고 하신 예수님의 말씀에서 세례는 언급하지 않고 믿음만 가르친다. 누가 세례를 빼고 믿음만 가르치는 것인가? 그리고 그 가르침을 따르는 모든 사역자는 분명히 그에 대한 책임을 져야 할 것이다.

그러나 앞에서 언급한 것처럼 믿음의 실제는 회개하고 각각 예수 그리스도의 이름으로 세례를 받고 죄 사함을 얻는 것이다. 그런데 오늘날 회개도 없고 세례도 없이 죄 사함을 받았다면 그것 또한 거짓된 것이다.

그런데 심각한 문제가 있다. 그것은 약 60만 명에 이르는 출애굽한 이스라엘 백성이 과연 광야 교회(행 7:38)에서 살아 있었는지, 아니면 언제 죽었는지 그리고 왜 40년이라는 광야 교회가 생겼는지 살펴보자.

우리는 애굽에서 나온 약 60만 명 중 여호수아와 갈렙 두 사람만 가나안에 들어간 것을 잘 알고 있다. 그렇다면 이 두 사람 외에 나머지 사람이 모세처럼 생명이 다해 죽었다면 말할 것이 없지만, 그것이 아니라면 심각한 통계가 나온다. 60만 명 중 2명이라면 퍼센트로 말하기도 너무 미미한 수치다. 60만 명이 구원에서 제외되어 멸망되었다는 기록이 성경에 있다면 우리는 정말 심각해질 수밖에 없다.

민수기 14장 26-35절을 보자. "여호와께서 모세와 아론에게 일러 가라사대 나를 원망하는 이 악한 회중을 내가 어느 때까지 참으랴 이스라엘 자손이 나를 향하여 원망하는바 그 원망하는 말을 내가 들었노라 그들에게 이르기를 여호와의 말씀에 나의 삶을 가리켜 맹세하노라 너희 말이 내 귀에 들린대로 내가 너희에게 행하리니 너희 시체가 이 광야에 엎드러질 것이라 너희 이십세 이상으로 계수함을 받은 자 곧 나를 원망한 자의 전부가 여분네의 아들 갈렙과 눈의 아들 여호수아 외에는 내가 맹세하여 너희로 거하게 하리라 한 땅에 결단코 들어가지 못하리라 너희가 사로잡히겠다고 말하던 너희의 유아들은 내가 인도하여 들이리니 그들은 너희가 싫어하던 땅을 보려니와 너희 시체는 이 광야에 엎드러질 것이요 너희 자녀들은 너희의 패역한 죄를 지고 너희의 시체가 광야에서 소멸되기까지 사십년을 광야에서 유리하는 자가 되리라 너희가 그 땅을 탐지한 날수 사십일의 하루를 일년으로 환산하여 그 사십년간 너희가 너희의 죄악을 질찌니 너희가 나의 싫어 버림을 알리라 하셨다 하라 나 여호와가 말하였거니와 모여 나를 거역하는 이 악한 온 회중에게 내가 단정코 이같이 행하리니 그들이 이 광야에서 소멸되어 거기서 죽으리라."

이 말씀을 잘 살펴보면 출애굽을 통한 구원이 이루어진 것은 그 당시 일어난 사건인 것을 알 수 있다. 하나님이 말씀하신 시점이 광야 40년의 몇 년이 지난 시간도 아니고 중간도 아님은 40일의 하루를 1년으로 환산하여 그 40년이라고 하셨으니 말씀하신 그때부터 40년인 것은 너무나 명백하다. 애굽에서 나온 이스라엘 백성 60만 명이 40년에 이르는 광야 생활 중 죽은 것이 아니다. 그들의 시체가 광야에서 소멸되는 시간이 40년이기에 40년이 시작되기 전에 죽은 것이다.

그럼 여기서 우리가 곰곰이 생각해볼 것이 있다. 하나님의 구원 역사를 말한 오늘 너희들이 본 애굽 사람을 또 다시는 영원히 보지 못하리라고 하였고, 그것이 실제가 되어 애굽 사람을 몽땅 수장시켜 구원을 이루어주신 것이다. 그런데 여호수아와 갈렙을 제외하고 그들 중 20세 이상의 장정은 다 광야에서 멸하셨고 그리고 그들의 시체가 광야에서 소멸되기까지라고 하셨다.

그럼 왜 하나님이 그들의 시체를 광야에서 소멸시키셨을까. 그리고 애굽에서 가나안으로 가는 것이 목적인데 광야에서 죽일 것이라면 왜 출애굽하게 하신 것인가.

이것은 그들이 하나님을 원망한 것과 모여 하나님을 거역한 죄 때문인 것으로 하나님은 이렇게 말씀하셨다. "너희 말이 내 귀에 들린 대로 내가 너희에게 행하리니 너희 시체가 이 광야에 엎드러질 것이라." 그들이 모여 무슨 말을 했기에 하나님 귀에 들린 대로 그들 시체가 광야에 엎드러진다고 하신 것일까?

하나님은 이렇게 말씀하셨다. "너희의 유아들은 내가 인도하여 들이리니 그들은 너희가 싫어하던 땅을 보려니와 너희 시체는 이 광야에 엎드려질 것이요." 이것을 보면 그들이 모여서 가나안에 들어가기 싫다는 말을 했음을 알 수 있다.

민수기 14장 1-4절을 보면 열 명의 정탐군이 한 말을 듣고 이스라엘 백성이 어떻게 행동하고 말했는지를 볼 수 있다. "온 회중이 소리 높여 부르짖으며 밤새도록 백성이 곡하였더라 이스라엘 자손이 다 모세와 아론을 원망하여 온 회중이 그들에게 이르되 우리가 애굽 땅에서 죽었거나 이 광야에서 죽었더면 좋았을 것을 어찌하여 여호와가 우리를 그 땅으로 인도하여 칼에 망하게 하려 하는고 우리 처자가 사로잡히리니 애굽으로 돌아가는 것이 낫지 아니하랴 이에 서로 말하되 우리가 한 장관을 세우고 애굽으로 돌아가자 하매." 여기서 말한 그들의 죽음을 살펴보자.

민수기 14장 39-45절을 보면 26-36절에서 하나님의 진노하신 말씀을 들은 이스라엘 백성의 모습이 나온다. "모세가 이 말로 이스라엘 모든 자손에게 고하매 백성이 크게 슬퍼하여 아침에 일찍이 일어나 산꼭대기로 올라가며 가로되 보소서 우리가 여기 있나이다 우리가 여호와의 허락하신 곳으로 올라가리니 우리가 범죄하였음이니이다 모세가 가로되 너희가 어찌하여 이제 여호와의 명령을 범하느뇨 이 일이 형통하지 못하리라 여호와께서 너희 중에 계시지 아니하니 올라가지 말라 너희 대적 앞에 패할까 하노라 아말렉인과 가나안인이 너희 앞에 있으니 너희가 그 칼에 망하리라 너희가 여호와를 배반하였으니 여호와께서 너희와 함께 하지 아니하시리라 하나 그들이 그래도 산꼭대기로 올라갔고 여호와의 언약궤와 모세는 진을 떠나지 아니하였더라 아말렉인과 산지에 거하는 가나안인이 내려와 쳐서 파하고 호르마까지 이르렀더라."

이스라엘 백성의 모습을 보면서 우리가 무엇을 배워야 하는지 생각해 보자. 그들은 하나님이 애굽 군대를 다 수장시키신 것을 두 눈으로 보았고 하나님의 능력으로 전쟁도 하지 않았는데 오히려 하나님을 열 번이나 시험하고, 하나님의 말씀을 듣지 않았으며, 원망하였다. 그들은 하나님을 멸시하고 하나님이 내린 저주의 말씀도 무시한 채 가나안으로 진격하였다. 우리는 그들의 모습에 우리의 모습은 없는지 생각해보아야 한다.

또 14장 3절에 말씀한 대로 칼에 망하게 한다고 원망한 대로 모세가

"여호와께서 함께 하지 않으니 올라가지 말라"는 말도 무시하고 올라갔다가 그들은 자신들이 말한 대로 칼에 망하고 말았다. 바로 이것이 그들의 시체가 광야에서 소멸되는 40년이다.

이같이 오늘날도 하나님이 말씀하신 것을 싫어하면 그 대가를 분명히 치르게 될 것이다. 이것도 신약에 주석되어 있다. 고린도전서 10장 5절을 보자. "그러나 저희의 다수를 하나님이 기뻐하지 아니하신 고로 저희가 광야에서 멸망을 받았느니라."

유다서 5절도 말씀한다. "너희가 본래 범사를 알았으나 내가 너희로 다시 생각나게 하고자 하노라 주께서 백성을 애굽에서 구원하여 내시고 후에 믿지 아니하는 자들을 멸하셨으며."

이 말씀을 보면서 우리는 정신을 차려야 한다. 광야 교회의 구원의 역사는 명백하게 기록되어 있다. 오늘날 교회가 이 광야 교회보다 더 영적이고 경건하며 거룩해지고 있다면 걱정할 필요가 없다. 그러나 만약 오늘날 교회가 광야 교회보다 낫다고 할 아무런 증거가 없다면 보통 심각한 일이 아니다.

멸망당한 60만 명을 따라갈 것인가, 아니면 남은 두 명을 따라갈 것인가 하는 것은 우리의 선택이다. 아무도 우리를 도울 수 없다. 앞에서 언급한 말씀들을 근거로 보면 우리가 선택할 답이 있다. 홍해에서 구원받은 그들이 하나님을 원망하고 같이 모여 하나님을 거역함으로 10년, 20년 후가 아니라 광야 40년 시작과 동시에 다 멸망되었음을 보면서도 한 번 구원은 영원하다고 하거나, 하나님이 우리를 견인해서라도 천국에 데려가신다고 하거나, 하나님의 자녀가 되었으면 끝까지 걱정할 필요가 없다는 거짓 가르침에 속아 넘어가서는 안 된다. 우리는 우리에게 주어진 것에서 바른 선택을 해야 구원이 성립된다.

광야 교회가 끝나고 가나안에 들어가기 전 모세의 마지막 메시지가 바로 선택에 관한 것이다. 신명기 30장 19절 말씀이다. "내가 오늘날 천지를 불러서 너희에게 증거를 삼노라 내가 생명과 사망과 복과 저주를 네 앞에 두었은즉 너와 네 자손이 살기 위하여 생명을 택하고."

여호수아가 사역을 끝내면서 마지막 메시지로 여호수아 24장 15절에서 이렇게 말했다. "만일 여호와를 섬기는 것이 너희에게 좋지 않게 보이거든 너희 열조가 강 저편에서 섬기던 신이든지 혹 너희의 거하는 땅 아모리 사람의 신이든지 너희 섬길 자를 오늘날 택하라 오직 나와 내 집은 여호와를 섬기겠노라."

우리는 앞으로 이 책에서 아가페의 진정한 뜻을 살펴볼 것이다. 아가페라는 헬라어의 참 의미에는 무조건적 사랑은 없고 명백히 의지적인 선택으로 우리가 바르게 선택하지 않으면 저주와 사망이다. 우리가 해야 할 바른 선택은 하나님의 명령을 지켜 행하고 하나님의 말씀을 순종하면 복과 생명이지만, 만약 이 명백한 말씀을 무시한다면 저주와 사망일 뿐이다.

여기에 무슨 구원론을 만들어 가르칠 것인가? 실상은 만들 필요도 없고 구원론이란 제목으로 가르칠 것도 없이 한 마디로 말씀 그대로 사는 것, 그 이상도 그 이하도 없다.

여호수아서에 나오는 기생 라합의 구원의 역사를 보면 놀라지 않을 수 없다. 그녀가 어떻게 구원을 받았는지 보자. 여호수아 6장 22-25절 말씀이다. "여호수아가 그 땅을 정탐한 두 사람에게 이르되 그 기생의 집에 들어가서 너희가 그 여인에게 맹세한 대로 그와 그에게 속한 모든 것을 이끌어 내라 하매 정탐한 소년들이 들어가서 라합과 그 부모와 그 형제와 그에게 속한 모든 것을 이끌어 내고 또 그 친족도 다 이끌어 내어 그들을 이스라엘 진 밖에 두고 무리가 불로 성읍과 그 가운데 있는 모든 것을 사르고 은, 금과 동, 철 기구는 여호와의 집 곳간에 두었더라 여호수아가 기생 라합과 그 아비의 가족과 그에게 속한 모든 것을 살렸으므로 그가 오늘날까지 이스라엘 중에 거하였으니 이는 여호수아가 여리고를 탐지하려고 보낸 사자를 숨겼음이었더라."

여기서 우리가 기생 라합의 구원론을 만든다면 어떻게 만들어야 할 것인가? 정탐꾼을 숨겨주는 것이 구원의 길이다. 성경에 기록된 대로 이것 외에 다른 무엇을 말할 수 있겠는가? 그러므로 구원론을 만든다는 것은 너무나 헛된 생각이요, 이미 가르치는 구원론은 아무런 의미가 없는 것이 된다.

여호수아 6, 7장으로 가보자. 하나님이 여호수아를 통해 여리고 성이 무너질 때 백성에게 명하신 것이 6장 18-19절에 나온다. "너희는 바칠 물건을 스스로 삼가라 너희가 그것을 바친 후에 그 바친 어느 것이든지 취하면 이스라엘 진으로 바침이 되어 화를 당케 할까 두려워하노라 은, 금과 동, 철 기구들은 다 여호와께 구별될 것이니 그것을 여호와의 곳간에 들일찌니라."

그런데 이러한 하나님의 말씀을 따르지 않아 범죄자가 생겼고, 이로 인해 조그마한 아이 성에서 패하므로 이스라엘 백성 36명 정도가 죽는 사건이 발생했다. 이 일은 하나님의 말씀을 따르지 않고 범죄한 한 사람으로 인해 하나님이 이스라엘 자손에게 진노하신 것이다.

여호수아 7장 24-26절은 그 결과를 이렇게 기록한다. "여호수아가 이스라엘 모든 사람으로 더불어 세라의 아들 아간을 잡고 그 은과 외투와 금덩이와 그 아들들과 딸들과 소들과 나귀들과 양들과 장막과 무릇 그에게 속한 모든 것을 이끌고 아골 골짜기로 가서 여호수아가 가로되 네가 어찌하여 우리를 괴롭게 하였느뇨 여호와께서 오늘날 너를 괴롭게 하시리라 하니 온 이스라엘이 그를 돌로 치고 그것들도 돌로 치고 불사르고 그 위에 돌무더기를 크게 쌓았더니 오늘날까지 있더라 여호와께서 그 극렬한 분노를 그치시니 그러므로 그곳 이름을 오늘날까지 아골 골짜기라 부르더라."

여기에서의 구원론을 무엇이라고 만들어 가르칠 것인가? 이것 역시 하나님이 명하신 것을 지키면 무사하지만 어기면 가차 없이 멸하시는데, 그것도 본인만 아니라 가족과 그와 함께한 모든 심승과 물건까지 다 태워버렸다.

그럼 신약으로 가보자. 누가복음 13장 1-5절은 이렇게 말씀한다. "그때 마침 두어 사람이 와서 빌라도가 어떤 갈릴리 사람들의 피를 저희의 제물에 섞은 일로 예수께 고하니 대답하여 가라사대 너희는 이 갈릴리 사람들이 이 같이 해 받음으로써 모든 갈릴리 사람보다 죄가 더 있는 줄 아느냐 너희에게 이르노니 아니라 너희도 만일 회개하지 아니하면 다 이와 같이 망하리라 또 실로암에서 망대가 무너져 치어 죽은 열 여덟 사람이 예루살렘에 거한 모든 사람보다 죄가 더 있는 줄 아느냐 너희에게 이르노니 아니라 너희도 만일 회개하지 아니하면 다 이와 같이 망하리라."

이 말씀에서 주님은 회개하지 않으면 다 망한다고 하셨는데, 그럼 구원론에서 회개하지 않으면 멸망을 받는다는 가르침이 있는가?

사도행전 5장에 아나니아와 삽비라 부부가 망한 내용이 나온다. 그들은 자신들의 소유를 팔아 얼마를 감추고 하나님께 드렸는데, 이것이 문제였다. 자기들의 소유인데 왜 얼마를 감추었다고 했는지 모르지만, 아마도 자기들의 소유를 팔아 하나님께 몽땅 드리기로 했을 것이다. 그러나 소유를 판 후 다 드리려고 하니 아까운 생각이 들어 그 두 사람이 의논하여 얼마를 감춘 것으로 보인다.

그들은 성령을 속이고 하나님께 거짓말을 한 죄로 혼이 떠나고 말았다. 그들은 성령을 속이고 거짓말을 했음에도 양심의 가책 없이 버티다 멸망당했다. 거짓말은 가장 위험한 것으로, 마귀는 거짓말쟁이고 거짓의 아비다(요 8:44).

오늘날 그리스도인 가운데 거짓말하면 지옥에 간다고 하면 아무도 아멘이라고 하지 않을 것이다. 마귀가 거짓말쟁이요 거짓의 아비라면 지옥에 가는 것은 너무나 당연하다.

요한계시록 21장 8절은 이렇게 말씀한다. "모든 거짓말하는 자들은 불과 유황으로 타는 못에 참예하리니 이것이 둘째 사망이라."

요한계시록 21장 27절은 이렇게 말씀한다. "거짓말하는 자는 결코 그리로 들어오지 못하되 오직 생명책에 기록된 자들뿐이라."

요한계시록 22장 15절은 이렇게 말씀한다. "거짓말을 좋아하며 지어내는 자마다 성 밖에 있으리라."

그럼 구원론이 거짓말을 언급하고 있는 것인가? 전혀 언급하고 있지 않다면 구원론은 사람에 의해 만들어졌고, 그 구원론을 만든 자는 분명 미혹의 영에 의해 잘못된 가르침을 따른 것으로 보아야 마땅하다.

디모데전서 4장 1절에서 "그러나 성령이 밝히 말씀하시기를 후일에 어떤 사람들이 믿음에서 떠나 미혹케 하는 영과 귀신의 가르침을 좇으리라"고 하신 그대로다.

오늘날 신학과 교리의 대부분이 말씀에서 벗어나 있다면 신학과 교리를 버리고 말씀으로 돌아와야 한다. 오히려 신학과 교리의 구원론을 가르치면서 주님이 나의 모든 것을 주관하신다고 기뻐하고 있으니 자신의 가르침이 망하는 길임을 전혀 인식하지 못하고 있는 것이다.

구원에 관한 한 우리가 분명히 알아야 할 것은 하나밖에 없다. 주님의 말씀을 듣고 행하는 자는 반석이신 그리스도 위에 집을 세운 구원받을 자이고, 주님의 말씀을 듣고 행하지 않는 자는 모래 위에 지은 집처럼 무너져 멸망할 것이다.

이렇게 볼 때 창세기 3장에서 죄가 시작되었고, 그때부터 구원의 역사가 시작되었다. 문제는 예수님이 오시기 전과 오신 후 구원에 대한 가르침에 다른 것이 있다는 것이다.

구약의 성도들은 어떻게 구원받았을까 하는 질문에 우리는 여러 가지 답을 할 수 있다. 율법을 지킴으로, 하나님을 믿음으로, 또 오실 예수님을 믿음으로 등이다. 그러나 그것은 사람의 생각으로 말한 것이므로 구약의 이스라엘 백성이 받은 구원에 관한 본문을 성경에서 찾아야 한다.

그리고 구약과 신약에서 구원에 대한 말씀이 같은지 아니면 다른지를 알면 쉽게 답을 찾을 수 있다. 주님은 이 땅에 오셔서 율법을 완전하게 하셨다. 그럼 율법과 완전하게 된 율법이 다른가, 아니면 같은가 하는 문제다. 우리가 율법을 보면 문자적으로 읽게 되고, 완전하게 된 율법을 읽게 되면 율법의 정신을 보게 된다. 한 가지 예로 "간음하지 말라"는 문자 그대로다. 그러나 완전하게 된 율법은 "음욕을 품고 여자를 보는 자마다 마음에 이미 간음하였다"고 했다. 그렇다면 율법과 완전하게 된 율법 중 우리가 어느 것을 적용해야 하는가? 율법의 문자인가, 정신인가? 그러나 문장을 잘 보면 우리는 둘 다 지켜야 한다. 간음하지 말라고 한 것은 간음했다면 이미 범죄한 것이고, 음욕을 품고 여자를 보다가 정신을 차리고 고개를 돌리면 범죄까지 가지 않은 것이다. 그러므로 율법인 구약이나 완전하게 된 율법의 정신이나 우리는 다 지켜야 하고, 분리하면 두 개의 다른 성경이 된다.

태초에 말씀이 계셨고, 말씀이 하나님과 함께 계셨으며, 이 말씀이 하나님이시고, 이 말씀이 육신이 되신 분이 바로 그리스도시다. 그리스도가 이 땅에 오셔서 율법을 완전하게 하셨다. 천지를 창조하실 때 예수 그리스도와 성령님이 함께 계셨다. 왜냐하면 우리 주님은 어제나 오늘이나 영원토록 동일한 분인데 온 인류의 구원을 시대에 따라 다르게 하실 리 없다. 그러므로 주님이 오셔서 하신 말씀은 신약 시대의 사람들을 향해서만이 아닌 온 인류를 향한 메시지로 보아야 한다.

주님은 마가복음 16장 16절에서 이렇게 말씀하셨다. "믿고 세례를 받는 자는 구원을 얻을 것이요 믿지 않는 사람은 정죄를 받으리라." 이 말씀은 신약 성경에 기록된 것이지만, 이 말씀을 하실 때 신약 성경은 기록되지도 않았다. 그렇다면 주님은 무엇에 근거해 이 말씀을 하셨을까? 구약에서 구원의 역사를 이루신 주님이 "믿고 세례 받는 자는 구원을 얻을 것"이라고 하신 것은 이미 구약에서도 그렇게 구원을 이루었기에 이렇게 말씀하셨음을 알아야 한다. 앞에서 언급한 것이지만 그 대상이 주님의 말씀을 듣는 현장의 사람만이 아니라 온 인류를 향한 구원의 말씀인 것이다. 왜냐하면 디모데전서 2장 4절에서 "하나님은 모든 사람이 구원을 받으며 진리를 아는 데에 이르기를 원하시느니라"고 하셨기에 주님이 하신 "믿고 세례를 받아야 구원을 얻을 것"은 과거에서부터 세상 끝 날까지 변함이 없을 것이다.

신약과 구약의 관계를 살펴보면 주님은 구약으로 가르치셨고 율법을 완전케 하셨는데 그 완전케 된 것이 신약의 복음서다. 그리고 신약 성경의 저자들이 성령의 감동으로 구약과 복음서를 주석한 것이 서신서다.

우리는 앞서 몇몇 곳에서 세례에 대한 의미를 자세히 살펴보았다. 한마디로 요약하면 그리스도의 죽으심과 부활이 세례의 의미다. 좀 더 자세히 말하면 예수님과 함께 죽고, 예수님과 함께 무덤에 장사되며, 예수님과 함께 다시 살아나 새 생명으로 사는 것이다. 여기에 조금 설명을 더하면 나의 죄를 죽이기 위해 예수님과 함께 나 자신이 지고 가는 십자가에 모든 죄를 다 못 박아 죽여야 하는 것이다. 그리고 그 죽인 죄를 예수님과 함께 무덤에 장사해야 한다. 왜 나 혼자 무덤에 장사하면 안 되는 것인가? 만약 우리가 혼자 무덤에 죄를 장사한다면 분명 장사한 것으로 끝날 것이다. 왜냐하면 우리에게는 부활의 능력이 전혀 없고, 우리의 구원은 예수님과 함께 부활할 때 성립되기 때문이다.

예수님이 "믿고 세례를 받는 사람은 구원을 얻을 것"이라고 하신 말씀 중에서 "세례"에는 양면성이 있다. 한 면은 예수님과 함께 죽고 함께 장사되는 것이다. 만약 이것으로 끝이 나면 일반적인 죽음과 전혀 다르지 않기 때문에 이 한 면으로는 온전한 세례가 될 수 없다. 그러므로 반드시 다른 한 면이 뒤따를 때 세례받은 것이 될 수 있다. 그것은 예수님과 함께 살아나 새 생명으로 사는 것이다. 이것을 한 마디로 하면 구원의 역사는 부활과 함께 이루어지는 것이다.

로마서 5장 10절은 말씀한다. "곧 우리가 원수 되었을 때에 그의 아들의 죽으심으로 말미암아 하나님과 화목하게 되었은즉 화목하게 된 자로서는 더욱 그의 살아나심으로 말미암아 구원을 받을 것이니라."

로마서 10장 9절은 말씀한다. "내가 만일 네 입으로 예수를 주로 시인하며 또 하나님께서 그를 죽은 자 가운데서 살리신 것을 네 마음에 믿으면 구원을 받으리라."

마가복음 16장 16절 말씀이 구약의 백성에게 나타난 실제를 이미 앞에서 살펴보았다. 노아는 홍수로부터 온 가족이 구원을 받았다. 당시 온 인류는 의를 전파하는 노아의 메시지를 외면했고, 세상의 삶에 빠져 하나님까지 외면했다. 그러나 노아의 식구들이 의를 전파함으로 하나님이 그들을 보전하셔서 세례를 통해 구원의 역사를 이루어주셨다.

노아 홍수의 기록은 창세기 6-8장에 나오지만 내용을 살펴보아도 세례를 어떻게 받았는지 알 수 없다. 그들이 세례로 구원을 받았다면 그저 지나칠 수 없는 굉장히 중요한 것인데 왜 본문에는 아무런 언급이 없는 것일까?

아마도 이것이 구원의 비밀일 것이다. 구약의 많은 이스라엘 백성이 하나님이 아브라함을 통해 그들을 선택하여주심에 대해 선택받은 자로서 그들 역시 하나님을 선택해야만 했다. 그럼에도 불구하고 이방 신을 섬김으로 구원의 비밀을 알 수 없게 된 것은 그들의 심령이 어두워졌기 때문이다.

노아 홍수를 보면서 이스라엘 백성이 의를 행하지 않으면 멸망을 받는다는 사실을 모를 리 없는데도 그들은 세상에 취해 죄악에 빠지고 악을 행하였다. 그럼 하나님이 사람 지으신 것을 한탄하신 현장을 보자.

창세기 6장 5-8절 말씀이다. "여호와께서 사람의 죄악이 세상에 가득함과 그의 마음으로 생각하는 모든 계획이 항상 악할 뿐임을 보시고 땅 위에 사람 지으셨음을 한탄하사 마음에 근심하시고 이르시되 내가 창조한 사람을 내가 지면에서 쓸어버리되 사람으로부터 가축과 기는 것과 공중의 새까지 그리 하리니 이는 내가 그것들을 지었음을 한탄함이니라 하시니라 그러나 노아는 여호와께 은혜[chen(헨), 자비, 호의, 선의]를 입었더라[matsa(마차), 획득하다]."

하나님이 창조한 사람을 지면에서 쓸어버리겠다고 하셨는데 이것이 홍수였다. 세례의 참 의미는 '물에 잠기다'로, 허물과 죄를 물속에 장사지내는 것이 바로 세례의 의미인 것이다. 만약 하나님의 은혜를 입은 노아가 없었다면 하나님은 세상을 몽땅 불로 사르시고 재창조할 수 있으셨지만, 노아를 구원하시려고 방주를 예비하라고 하신 것이다.

여기에 어려운 문제 하나가 있다. 범죄한 온 인류를 물에 장사지내 멸망시키는 것은 너무나 쉬운 일이지만, 의를 전파한 노아의 가족을 구원하는 데는 엄청난 고난과 핍박이 따랐음을 보게 된다. 노아가 그 큰 방주를 예비하면서 또 맡겨진 사명인 의를 전파하면서 주위의 핍박을 견디고 살아낸 것이 쉬운 일이 아니었다.

오늘날도 경건하게 살려고 하면 할수록 핍박이 따른다. 그것도 안 믿는 자에게서가 아니라 믿음의 동료에게서 핍박을 받는다. 디모데후서 3장 12절은 말씀한다. "무릇 그리스도 예수 안에서 경건하게 살고자 하는 자는 핍박을 받으리라."

그러니 노아의 핍박은 극심했을 것이다. 주변 모든 친척이 다 세상에 취해 죄를 죄로 여기지 않을 때 정반대로 의를 전파했으니 상상만 해도 핍박의 강도가 보통이 아니었을 것이다. 그러나 하나님이 홍수로 온 인류를 물속에 수장하신 것은 그것이 비록 물에 잠기는 침례이지만 그들에게는 멸망이요 죽음이었다.

사도 베드로가 성령의 감동으로 기록한 노아 가족의 구원을 방주에서 물로 말미암아 구원을 얻었다고 하면서 실제는 예수 그리스도의 부활로 말미암아 구원받았고 그것이 세례라고 했다. 이것은 이미 앞에서 사도 바울이 로마서에서 언급한 부활을 통한 구원과 일치한다.

그럼 노아의 방주가 구원과 부활을 내포하고 있다는 것으로 보아야 한다. 홍수가 시작되고 큰 깊음의 샘들이 터지고 하늘의 창문들이 열려 사십 주야로 비가 땅에 쏟아졌다. 물론 그들은 방주 안에 있었지만 온 천지는 물로 덮였고 하늘의 창문이 열려 물이 쏟아졌으니 그들 역시 물속에 있는 것과 같다.

노아와 가족은 의를 전파한 의인에 속하지만 그들 역시 자신들의 죄를 다 죽여야 주님과 함께 부활하는 세례로 구원을 받기에 사십 주야 동안 자신들의 모든 죄를 물에 장사 지낸 것이다. 드디어 비가 그치고 하나밖에 없는 방주의 문이 열렸다. 그 문이신 예수 그리스도와 함께 허물과 죄에서 살아남으로 구원받은 것이다.

이와 같이 구약의 구원에 대한 말씀이 신약 성경에 있지만 많은 그리스도인에게 노아의 식구들이 이렇게 구원을 받았는지 물어보라. 대부분 물에서 구원받았다고 답할 것이고, 아니면 방주로 구원받았다고 할 것이다. 그러나 그래도 깊이 있게 성경을 공부한 사람들은 예수 그리스도로 구원받았다고 하면서 방주에는 문이 하나밖에 없다는 것과, "내가 문이니 누구든지 나로 말미암아 들어가면 구원을 받고 또는 들어가며 나오며

꼴을 얻으리라"는 요한복음 10장 9절까지 말한다. 그런데도 주님이 '믿고 세례 받는'이라고 말씀하신 것을 볼 때 우리는 '문이신 예수 그리스도로 구원을 받는' 것은 알지만 세례는 전혀 모르고 있다.

우리는 주님이 왜 세례로 구원을 얻는다고 하셨는지 분명히 알아야 한다. 이미 여러 곳에서 다루었기에 다시 언급할 필요는 없는 것 같다. 오늘날 교회는 세례의 의미를 바르게 가르치지 못하고 있고 물세례를 주는 것으로 세례 교인을 만든다. 이것은 심각한 것이다. 왜냐하면 구원의 핵심인 세례를 구원의 표시인 의식으로만 끝내기 때문이다.

또한 출애굽한 이스라엘 백성이 추격해오는 애굽 군대에게서 어떻게 구원을 받았을까? 출애굽기 14장 13절은 이렇게 말씀한다. "모세가 백성에게 이르되 너희는 두려워 말고 가만히 서서 여호와께서 오늘날 너희를 위하여 행하시는 구원을 보라 너희가 오늘 본 애굽 사람을 또 다시는 영원히 보지 못하리라." 물론 하나님의 능력으로 홍해에 길을 내어 그들이 다 건넌 후 추격해온 애굽 군대가 홍해에 들어섰을 때 수장시켜 구원을 받았다고 함은 사실이다. 그러나 구약을 주석한 고린도전서 10장 1-2절을 보자. "형제들아 너희가 알지 못하기를 내가 원치 아니하노니 우리 조상들이 다 구름 아래 있고 바다 가운데로 지나며 모세에게 속하여 다 구름과 바다에서 세례를 받고." 여기서도 역시 모세가 선포한 구원의 메시지가 세례를 통해 구원이 이루어짐을 보여준다.

여기서는 바로 모세에게 속하여 다 구름과 바다에서 세례를 받았다고 했다. 20세 이상의 남자만 60여만 명 그리고 가족과 종들에게 모세가 세례를 베푼 것이 아니다. 하나님이 직접 세례의 현장을 만드시고 그들로 하여금 스스로 세례를 받게 한 것이다. 구름 기둥이나 바다는 물을 말하는 것이고 실제 바다에 들어가면 다 죽게 되는 것이기에 바다에 길을 내어 바다 속으로 들어감은 그들의 모든 죄를 바다에 장사 지내는 것이고, 미디안 광야로 올라감은 부활을 의미함으로 구원을 이루어주신 것이다.

그들은 이렇게 구원받았지만 광야에서 하나님이 행하신 이적을 보고서도 열 번이나 하나님을 시험하고 하나님의 목소리를 청종하지 않았다(민 14:22). 만약 이 두 곳의 구약 백성에 대한 구원 기록이 없다면 바로 잡기가 어려울 것이다. 그러나 우리가 이 두 가지 구원의 역사를 보면서 분명히 정리해야 할 것이 하나 있다. 구약 시대의 백성이나 신약 시대 사람들의 구원은 구약을 주석한 신약을 바로 볼 수 있을 때 오류를 범하지 않게 된다.

어제나 오늘이나 영원토록 동일하신 우리 주 예수 그리스도가 "믿고 세례를 받는 사람은 구원을 얻을 것이요"라고 하신 말씀은 창세기 6장의 노아나 출애굽한 이스라엘 백성이나 오늘날 우리에게 그리고 세상 끝날 때까지 유효한 것이다.

구약의 구원 역사 속에서 세례로 구원을 받았다는 것을 확실히 확인했으니 구약의 백성도 죄 사함을 받는 것은 대제사장을 통해 받은 것은 의식이었고 실제 효력은 세례에 있는 것이다.

구원에 대한 용어를 보면 구속(속량), 죄 사함 등이 있다. 이 세 단어는 하나의 의미로 분리될 수 없다. 출생할 세례 요한에 대해 그의 부친인 구약의 제사장 사가랴는 이렇게 예언했다. 누가복음 1장 76-77절 말씀이다. "이 아이여 네가 지극히 높으신 이의 선지자라 일컬음을 받고 주 앞에 앞서 가서 그 길을 예비하여 주의 백성에게 그 죄 사함으로 말미암는 구원을 알게 하리니." 이와 같이 예언된 세례 요한의 사역을 마가복음 1장 4-5절은 이렇게 기록한다. "세례 요한이 이르러 광야에서 죄 사함을 받게 하는 회개의 세례를 전파하니 온 유대 지방과 예루살렘 사람이 다 나아가 자기 죄를 자복하고 요단강에서 그에게 세례를 받더라." 이와 같은 세례 요한의 사역은 죄 사함을 받게 하는 회개의 세례를 전파함으로 죄를 자복하고 죄 사함을 받음으로 구원을 얻게 하는 것이었다.

사도행전 2장 38절은 베드로의 사역에 대해 말씀한다. "너희가 회개하여 각각 예수 그리스도의 이름으로 세례를 받고 죄 사함을 받으라 그리하면 성령을 선물로 받으리니." 여기서도 죄 사함과 회개와 세례를 언급했으므로 세례 요한의 사역과 동일하다.

우리가 이 두 사람의 사역을 바로 알면 구약과 신약을 분리할 수 없음을 알게 될 것이다. 세례 요한은 구약의 마지막 선지자로 사역했고, 베드로는 신약의 예루살렘 교회를 시작한 자로서 위의 말씀으로 그날 제자의 수를 3천 명이나 더 하는 놀라운 부흥을 일으켰다.

그렇다면 죄 사함이 무엇을 의미하는지 살펴보자. 에베소서 1장 7절은 이렇게 말씀한다. "우리가 그리스도 안에서 그의 은혜의 풍성함을 따라 그의 피로 말미암아 구속 곧 죄 사함을 받았으니." 골로새서 1장 14절 말씀이다. "그 아들 안에서 우리가 구속 곧 죄 사함을 얻었도다."

이와 같이 구속과 죄 사함은 같은 것이며, 구원 역시 죄 사함을 통해야 한다. 구약의 세례 요한과 신약의 베드로 그리고 사도 바울의 구속과 죄 사함 그리고 구원은 한 치의 차이도 없이 모두 죄 사함을 통해야만 한다고 언급하고 있다. 죄 사함은 회개와 세례를 통하지 않고 이루어질 수 없다.

오늘날 교회는 구원에 대해 말할 때 회개와 세례에 대한 외침과 가르침이 없다. 믿기만 하면 구원받는다고 가르친다. 많은 사람이 기뻐하고 환영할지 모르지만, 결국 슬피 울며 이를 갈 날이 오게 될 것이며, 부끄러운 날을 맞게 될 것이다.

3장

구원과
멸망의
여러 가지
상황

3장
·
구원과
멸망의
여러 가지
상황

성경에는 상황에 따라 구원과 멸망이 다르게 묘사되고 있다. 앞 장에서 여러 가지 구원에 관한 내용을 살펴보았고, 그래서 믿기만 하면 구원받는다고 하는 구원론은 가르치면 안 된다는 것을 이야기했다. 여기서는 우리가 지금까지 생각하지 못했던 구원에 관한 내용을 토대로 여러 상황에서 본인의 선택에 따라 삶과 죽음이 어떻게 이루어지는지를 보고자 한다.

먼저 앞에서 언급했던 출애굽한 이스라엘 백성을 보자. 구원의 상황을 살펴보면 이렇게 전개되었다. 하나님이 행하시는 구원을 지켜보기만 했던 그들은 구원을 받았다(출 14:13). 그러나 정탐꾼의 보고를 듣고 하나님과 모세를 원망함으로 그들 모두는 광야에서 시체가 되고 말았다(민 14:32-33).

그들은 왜 모두 망했는가. 계수된 출애굽한 60만 명 중 여호수아와 갈 렙 외에 아무도 하나님을 믿지 않았다고는 할 수 없다. 그들이 모여 거역했다고 했는데(민 14:35), 60만 명이 다 한자리에 모였다고도 할 수 없다. 각 지파의 대표가 모여 모의하고 거역하며 원망했던 것이다.

그렇다면 60만 명이 모두 자기 대표의 말에 동의하고 따랐을까? 우리가 알아야 할 하나가 있는데 그것은 아담 한 사람으로 인하여 우리가 다 죄인이 되었다는 사실을 안다면 답을 쉽게 얻을 수 있다.

각 지파의 대표가 모여 하나님을 원망함으로 그들에게 속한 모든 사람이 다 멸망당한 것이다. 반면 여호수아와 갈렙에게 속한 지파들은 여호수아와 갈렙을 따르지 않고 원망하는 무리와 함께함으로 멸망당한 무리가 된 것이다. 만약 다른 지파에 속한 누군가가 "나는 여호수아와 갈렙의 말을 믿고 따르겠다"고 했다면 그가 죽었겠는가?

이렇게 볼 때 우리의 구원과 멸망은 우리가 어디에 속하느냐에 달려 있음을 알 수 있다. 우리는 성경에서 많은 부류의 사람이 구원받거나 멸망당한 현장을 보게 된다. 거기서 우리는 그들의 구원과 멸망이 그들이 보인 태도와 관련되었음을 명확하게 알 수 있다.

창세기 19장 12절을 보자. "그 사람들이 롯에게 이르되 이 외에 네게 속한 자가 또 있느냐 네 사위나 자녀나 성중에 네게 속한 자들을 다 성 밖으로 이끌어내라." 14절 말씀이다. "롯이 나가서 그 딸들의 정혼한 사위들에게 고하여 이르되 여호와께서 이 성을 멸하실 터이니 너희는 일어나 이곳에서 떠나라 하되 그 사위들이 농담으로 여겼더라." 그들은 이처럼 긴급한 상황임을 알려주어도 농담으로 여기는 태만한 태도를 보였다. 유황불이 떨어질 때 그들의 심정이 어떠했을까? 그들이 만약 롯의 말을 듣고 순종하고 롯과 함께했다면 구원받았을 것이다. 그렇다면 구원의 조건은 무엇인가? 신앙고백이 있었던 것도 아니고, 경건하게 산 것도 아니며, 롯처럼 불법한 행실을 보고 마음이 상한 자들도 아닌 것 같은데 말이다.

여호수아 6장 22-25절을 보자. "여호수아가 그 땅을 정탐한 두 사람에게 이르되 그 기생의 집에 들어가서 너희가 그 여인에게 맹세한 대로 그와 그에게 속한 모든 것을 이끌어 내라 하매 정탐한 소년들이 들어가서 라합과 그 부모와 그 형제와 그에게 속한 모든 것을 이끌어 내고 또 그 친족도 다 이끌어 내어 그들을 이스라엘 진 밖에 두고 무리가 불로 성읍과 그 가운데 있는 모든 것을 사르고 은, 금과 동, 철 기구는 여호와의 집 곳간에 두었더라 여호수아가 기생 라합과 그 아비의 가족과 그에게 속한 모든 것을 살렸으므로 그가 오늘날까지 이스라엘 중에 거하였으니 이는 여호수아가 여리고를 탐지하려고 보낸 사자를 숨겼음이었더라." 여기서도 기생 라합이 보인 행위는 구원받아 마땅해 보이지만, 부모와 형제 그리고 친족은 그녀의 집에 있으므로 구원을 받았으니 이는 우리가 아는 구원의 범주와는 너무나 거리가 멀어 보인다. 하지만 그들이 라합의 말을 듣고 태도를 바꾸지 않고 라합의 집에 들어오지 않았다면 멸망당했을 것이다. 그러나 구원을 받은 그들은 라합의 말을 듣고 라합과 함께 있는 것이 살 길이라고 생각한 것이다.

여기서 구약을 완전케 한 신약으로 가서 보면 사도행전 16장 31절은 이렇게 말씀한다. "주 예수를 믿으라 그리하면 너와 네 집이 구원을 얻으리라." 바로 이 말씀으로 설명이 된다. 라합이라는 한 사람이 하나님을 알았고 두려워했다. 그리고 그녀가 하나님을 선택하여 행한 모든 것은 믿음의 행위였다. 그래서 라합이 전한 구원의 메시지를 들은 그녀의 부모, 형제, 친족은 이스라엘 백성이 7일 동안 성을 돌 때 이미 자신들의 집을 버리고 라합의 집에 모여 있었을 것이다. 바로 이것이 라합을 통해 그 집안이 구원받은 역사인 것이다. 그러나 형제 중 누구라도 라합의 집으로 오지 않았다면 구원은 불가한 것이다.

출애굽기 32장을 보면 이스라엘 백성이 금송아지를 만든 사건이 나온다. 25-26절과 28절은 각각 이렇게 기록한다. "모세가 본즉 백성이 방자하니 이는 아론이 그들을 방자하게 하여 원수에게 조롱거리가 되게 하였음이라 이에 모세가 진 문에 서서 이르되 누구든지 여호와의 편에 있는 자는 내게로 나아오라 하매 레위 자손이 다 모여 그에게로 가는지라." "레위 자손이 모세의 말대로 행하매 이 날에 백성 중에 삼천 명 가량이 죽임을 낳하니라."

이 말씀에서 보면 잘못을 저지른 사람은 아론인데, 아론이 속한 레위 자손은 살고 나머지 사람들이 죽었으니 이해가 되지 않는다. 그러나 모세가 말한 것은 잘못을 심판한 것이 아니고 여호와의 편에 있는 자라고 했다. 이때 여호와 편에 있는 자는 살았고, 여호와 편을 선택하지 않은 자는 죽임을 당한 것이다.

여호수아 7장 24-26절 말씀이다. "여호수아가 이스라엘 모든 사람으로 더불어 세라의 아들 아간을 잡고 그 은과 외투와 금덩이와 그 아들들과 딸들과 소들과 나귀들과 양들과 장막과 무릇 그에게 속한 모든 것을 이끌고 아골 골짜기로 가서 여호수아가 가로되 네가 어찌하여 우리를 괴롭게 하였느뇨 여호와께서 오늘날 너를 괴롭게 하시리라 하니 온 이스라엘이 그를 돌로 치고 그것들도 돌로 치고 불사르고 그 위에 돌무더기를 크게 쌓았더니 오늘날까지 있더라 여호와께서 그 극렬한 분노를 그치시니 그러므로 그곳 이름을 오늘날까지 아골 골짜기라 부르더라."

하나님의 말씀을 무시하고 도적질한 아간의 죄로 인해 온 가족과 그에게 속한 모든 소유를 다 돌로 치고 불사른 것을 보며 하나님이 너무하셨다고 생각할 수도 있다. 그러나 말씀을 잘 보면 "그에게 속한 모든 것"이 다 오염되었음을 볼 수 있다. 아버지를 잘못 만나 억울하게 죽임당한 자녀들이 지옥에 가서 영원토록 아버지를 원망하고 있을 것이다.

민수기 16장 19-24절을 보자. "고라가 온 회중을 회막 문에 모아 놓고 그 두 사람을 대적하려 하매 여호와의 영광이 온 회중에게 나타나시니라 여호와께서 모세와 아론에게 말씀하여 이르시되 너희는 이 회중에게서 떠나라 내가 순식간에 그들을 멸하려 하노라 두 사람이 엎드려 이르되 하나님이여 모든 육체의 생명이 하나님이여 한 사람이 범죄하였거늘 온 회중에게 진노하시나이까 여호와께서 모세에게 말씀하여 이르시되 회중에게 명령하여 이르기를 너희는 고라와 다단과 아비람의 장막 사방에서 떠나라 하라."

이 사건은 고라가 회중을 모으고 범죄하려 하자 하나님이 그들을 다 멸하시려 했다. 그러자 모세와 아론이 "왜 고라의 범죄로 온 회중을 멸하려 하십니까"라고 여쭙자, 하나님은 모세와 아론에게 그들에게서 떠나라고 하셨다. 그 결과 떠난 자들은 살았고, 그들과 함께 버틴 자들은 땅이 입을 열어 그들과 그들의 모든 소유를 삼켜 산 채로 음부에 빠트렸다. 만약 이 사건에서 평소 모세와 함께했던 사람일지라도 그날 고라와 함께했다면 다단과 아비람처럼 고라와 함께 멸망당했을 것이다.

사도행전 10장 24-27절을 보자. "이튿날 가이사랴에 들어가니 고넬료가 일가와 가까운 친구들을 모아 기다리더니 마침 베드로가 들어 올 때에 고넬료가 맞아 발 앞에 엎드리어 절하니 베드로가 일으켜 가로되 일어서라 나도 사람이라 하고 더불어 말하며 들어가 여러 사람이 모인 것을 보고." 44절에서 "베드로가 이 말 할 때에 성령이 말씀 듣는 모든 사람에게 내려오시니"라고 한다. 또 11장 14절에서 "그가 너와 네 온 집의 구원 얻을 말씀을 네게 이르리라 함을 보았다 하거늘." 여기서는 조금 다른 것이 있는데 베드로를 고넬료 가정에 보낸 이유가 분명히 드러나 있지만, 또 하나의 공통점은 일가와 친구까지 모았다는 것이다. 만약 일가와 친구들이 고넬료의 말을 듣고 농담으로 여기거나 바쁘다는 핑계로 오지 않았다면 그들은 구원에서 제외되었을 것이다.

고넬료에게 속한 자들이 구원에 동참했음을 보면서 한 가지 더 말하고 싶은 것은 이렇게 동참했다고 해서 구원이 완성되었다는 것은 아니다. 우리 주님이 제자를 부르실 때 그들의 신앙고백을 들으신 것도, 교육을 시키신 것도, 메시지를 주신 것도 없다. 오직 나를 따라오라고 하셨다. 그들이 하던 일을 그대로 내려놓고 예수님을 따른 태도 하나로 주님과 함께 하는 제자가 되었음을 말해준다. 즉, 주님께 속하는 것으로 제자가 되었다는 것이다. 그러나 그렇다고 해서 그들의 구원 문제가 완성된 것은 아니었기에 가룟 유다는 주님을 배반하고 구원의 여정을 완성하지 못했다.

소돔과 고모라에서 일어난 구원의 역사에서도 롯의 처는 완벽한 구원을 이루어주신 하나님의 능력은 체험했지만, 뒤를 돌아보지 말라는 말씀을 무시하여 구원을 놓치고 말았다. 주님은 마태복음 24장 13절에서 이렇게 말씀한다. "끝까지 견디는 자는 구원을 얻으리라." 빌립보서 2장 12절에서도 두렵고 떨림으로 구원을 이루라고 했다.

한 가지 더 살펴볼 것은, 주님이 사역 현장에서 말씀하신 '원하는 믿음'과 구원에 대해서다. 마태복음 8장 2-3절 말씀이다. "한 문둥병자가 나아와 절하고 가로되 주여 원하시면 저를 깨끗케 하실 수 있나이다 하거늘 예수께서 손을 내밀어 저에게 대시며 가라사대 내가 원하노니 깨끗함을 받으라 하신대 즉시 그의 문둥병이 깨끗하여진지라."

여기서 문둥병은 저주받은 병으로 구약에도 말씀하고, 예수님 당시에도 그들과 함께 거하는 것을 금하고 있었다. 마태복음 20장 30-34절 말씀이다. "소경들이 길 가에 앉았다가 예수께서 지나가신다 함을 듣고 소리질러 가로되 주여 우리를 불쌍히 여기소서 다윗의 자손이여 하니 무리가 꾸짖어 잠잠하라 하되 더욱 소리 질러 가로되 주여 우리를 불쌍히 여기소서 다윗의 자손이여 하는지라 예수께서 머물러 서서 저희를 불러 가라사대 너희에게 무엇을 하여 주기를 원하느냐 가로되 주여 우리 눈 뜨기를 원하나이다 예수께서 민망히 여기사 저희 눈을 만지시니 곧 보게 되어 저희가 예수를 쫓으니라."

마가복음 10장 49-52절 말씀이다. "예수께서 머물러 서서 저를 부르라 하시니 저희가 그 소경을 부르며 이르되 안심하고 일어나라 너를 부르신다 하매 소경이 겉옷을 내어 버리고 뛰어 일어나 예수께 나아오거늘 예수께서 일러 가라사대 네게 무엇을 하여 주시를 원하느냐 소경이 가로되 선생님이여 보기를 원하나이다 예수께서 이르시되 가라 네 믿음이 너를 구원하였느니라 하시니 저가 곧 보게 되어 예수를 길에서 쫓으니라." 이와 같이 예수님이 원하실 때와 병자가 원할 때 치유가 일어났고, 예수님은 때로 이것을 구원이라고 하셨는데, 물론 질병에서 구원받음을 의미한다. 이렇게 질병에서 구원받은 자들이 끝까지 주님을 따른다면 영적 구원도 이루게 된다.

우리는 삶에서 주님이 원하시는 것을 원해야 한다. 주님이 원하시지 않는 것을 내가 원할 때 억지를 부리면 때로 이루어질 수도 있지만, 그것을 기도의 응답이라고 하면 안 된다.

마태복음 9장 2절은 말씀한다. "침상에 누운 중풍병자를 사람들이 데리고 오거늘 예수께서 저희의 믿음을 보시고 중풍병자에게 이르시되 소자야 안심하라 네 죄 사함을 받았느니라." 여기서 우리는 또 다른 면을 보게 되는데, 주님은 중풍병자를 데리고 온 자들의 믿음을 보셨다. 그런데 정작 죄 사함을 받은 자는 중풍병자였으니 이것을 어떻게 이해해야 하는가?

마태복음 9장 20-22절 말씀이다. "열두 해를 혈루증으로 앓는 여자가 예수의 뒤로 와서 그 겉옷 가를 만지니 이는 제 마음에 그 겉옷만 만져도 구원을 받겠다 함이라 예수께서 돌이켜 그를 보시며 가라사대 딸아 안심하라 네 믿음이 너를 구원하였다 하시니 여자가 그 시로 구원을 받으니라." 혈루증 앓는 여자가 예수님의 겉옷만 만져도 구원받을 수 있다는 믿음으로 구원을 받았으니 그녀가 원하는 일이 믿음으로 이루어진 것이다.

우리는 원하는 것을 소망이라고 부른다. 하지만 많은 그리스도인이 원하는 것이 세속적인 것임을 부인할 수 없다. 만약 우리가 지금 예수님을 잘 믿고 있고, 구원의 확신이 변함이 없지만 하나님 나라에 대해 아무런 소망이 없다면 그 구원은 과연 참된 것이라고 할 수 있겠는가?

로마서 8장 24절을 살펴보자. "우리가 소망으로 구원을 얻었으매 보이는 소망이 소망이 아니니 보이는 것을 누가 바라리요." 말씀이 이렇게 분명하게 말하고 있음에도 많은 그리스도인에게 소망으로 구원을 받는지 질문하면 대개 아니라고 대답한다.

믿음과 소망, 사랑은 항상 있고, 그 중에 제일은 사랑이라는 말씀은 누구나 다 아는데, 믿음으로 구원받는 것은 너무나 확실하게 말하면서 왜 소망으로 구원받는다는 것은 모른다는 말인가? 그리고 하나님을 사랑하되 마음과 뜻과 힘과 정성을 다해 사랑해야 영생을 얻게 된다(눅 10:25-28)는 것도 거의 대부분 신자는 모르고 있으니 안타까운 노릇이다. 하나님 말씀을 읽고 묵상하지 않는다고 할 수밖에 없다.

신자들이 이렇게 미혹된 것은 구원받는 믿음과 관념적인 믿음을 구분하지 않았기 때문이다. 많은 그리스도인이 말하는 믿음은 관념적인 것이고, 관념적인 믿음은 소망도 사랑도 없다는 것을 알아야 한다. 믿음의 출발 자체가 소망인 이유는 바라는 것이 없다면 믿는 것도 없기 때문이다.

우리 믿음의 대상은 예수 그리스도로, 우리가 주님을 사랑하지 않는다면 무슨 소망이 있으며 무슨 믿음이 있다고 말할 수 있겠는가? 믿음은 소망으로 인해 영혼 구원에까지 이르기 때문에 베드로전서 1장 9절에서 "믿음의 결국은 영혼의 구원을 받음이라"고 한 것이다. 다시 말해, 소망이 없다면 끝까지 가지 못하고 중도에 포기하고 만다. 그래서 믿음의 결국이 되려면 소망으로 끝까지 가기 때문에 소망으로 구원을 얻었다고 하는 것이지, 얻을 것이라고 하지 않는 것이다.

믿음과 소망이 구원의 원동력이라면 믿음과 소망이 구원을 이루었을 때 드디어 사랑하는 예수님을 만나는 것으로 믿음과 소망은 사명을 다한 것이다. 그런데 많은 그리스도인이 예수님을 사랑하지도 않으면서 하나님이 자기를 사랑하시니 자기는 예수님을 만났다고 하는 것을 보면 안타까울 뿐이다.

마태복음 12장 9-13절을 보면 한편 손 마른 사람이 있었고, 예수님을 송사하려고 안식일에 병 고치는 것이 옳은가 하고 물었을 때 안식일에 구덩이에 빠진 양을 건져 내지 않겠느냐 하시며, 사람이 양보다 얼마나 더 귀하냐 그러므로 안식일에 선을 행하는 것이 옳다고 하시면서 한편 손 마른 자에게 손을 내밀라 하시니 저가 내밀매 다른 손과 같이 회복되었다.

여기서 우리가 생각해야 할 한 가지는 마른 손을 내밀라고 하신 주님께 "손을 내밀 수 없잖아요"라고 하지 않고 말씀에 순종하여 마른 손을 내밀었더니 회복된 것이다. 주님 말씀 앞에 핑계를 대면 아무 일도 일어나지 않는다.

지금까지 살펴본 것처럼 성경은 우리에게 명확하게 말씀한다. 그러나 오늘날 많은 목회자와 그리스도인들은 신학과 교리에서 가르친 대로 믿음으로 구원받는다고 생각하고는 신앙생활을 대충 해도 택한 백성은 하나님이 견인해서라도 천국에 데려가신다고 가르치고 믿고 있다. 그러나 그것은 진리를 왜곡하는 것이다.

위에서 언급한 대로 주님의 원하심과 낫기를 원하는 병자의 믿음은 소망하는 믿음이라는 것을 우리는 명심해야 한다. 또한 주님 말씀 앞에 핑계를 대면 안 된다. 이 마지막 때에 정신 차리지 않으면 잘못된 가르침에 미혹될 수 있고, 후회할 때는 돌이킬 수 없이 늦을 것이다. 그러므로 지금 바른 길을 찾아야 한다.

우리 앞에는 죽음의 중앙선과 One Way가 있다는 것을 명심해야 한다. 모든 도로에는 중앙선이 있는데, 그 중앙선에는 넘을 수 있는 것과 넘으면 안 되는 것 그리고 결코 넘을 수 없는 것이 있다. 그리고 One Way가 있는데 여기서는 역주행을 할 수 없다.

그리스도인은 믿음의 경주장에서 법대로 달려가야 한다. 디모데후서 2장 5절 말씀이다. "경기하는 자가 법대로 경기하지 아니하면 면류관을 얻지 못할 것이며." 올림픽 달리기 경기에서 정해진 라인을 벗어나면 아무리 1등으로 들어가도 금메달을 받지 못할 뿐 아니라 실격이 된다. 믿음의 경주장에서 적용되는 법은 시대와 사건에 따라 다르지만, 법의 핵심은 동일하다. 즉, 말씀대로 하는 것은 법을 따르는 것이고, 말씀을 외면하면 법을 어기는 것이다.

주님은 마태복음 7장 23절에서 이렇게 말씀하셨다. "불법을 행하는 자들아 내게서 떠나라." 우리가 말씀의 법을 어기면 주님이 가차 없이 불법을 행한 자로 정죄하신다는 말씀이다. 이와 같이 믿음의 경주장에는 말씀의 법에 따라 믿음을 지킨 자와 믿음에서 탈락된 자를 가려낸다. 그것은 하나님은 말씀이시고, 말씀이 육신이 되신 분이 우리 주님이시기 때문이다.

그런데 말씀의 법에 걸림돌이 있다면 '잘못된 신학과 교리들'이다. 이 문제는 구약에서나 예수님 당시나 오늘날에나 똑같은 문제임을 이미 말씀을 통해 경고했다. 이사야 8장 20-22절, 29장 13절을 보자. "마땅히 율법과 증거의 말씀을 좇을지니 그들의 말하는 바가 이 말씀에 맞지 아니하면 그들이 정녕히 아침 빛을 보지 못하고 이 땅으로 헤매며 곤고하며 주릴 것이라 그 주릴 때에 번조하여 자기의 왕 자기의 하나님을 저주할 것이며 위를 쳐다보거나 땅을 굽어보아도 환란과 흑암과 고통의 흑암뿐이리니 그들이 심한 흑암 중으로 쫓겨 들어가리라." "주께서 가라사대 이 백성이 입으로는 나를 가까이하며 입술로는 나를 존경하나 그 마음은 내게서 멀리 떠났나니 그들이 나를 멀리 함은 사람의 계명으로 가르침을 받았을 뿐이라."

이 말씀에서 우리는 구약 시대에도 율법과 증거의 말씀을 잘못 가르침으로 많은 사람이 흑암의 고통으로 들어간 것과 하나님의 말씀이 아닌 사람의 계명을 가르쳤음을 볼 수 있다.

마가복음 7장 8-9절은 앞에서 언급한 이사야 29장 13절을 인용하면서 이렇게 말씀한다. "너희가 하나님의 계명을 버리고 사람의 유전을 지키느니라 또 가라사대 너희가 너희 유전을 지키려고 하나님의 계명을 잘 저버리는도다 너희의 전한 유전으로 하나님의 말씀을 폐하며 또 이 같은 일을 많이 행하느니라."

이와 같이 예수님 당시에도 사람들이 만든 유전, 즉 교리로 하나님의 말씀이 폐해졌음을 예수님이 직접 말씀하셨다. 그리고 이 같은 일을 많이 행한다고 하셨으니 당시에도 심각했던 것으로 보인다. 오늘날의 신학과 교리가 성경에 위배되지 않는다면 문제될 것이 없다. 그러나 대부분 신학과 교리가 사람에 의해 만들어졌음이 서서히 드러나고 있다.

예수님이 이 땅에 오셔서 천국복음을 전파하셨으니 우리도 천국복음을 선해야 하는 것은 굳이 말할 필요가 없는 일이다. 그런데 많은 사역자가 천국복음에 대해 잘 알지도 못하고 성경으로 복음을 전하면 된다고 여긴다. 또 침된 천국복음을 듣고서는 어렵다고 하면서 도망쳐버린다.

예수님도 요한복음 6장에서 오병이어로 먹이신 후 영생하는 양식을 말씀하시면서 내 살을 먹고 내 피를 마시지 않으면 영생이 없다고 하시자 사람들이 모두 어렵다고 하면서 떠나 버렸다(요 6:60-66). 이와 같이 천국복음을 듣다가 도망가는 이유는 신학과 교리는 단순하고 쉽고 부담이 없지만, 천국복음은 말씀대로 살지 않으면 망한다고 하기 때문이다.

성경 안에 많은 사건이 기록되어 있는데 그 일들에서 망한 자들의 공통점은 말씀에 순종하지 않았다는 것이다. 그러나 신학과 교리는 왜 망했는지 가르치지 않고 하나님의 무조건적인 사랑으로 쉽게 구원받는 것으로 가르치고 있으니 많은 사람이 좋아하고 따라가는 것이다.

주님은 이같이 많은 사람이 가는 길을 넓은 길이라고 하셨고, 많은 사람이 그리로 들어간다고 말씀하셨다. 오늘날 선포되는 신학과 교리로 인해 많은 사람이 넓은 길로 줄줄이 따라가는 것에 대해 주님은 마태복음 15장 13-14절에서 이렇게 말씀하셨다. "심은 것마다 내 천부께서 심으시지 않은 것은 뽑힐 것이니 그냥 두어라 저희는 소경이 되어 소경을 인도하는 자로다 만일 소경이 소경을 인도하면 둘 다 구덩이에 빠지리라."

만약 신학과 교리를 통해 그리스도인의 삶에 참된 변화가 일어났다면 그 신학과 교리는 과거 장로의 유전과는 다른 것이다. 그러나 대부분 신학과 교리는 우리를 말씀을 따라 사는 길로 인도하는 것이 아니라 넓은 길로 인도하기 때문에 그것은 사람에 의해 만들어진 것이라 할 수 있다.

다시 말해 신학과 교리는 이미 중앙선을 넘었고, 우리로 하여금 넓은 길로 차선을 바꾸어 가게 한다. 그 가르침을 받은 자들은 휘파람 불며 신나게 달리고 있는 것이다. 앞에서 언급했듯이 말씀의 법은 말씀대로 사는 길이고, 말씀을 무시하고 자기 마음대로 그리고 사람이 만든 계명대로 가면 그것은 망하는 길이다. 또한 말씀을 경홀히 여긴 에서를 보면 그는 장자의 명분을 가볍게 생각하여 계명을 어기고 말았다. 그렇다고 신학과 교리가 100퍼센트 다 사람의 계명이라는 것은 아니다. 말씀에 비추어볼 때 성도로 하여금 말씀대로 살도록 가르치고 있다면 그것은 성경을 따라 만들어진 교리임을 인정해야 한다.

예수님이 마태복음 7장 13-14절에서 넓은 문으로 들어가면 넓은 길로 가는데, 그 길로 들어가는 자가 많다고 하셨다. 이것은 보편적인 현상으로 누구든지 넓고 큰 것을 좋아하고, 특히 고속도로를 달리는 것을 좋아한다. 차선이 많은 고속도로는 마음껏 속도를 내며 달리는 길이기에 사고가 나면 대부분 사망에 이른다. 또한 고속도로에서 중앙선을 넘으면 역주행하게 되어 죽음을 초래한다. 그런데도 사람들은 고속도로를 좋아한다.

베드로후서 2장 20-21절을 보자. "만일 저희가 우리 주 되신 구주 예수 그리스도를 앎으로 세상의 더러움을 피한 후에 다시 그 중에 얽매이고 지면 그 나중 형편이 처음보다 더 심하리니 의의 도를 안 후에 받은 거룩한 명령을 저버리는 것보다 알지 못하는 것이 도리어 저희에게 나으니라."

히브리서 10장 26-27, 38절 말씀이다. "우리가 진리를 아는 지식을 받은 후 짐짓 죄를 범한 즉 다시 속죄하는 제사가 없고 오직 무서운 마음으로 심판을 기다리는 것과 대적하는 자를 소멸할 맹렬한 불만 있으리라 오직 나의 의인은 믿음으로 말미암아 살리라 또한 뒤로 물러가면 내 마음이 저를 기뻐하지 아니하리라 하셨느니라."

많은 그리스도인이 이 같은 역주행을 하면서도 매 주일 교회에 나오므로 보기에는 멀쩡할지 모르지만 실상은 죽음으로 역주행하고 있는 것이다.

주님도 많은 그리스도인이 넓은 문과 넓은 길을 좋아한다고 하셨는데, 이것은 거짓 선지자의 가르침으로 말미암은 것이라 하셨다. 디모데전서 4장 1-2절을 다시 보자. "그러나 성령이 밝히 말씀하시기를 후일에 어떤 사람들이 믿음에서 떠나 미혹케 하는 영과 귀신의 가르침을 따르리라 하셨으니 자기 양심이 화인 맞아서 외식함으로 거짓말하는 자들이라." 바로 이것이 오늘날 대부분 신학과 교리인 것을 알아야 한다. 만약 신학과 교리가 넓은 문과 넓은 길로 인도하지 않고 좁은 문과 좁은 길로 인도한다면 미혹된 것이 아니지만, 넓은 길로 가게 한다면 그것은 분명히 미혹된 것이다.

여기서 분명히 짚고 본론으로 들어가자. 성경의 출발은 바로 죽음의 중앙선을 분명히 함으로써 시작된다. 선악을 알게 하는 나무의 실과를 따먹는 날에는 정녕 죽으리라.

그렇다면 신학과 교리 중 하나를 살펴보자. "한 번 구원은 영원하고 택한 백성은 망하지 않으며 언젠가 견인해서라도 천국으로 데려간다"는 교리다. 이 교리는 많은 그리스도인을 넓은 길로 가게 하는 주범이다. 또 이는 이미 중앙선을 넘었기에 역주행하는 죽음의 길임을 분명히 알아야 한다.

그럼 이 교리가 사람에 의해 만들어진 것인지 아니면 말씀에 의한 것인지 살펴보자. 유다서 1장 5절 말씀이다. "너희가 본래 모든 사실을 알고 있으나 내가 너희로 다시 생각나게 하고자 하노라 주께서 백성을 애굽에서 구원하여 내시고 후에 믿지 아니하는 자들을 멸하셨으며."

주님이 홍해를 통해 구원을 이루시며 "너희가 오늘 본 애굽 사람을 다시 보지 않을 것"(출 14:13)이라고 하시면서 애굽 군대를 홍해에 수장시켜 구원을 이루어주셨다. 하지만 이스라엘 백성이 하나님을 믿지 않아 멸망당했는데 한번 구원이 영원하다고 할 수 있는가?

출애굽기 32장 31-33절 말씀이다. "모세가 여호와께로 다시 나아가 여짜오되 슬프도소이다 이 백성이 자기들을 위하여 금 신을 만들었사오니 큰 죄를 범하였나이다 그러나 이제 그들의 죄를 사하시옵소서 그렇지 아니하시오면 원하건대 주께서 기록하신 책에서 내 이름을 지워버려 주옵소서 여호와께서 모세에게 이르시되 누구든지 내게 범죄하면 내가 내 책에서 그를 지워버리리라."

시편 69편 28절 말씀이다. "그들을 생명책에서 지우사 의인들과 함께 기록되지 말게 하소서."

요한계시록 3장 5절 말씀이다. "이기는 자는 이와 같이 흰 옷을 입을 것이요 내가 그 이름을 생명책에서 결코 지우지 아니하고 그 이름을 내 아버지 앞과 그 천사들 앞에서 시인하리라."

이 세 구절만 보아도 너무나 명백하게 하나님은 범죄하면 생명책에서 지워버리겠다고 하셨고, 또 세상을 이기면 생명책에서 결코 지우지 않겠다고 하셨는데 어떻게 한번 구원이 영원하다고 가르칠 수 있는 것인가?

창세기 19장 26절 말씀이다. "롯의 아내는 뒤를 돌아본 고로 소금 기둥이 되었더라." 롯의 가족이 소돔과 고모라에서 구원받아 떠날 때가 동틀

때였고, 그들이 소알에 도착했을 때 해가 돋았으니 24시간 정도 더 도망쳐 생명을 보전했던 것이다. 이렇게 구원받은 자들 중 한 명이 드디어 죽음의 중앙선을 넘어 소금 기둥이 되었으니 어떻게 한 번 구원이 영원하다는 교리를 겁도 없이 전할 수 있다는 말인가! 이런 교리 자체가 이미 죽음의 중앙선을 넘은 것이라고 해도 무방하다.

오늘날 많은 가르침이 있지만 이스라엘 백성의 구원과 멸망에 대한 내용 중 우리가 일반적으로 아는 것과 너무나 다른 내용이 많다. 함께 살펴보기로 하자.

민수기 13장에 보면 각 지파에서 뽑힌 믿음 좋은 열두 명의 정탐꾼이 가나안을 정탐한 보고를 볼 수 있는데, 불신앙을 가진 열 명의 정탐꾼이 전한 보고를 들은 이스라엘 백성은 모세와 아론을 원망하며 애굽으로 돌아가자고 했다. 이로 인해 가나안에 대해 악평을 한 열 명의 정탐꾼은 여호와 앞에서 재앙으로 말미암아 온 회중이 보는 자리에서 죽었다(민 14:37). 원망과 거역 그리고 불신의 보고를 한 열 명 모두 죽음의 중앙선을 넘어버린 자였음을 볼 수 있다.

이 말씀들을 보고서도 한 번 구원은 영원하다고 고집한다면 성경이 잘못 기록되었든지 아니면 교리가 거짓말을 하든지 둘 중 하나다. 그러나 하나님 말씀은 완전하므로 이 교리야말로 미혹의 영으로 인해 왜곡된 것이 분명하고, 많은 사람을 죽음의 중앙선으로 몰아넣는 엄청난 일을 저지르고 있다는 사실을 알아야 한다.

앞에서 언급한 것처럼 이것은 우리 자신이 하는 선택에 달려 있다. 그 선택으로 우리는 삶과 죽음으로 나뉘게 된다. 우리는 여호와 편에 있고자 결단해야 한다. 선택하라는 시간에 선택하지 않고 설마 하며 주저하거나 망설인다면 죽음의 중앙선에 걸려 죽음을 자초할 수 있다.

에덴동산의 법을 보자. 동산 중앙에 생명나무와 선악을 알게 하는 나무가 있고, 하나님은 아담과 하와에게 자유의지를 주시고 법을 주셨다. 그런데 하와가 법을 어기고 하나님이 따먹지 말라고 하신 선악을 알게 하는 나무의 실과를 따먹음으로 죽음이 시작된 것이다. 에덴동산에 있던 죽음의 중앙선은 생명과 죽음 중 하나를 선택하게 하는 것이었는데, 하와가 죽음을 선택함으로 온 인류를 죄인으로 만들고 만 것이다.

하나님의 사랑 아가페는 선택과 관련되어 있다. 하나님이 나를 사랑하시는 것과 내가 하나님을 사랑하는 것을 넓은 길과 좁은 길로 보면 이해가 더 잘 될 것이다. 하나님이 나를 사랑하시니 멸망치 않고 영생을 얻는다고 하는 사람들은 대부분 넓은 길로 가고 있는 것이며, 내가 마음과 힘과 뜻과 정성을 다해 하나님을 사랑하는 것은 보통 힘든 일이 아니므로 좁은 길로 가는 것이라고 말할 수 있다.

여기서 좁은 길인 One Way는 어떤 길인지 살펴보자. 로마서 11장 22절 말씀이다. "그러므로 하나님의 인자와 엄위를 보라 넘어지는 자들에게는 엄위가 있으니 너희가 만일 하나님의 인자에 거하면 그 인자가 너희에게 있으리라 그렇지 않으면 너희도 찍히는 바 되리라." 여기에 나오는 두 단어인 "인자"는 하나님의 사랑을 말하고, "엄위"는 하나님의 공의를 말한다. 이 둘은 하나님의 속성인데, 왜 이 둘 때문에 우리가 넘어지거나 찍히게 되는 되는가?

이 말씀을 보면 어디에 좁은 길이 있는지 잘 보이지 않는다. 좁은 길은 일방통행일 뿐 아니라 마음대로 차선을 바꿀 다른 차선이 없음을 알아야 한다. 다른 차선이 없다면 좌로나 우로나 치우칠 수 없다는 말이다. 과연 좁은 길은 좌로나 우로나 치우칠 수 없을까?

신명기 5장 32절, 17장 11, 20절, 28장 14절, 여호수아 1장 7절, 23장 6절, 잠언 4장 27절은 이렇게 말씀한다. "그런즉 너희 하나님 여호와께서 너희에게 명령하신 대로 너희는 삼가 행하여 좌로나 우로나 치우치지 말아라." 그렇다면 "좌로나 우로 치우치는 것"이 무엇인지 알아야 한다. 위의 모든 말씀에서 공통적인 것은 하나님이 명하신 말씀에서 떠나 좌로나 우로 치우치지 말라고 하신 것인데, 그렇다면 좌가 무엇이고 우가 무엇인지 분명히 말씀하신 것이다.

이 말씀을 쉽게 이해해 '하나님이 명하신 대로 살라는 말씀'이라고 해도 틀렸다고 할 사람은 없을 것이다. 그러나 성경을 볼 때 단어나 글 하나의 의미를 쉽게 간과하면 올바르게 깨달을 수 없다.

로마서 11장 22절에서 엄위를 말씀하면서 왜 넘어지는 자를 언급하고 또 인자를 말씀하면서 찍힌다는 말씀을 했는지 알 수 있다. 여기서 우리가 '하나님의 좌'라고 하신 것이 무엇을 말하며, '하나님의 우'라고 하신 것이 무엇을 말하는지 알면 쉽게 해결된다. 하나님의 좌는 엄마가 아기를 안을 때의 모습이기에 인자이며, 하나님의 우는 하나님의 공의, 즉 엄위를 말씀한다.

그러므로 우리가 좌로 치우쳐 하나님의 사랑만 지나치게 강조하여 '하나님이 나를 사랑하시기 때문에 나를 버리지 않으실 거야'라고 생각한다면 좌로 치우쳐 인자에 빠져 찍히는 바 될 수 있다. 반면 하나님의 우에 치우치면 하나님의 공의, 즉 엄위로 인하여 하나님을 너무 두려워함으로 하나님의 사랑을 전혀 느끼지 못한다면 그는 우로 치우쳐 넘어지고 만다는 것이다.

그러므로 우리가 좌로나 우로나 치우치지 않는다는 것은 하나님의 사랑만 지나치게 강조하여 태만에 빠지지 않고, 하나님의 공의만 지나치게 강조하여 두려움에 휩싸이지도 않는 것을 말한다. 하나님을 두려워하지 않고 자기 뜻대로 사는 그리스도인은 좌로 치우친 자에 속한다. 또 적은 무리겠지만 하나님을 너무 두려워하여 하나님의 사랑을 생각하지 못하는 그리스도인이라면 그는 분명 우로 치우친 자다.

그렇다면 우리가 가고 있는 좁은 길이 어디에 있는지는 너무나 쉽게 알 수 있다. 그 길은 바로 인자와 엄위 그 사이에 있다. 좁은 길은 좌로나 우로나 치우칠 수 없기에 그 좁은 길이 바로 엄위와 인자 그 사이에 있는 것은 너무나 당연하다.

다시 말해 하나님의 인자와 공의 그 중앙에 좁은 길이 있고, 이 One Way는 역주행을 할 수 없을 뿐 아니라 길이 험하고 협착하여 찾는 이가 적다고 했다. 주님도 구원받을 숫자가 적다고 분명히 말씀하셨다.

오늘날 좌로 치우쳐 하나님의 사랑만 지나치게 강조하는 그리스도인이 있다면 그는 이미 좁은 길에서 벗어나 넓은 길로 가고 있는 것으로 볼 수 있다. 이것은 앞에서 언급한 것처럼 하나님이 나를 사랑하시는 것으로 영생이 성립되지 않고, 내가 마음과 목숨과 힘과 정성을 다해 하나님을 사랑하고, 내 이웃을 내 몸같이 사랑할 때 영생이 성립된다는 것이다. 그러므로 좌로 치우치면 안 된다.

우리가 하나님의 엄위를 두려워하는 것은 대단히 중요하지만, 너무나 두려워하여 하나님의 사랑을 느끼지 못하고 하나님을 사랑하지 못한다면 그 역시 우로 치우쳐 좁은 길에서 벗어난 자가 된다.

오늘날 많은 그리스도인이 좁은 길을 싫어하고 넓은 길로 가고 있음을 마태복음 7장 13절을 인용하면서 언급한 바 있다. 교회의 모임에 와서는 "예수님이 좋은 걸 어떡합니까"라고 찬양하면서, 세상에 가면 "세상이 좋은 걸 어떡합니까?"라고 한다면 이것은 대단히 위험하다. 이스라엘 백성이 하나님도 좋고 바알도 좋아하다가 망한 것을 잊어서는 안 된다.

예수님이 이 땅에 오셔서 가르치신 것은 구약 성경이다. 신약 성경은 예수님이 승천하시고 수십 년이 지나서야 사도들과 저자들이 성령의 감동으로 기록한 것으로 AD 95년경에 완성되었다. 그러므로 신약은 율법과 예언, 즉 구약을 완전케 한 것으로 마태복음 5, 6, 7장을 보면 구약의 말씀들을 해석한 내용이 있는데, 율법의 정신을 해석해주셨다.

그럼 마태복음 5-7장에서 가장 중요한 것이 무엇인지 알아야 한다. 예수님이 먼저 하라고 하신 것이 있다면 우리는 그 무엇보다 그것을 먼저 해야 한다. 그것은 6장 33절이다. 예수님은 우리에게 먼저 그의 나라와 그의 의를 구하라고 하셨다. 이것이 최우선순위기에 이것보다 다른 것을 먼저 한다면 문제가 생길 수 있다. "먼저"에 해당하는 헬라어를 보면 Proton(프로톤)으로 그 의미는 '첫째로', '무엇보다' '특히'라는 뜻이고, '구하라'를 뜻하는 헬라어는 Zeteo(제테오)로 그 의미는 '소유하고자 하다'는 뜻이다. 이 문장을 원어로 보면 "무엇보다 특히 첫째로 하나님 나라와 그의 의를 소유하고자 하라"이다. 우리가 하나님 나라와 그의 의를 소유하지 않으면 결코 하나님 나라에 들어갈 수 없다.

그렇다면 죽음의 중앙선인 마태복음 6장 33절 말씀처럼 나의 심령에 하나님 나라와 의가 소유되지 않으면 구원이 성립될 수 없음을 명심해야 한다. 이것은 회개와 세례를 통해 죄 사함(행 2:38)을 얻을 때 하나님 나라와 의가 나의 심령에 임하게 됨으로 이 모든 것을 공급받는 참된 그리스도인이 되어야 한다.

이와 같이 무엇보다도 먼저 하라고 하신 것을 해야만 다음 단계로 나아갈 수 있는데 그다음은 좁은 길로 가는 것이다. 오늘날 많은 그리스도인이 넓은 길로 가고 있으면서 천국으로 향하고 있다고 생각하고 있고, 믿음으로 구원받기 때문에 걱정할 필요가 없다고 생각한다. 그 길의 끝이 죽음의 낭떠러지인 것을 모르고 신나서 넓은 길로 달려가고 있는 것이다.

마태복음 5-7장의 결론을 살펴보기에 앞서 한 번 더 강력한 중앙선을 언급하셨는데, 그것은 "하늘에 계신 내 아버지의 뜻대로 행하는 자라야 천국에 들어간다"는 말씀이다. 그러므로 구원에 행위가 필요하지 않다는 가르침은 거짓되다.

이제 결론인 마태복음 7장 24-27절은 성경 전체가 말하는 구원에 관한 결론이요, 죽음의 중앙선을 말씀하시는 것을 알아야 한다. "나의 이 말을 듣고 행하는 자"가 되든지, 아니면 "나의 이 말을 듣고 행하지 아니하는 자"가 되든지, 즉 이 죽음의 중앙선을 넘어가든지 넘어가지 않든지 그것은 본인의 선택에 달린 것이다.

4장

Agape와 Phileo

4장
·
Agape와
Phileo

　　　　　　　　　　　지금부터 몇 가지 질문에 대답해보자. 하나님이 의를 전파한 노아의 식구를 홍수에서 보전하셨고 세례를 통해 구원(벧전 3:20-21)하셨다. 하나님은 당시 수많은 하나님의 자녀(창 6:2)를 포함해 온 인류를 멸망시키셨는데, 그 조건은 무엇이었을까?

　출애굽한 이스라엘 백성은 하나님이 자신의 백성으로 삼으시고 세상 누구보나노 더 사랑하셨다. 그래서 그들이 직접 전쟁을 치르지 않고도 하나님이 애굽 군대에서 그들을 구출해주셨고, 세례를 통해(고전 10:2) 구원해주셨다. 그렇게 구원한 그들이 모세와 하나님을 원망했을 때 사랑으로 덮어주시고 타이르시는 아가페 사랑을 하셔야 함에도 불구하고 여호수아와 갈렙 외에 60만 명의 백성을 다 멸하셨는데 그 조건은 무엇이었을까?

출애굽기 32장 8-10절 말씀이다. "여호와께서 모세에게 이르시되 너는 내려가라 네가 애굽에서 인도하여 낸 네 백성이 부패하였도다 그들이 내가 그들에게 명한 길을 속히 떠나 자기를 위하여 송아지를 부어 만들고 그것을 숭배하여 그것에게 희생을 드리며 말하기를 이스라엘아 이는 너희를 애굽에서 인도하여 낸 너희 신이라 하였도다…내가 이 백성을 보니 목이 곧은 백성이라 그런즉 나대로 하게 하라 내가 그들에게 진노하여 그들을 진멸하고 너로 큰 나라가 되게 하리라." 하나님이 그들을 진멸하시는 데 어떤 조건이 있었을까?

민수기 16장 19-21절 말씀이다. "고라가 온 회중을 회막문에 모아 놓고 그 두 사람을 대적하려 하매 여호와의 영광이 온 회중에게 나타나시니라 여호와께서 모세와 아론에게 일러 가라사대 너희는 이 회중에게서 떠나라 내가 순식간에 그들을 멸하려 하노라." 하나님이 그들을 멸하시는 데 어떤 조건이 있었을까?

신명기 28장 63절 말씀이다. "이왕에 여호와께서 너희에게 선을 행하시고 너희로 번성케 하시기를 기뻐하시던 것 같이 이제는 여호와께서 너희를 망하게 하시며 멸하시기를 기뻐하시리니 너희가 들어가 얻는 땅에서 뽑힐 것이요." 이는 축복과 저주의 말씀인데 여기에 어떤 조건이 있었을까?

이사야 6장 9절에서 이사야 선지자가 "내가 여기 있나이다 나를 보내소서"라고 간구하자 하나님이 이사야를 보내시면서 주신 사명을 보자. "이 백성의 마음으로 둔하게 하여 그 귀가 막히고 눈이 감기게 하라 염려컨대 그들이 눈으로 보고 귀로 듣고 마음으로 깨닫고 다시 돌아와서 고침을 받을까 하노라"(10절). 하나님이 왜 이런 사명을 주신 것인지 이해하기 어렵다.

신약에서 사건 하나를 살펴보자. 사도행전 5장에서 아나니아와 삽비라가 자신들의 땅을 팔아 예루살렘 교회에 드리기로 했다. 그런데 막상 땅을 팔고 보니 욕심이 생겼다. 둘이 상의하여 얼마를 감추고 아나니아가 먼저 베드로 사도에게 돈을 가져왔다. 베드로가 그에게 "어찌하여 사단이 네 마음에 가득하여 네가 성령을 속이고 땅값 얼마를 감추었느냐"라고 했을 때 아나니아가 회개했다면 좋았겠지만 그는 입을 꼭 다물었고, 하나님께 거짓말함으로 그 자리에서 죽었다. 그리고 세 시간쯤 지나 그의 아내 삽비라도 땅을 판 값이 이것뿐이라고 하여 그녀도 현장에서 죽었다.

이 말씀들을 보면서 하나님의 사랑 Agape에 대해 생각해보자. 이것이 하나님의 조건 없는 사랑 Agape인가? 오늘날 많은 그리스도인은 하나님의 조건 없는 사랑만 지나치게 강조한다. 하나님이 나를 사랑하시니 자신의 신앙에 대해서는 아무 걱정할 필요가 없다고 생각하는 그리스도인이 의외로 많다.

성경에 기록된 사랑에 대한 Agape 명사와 Agapao 동사들을 살펴보기로 하자. 요한일서 4장 7-11절 말씀이다. "사랑하는 자들아 우리가 서로 사랑하자 사랑은 하나님께 속한 것이니 사랑하는 자마다 하나님께로 나서 하나님을 알고 사랑하지 않는 자는 하나님을 알지 못하나니 이는 하나님은 사랑이심이라 하나님의 사랑이 우리에게 이렇게 나타난바 되었으니 하나님께서 자기의 독생자를 세상에 보내심은 저로 말미암아 우리를 살리려 하심이니라 사랑은 여기 있으니 우리가 하나님을 사랑한 것이 아니요 오직 하나님이 우리를 사랑하사 우리 죄를 위하여 화목제로 그 아들을 보내셨음이니라 사랑하는 자들아 하나님이 이같이 우리를 사랑하셨은즉 우리도 서로 사랑하는 것이 마땅하도다."

여기에서 '사랑'의 동사 형태와 명사 형태는 전부 Agapao 또는 Agape다. 그리고 또한 사도 바울이 고린도 교회에 사랑을 선포한 고린도전서 13장을 보면 모두 Agape(명사)로 기록되어 있다. 고린도전서 13장 1-3절을 보면 우리에게 사랑이 없으면 소리나는 구리와 울리는 꽹과리가 되고, 내가 아무것도 아니요, 내게 아무 유익이 없다고 했다. 그리고 4-7절을 보면 사랑에 대해 이렇게 정의를 내린다. "사랑은 오래 참고 사랑은 온유하며 시기하지 아니하며 사랑은 자랑하지 아니하며 교만하지 아니하며 무례히 행하지 아니하며 자기의 유익을 구하지 아니하며 성내지 아니하며 악한 것을 생각하지 아니하며 불의를 기뻐하지 아니하며 진리와 함께 기뻐하고 모든 것을 참으며 모든 것을 믿으며 모든 것을 바라며 모든 것을 견디느니라". 그리고 "그런즉 믿음 소망 사랑 이 세 가지는 항상 있을 것인데 그 중에 제일은 사랑이라"고 결론을 맺는다.

여기서 '사랑'은 전부 Agape로, 그것은 하나님의 사랑을 말한 것이 아니라 우리에게 그런 사랑이 있어야 한다는 말씀이다. 그런데 이 4-7절에서 말씀하는 사랑의 정의에 조건이 없다면 불의를 보고도 무조건 오래 참아야 한다. 그렇다면 불의한 자들이 어떻게 되겠는가?

앞에서 보았듯이 구약에서 범죄한 이스라엘 백성에게 하나님이 Agape 의 무조건적인 사랑으로 참으셨던가? '조건 없는 사랑'이라는 말은 도대 체 어디에 근거한 것인가?

Agape 명사 형태와 Agapao 동사 형태로 기록된 부분을 살펴보자. 마태복음 6장 24절 말씀이다. "한 사람이 두 주인을 섬기지 못할 것이니 혹 이를 미워하며 저를 사랑(Agapao)하거나 혹 이를 중히 여기며 저를 경히 여김이라 너희가 하나님과 재물을 겸하여 섬기지 못하느니라."

마태복음 10장 37절 말씀이다. "아비나 어미를 나보다 더 사랑(Agapao) 하는 자는 내게 합당치 아니하고 아들이나 딸을 나보다 더 사랑(Agapao) 하는 자도 내게 합당치 아니하고".

누가복음 7장 5절 말씀이다. "저(백부장)가 우리 민족을 사랑(Agapao)하고 또한 우리를 위하여 회당을 지었나이다 하니."

누가복음 7장 47절 말씀이다. "이르므로 내가 네게 말하노니 저의 많은 죄가 사하여졌도다 이는 저의 사랑(Agapao)함이 많음이라 사함을 받은 일이 적은 자는 적게 사랑(Agapao)하느니라."

요한복음 10장 17절 말씀이다. "아버지께서 나를 사랑(Agapao)하시는 것은 내가 다시 목숨을 얻기 위하여 목숨을 버림이라."

요한복음 12장 43절 말씀이다. "저희는 사람의 영광을 하나님의 영광 보다 더 사랑(Agapao)하였더라."

요한복음 13장 35절 말씀이다. "너희가 서로 사랑(Agapao)하면 이로써 모든 사람이 너희가 내 제자인줄 알리라."

요한복음 14장 21, 23, 24절 말씀이다. "나의 계명을 가지고 지키는 자라야 나를 사랑(Agapao)하는 자니 나를 사랑(Agapao)하는 자는 내 아버지께서 사랑(Agapao)을 받을 것이요 나도 그를 사랑(Agapao)하여 그에게 나를 나타내리라 예수께서 대답하여 가라사대 사람이 나를 사랑(Agapao)하면 내 말을 지키리니 내 아버지께서 저를 사랑(Agapao)하실 것이요 우리가 저에게 와서 거처를 저와 함께 하리라 나를 사랑(Agapao)하지 아니하는 자는 내 말을 지키지 아니하나니 너희의 듣는 말은 내 말이 아니요 나를 보내신 아버지의 말씀이니라".

고린도후서 9장 7절 말씀이다. "각각 그 마음에 정한 대로 할 것이요 인색함으로나 억지로 하지 말찌니 하나님은 즐겨 내는 자를 사랑(Agapao)하시느니라."

누가복음 10장 25-28절 말씀이다. "어떤 율법사가 일어나 예수를 시험하여 가로되 선생님 내가 무엇을 하여야 영생을 얻으리이까 예수께서 이르시되 율법에 무엇이라 기록되었으며 네가 어떻게 읽느냐 대답하여 가로되 네 마음을 다하며 목숨을 다하며 힘을 다하며 뜻을 다하여 주 너의 하나님을 사랑(Agapao)하고 또한 네 이웃을 내 몸과 같이 사랑(Agapao)하라 하였나이다 예수께서 이르시되 네 대답이 옳도다 이를 행하라 그러면 살리라."

이상 복음서에 나오는 Agapao를 보면 무조건적인 사랑으로 보기 힘들다. 반면 조건과 결과가 너무나 확실하다. "하나님 아니면 재물을 선택하라. 주님보다 다른 사람을 더 사랑하면 합당치 않다. 사함을 많이 받은 자는 많이 사랑한다. 너희가 서로 사랑하면 내 제자다. 즐겨 내는 자를 사랑하겠다. 하나님을 사랑하고 이웃을 사랑할 때 영생을 얻는다."

에베소서 5장 25절 말씀이다. "남편들아 아내 사랑하기(Agapao)를 그리스도께서 교회를 사랑하시고(Agapao) 그 교회를 위하여 자신을 주심 같이 하라." 남편과 아내 사랑도 역시 Agapao다.

요한일서 2장 15절 말씀이다. "이 세상이나 세상에 있는 것들을 사랑(Agapao)하지 말라 누구든지 세상을 사랑(Agapao)하면 아버지의 사랑(Agape)이 그 안에 있지 아니하니." 세상을 사랑하는 것도 Agapao다.

요한복음 3장 19절 말씀이다. "정죄는 이것이니 곧 빛이 세상에 왔으되 사람들이 자기 행위가 악함으로 빛보다 어두움을 더 사랑(Agapao)한 것이니라." 이 어두움을 사랑하는 것도 Agapao다.

우리가 흔히 알고 있는 Agape의 뜻으로 말하면 '세상을 agapao(조건 없이 사랑)하라', '어두움을 agapao(무조건 사랑)하라', '아내를 무조건 사랑하라(그녀가 간음죄를 지었어도 말이다)'가 된다. 그래도 할렐루야 아멘이라고 할 수 있을까?

이제 Agape의 용례를 살펴보았으니, 하나님의 사랑 Agape를 조건 없는 사랑이라고 해석한 것에 대해 어떻게 설명할 수 있을까? 우리는 하나님이 우리를 무조건 사랑한다고 하면 좋아할 것이다. 그러나 이와 같이 하나님이 우리를 사랑하시는 것, 우리가 하나님을 사랑하는 것, 우리가 상호간에 사랑하는 것, 사랑의 정의, 남편과 아내의 사랑, 교회를 사랑하는 것, 나아가 세상을 사랑하고 어두움을 사랑하는 것 모두가 Agape와

Agapao로 기록되어 있다.

그러므로 Agape를 하나님의 조건 없는 사랑으로 가르친 자체가 문제인 것이다. 더군다나 앞에서 질문한 것처럼 구약 성경에서 볼 때 하나님이 이스라엘 백성을 아무 조건 없이 사랑하셨다는 증거를 찾을 수 없다.

헬라어의 Agape와 히브리어 Ahab(아하브)는 사랑이라는 뜻이다. 그렇다면 히브리어가 먼저 기록되었으므로 사랑[ahab(아하브)]을 사용한 말씀들을 살펴보자.

먼저 하나님이 우리를 사랑하신 것으로 신명기 4장 37절 말씀이다. "여호와께서 네 열조를 사랑(아하브)하신고로 그 후손 너를 택하시고 큰 권능으로 친히 인도하여 애굽에서 나오게 하시며."

두 번째로 우리가 하나님을 사랑하는 것으로 신명기 6장 5절 말씀이다. "너는 마음을 다하고 성품을 다하고 힘을 다하여 네 하나님 여호와를 사랑(아하브)하라."

세 번째로 아브라함이 이삭을 사랑한 경우인데 창세기 22장 2절 말씀이다. "여호와께서 가라사대 네 아들 네 사랑(아하브)하는 독자 이삭을 데리고 모리아 산으로 가서 내가 네게 지시하는 한 산 거기서 그를 번제로 드리라."

네 번째로 사울의 딸 미갈이 다윗을 사랑한 경우로 사무엘상 18장 20절 말씀이다. "사울의 딸 미갈이 다윗을 사랑(아하브)하매 혹이 사울에게 고한지라."

다섯 번째로 친구를 뜻하는 단어로 쓰인 것으로 잠언 14장 20절 말씀이다. "가난한 자는 이웃에게도 미움을 받게 되나 부요한 자는 친구(아하브)가 많으니라."

마지막으로 함께 있는 타국인을 사랑하라는 경우로 레위기 19장 34절 말씀이다. "너희와 함께 있는 타국인을 너희 중에서 낳은 자 같이 여기며 자기 같이 사랑(아하브)하라 너희도 애굽 땅에서 객이 되었느니라 나는 너희 하나님 여호와니라."

이와 같이 구약의 사랑(아하브)도 여러 가지 상황에서 두루 사용되었고, 친구로도 사용되었다.

신명기 28장은 축복과 저주의 말씀이다. 14절까지는 축복의 말씀으로 하나님의 말씀과 명령을 듣고 행하면 축복이고 듣지 않으면 저주라고 했다. 그리고 15절에서 68절까지 길게 저주의 말씀을 했다. 이 저주의 말씀 중 앞에서 언급했던 63절이 있다. "이왕에 여호와께서 너희에게 선을 행하시고 너희로 번성케 하시기를 기뻐하시던 것 같이 이제는 여호와께서 너희를 망하게 하시며 멸하시기를 기뻐하시리니 너희가 들어가 얻는 땅에서 뽑힐 것이요."

만약 하나님이 조건 없이 이스라엘 백성을 사랑하신다면 63절은 지워야 한다. 이스라엘 백성이 누군가? 하나님이 직접 택하신 백성이다. 그런데 어떻게 망하게 하고 멸하신다고 할 수 있으며, 나아가 멸하시기를 기뻐하신다니 도대체 하나님은 왜 이스라엘 백성을 선택하셔서 이렇게 마음고생을 하시는지 알 길이 없다. 이토록 명확한 말씀을 보고도 '하나님의 사랑은 조건이 없다'고 한다면 억지일 수밖에 없다.

온 세상 교회가 하나님의 사랑을 조건이 없다고 가르치고 있기 때문에 어쩔 수 없이 원어 사전을 살펴보아야 했다. 과연 조건 없는 사랑이 있을까? 히브리어, 헬라어 원어 사전을 찾아보았지만 Agape란 단어의 뜻에 무조건적인 사랑이라는 의미는 없었다.

구약에서 사용한 '아하브'도 『히브리어-영어 대형 사전』에서 '조건 없는 사랑'이라는 뜻은 찾을 수 없었다. 위에서 인용한 성경 말씀 외에도 이 단어가 물건이나 음식 등을 사랑하는 것에도 광범위하게 사용된 것을 볼 수 있었다.

신약의 Agape를 여섯 권의 대형 헬라어 사전에서 찾아보았다. 동사 Agapao와 명사 Agape의 뜻을 찾아본 결과 깜짝 놀랄 수밖에 없었다.

1) 의지적인 선택

2) 존중하다, 존대하다

3) 애찬(유다서 12절)

이 세 가지가 핵심 의미였다.

그럼 이제 Agape의 뜻인 1) 의지적인 선택 2) 존중하다, 존대하다 이 두 가지로 구약에 나오는 하나님의 사랑을 증명해보기로 하자.

하나님의 사랑은 이스라엘 백성을 존중하시고 의지적으로 선택하셨기에 축복과 저주의 말씀을 주셨다. 그렇다면 분명히 이스라엘 백성에게도 그들이 하나님을 존중하고 의지적으로 선택할 자유의지를 주신 것이다. 바로 그것이 신명기 30장 15-20절에 나와 있다.

"보라 내가 오늘날 생명과 복과 사망과 화를 네 앞에 두었나니 곧 내가 오늘날 너를 명하여 네 하나님 여호와를 사랑(아하브)하고 그 모든 길로 행하며 그 명령과 규례와 법도를 지키라 하는 것이라 그리하면 네가 생존하며 번성할 것이요 또 내 하나님 여호와께서 네가 가서 얻을 땅에서 네게 복을 주실 것임이니라 그러나 네가 만일 마음을 돌이켜 듣지 아니하고 유혹을 받아서 다른 신들에게 절하고 그를 섬기면 내가 오늘날 너희에게 선언하노니 너희가 반드시 망할 것이라 너희가 요단을 건너가서 얻을 땅에서 너희의 날이 장구치 못할 것이니라 내가 오늘날 천지를 불러서 너희에게 증거를 삼노라 내가 생명과 사망과 복과 저주를 네 앞에 두었은즉 너와 네 자손이 살기 위하여 생명을 택하고 네 하나님 여호와를 사랑(아하브)하고 그 말씀을 순종하며 또 그에게 부종하라 그는 네 생명이요 네 장수시니 여호와께서 네 열조 아브라함과 이삭과 야곱에게 주리라고 맹세하신 땅에 네가 거하리라."

　이것은 출애굽한 이스라엘 백성이 40년 광야 생활을 끝내고 가나안에 들어가기 전에 주신 말씀이다. 하나님은 그들을 존중하여 그들이 의지로 선택할 수 있게 하셨다. 어떻게 생명을 얻는지 말씀하시고, 또 내가 너희를 의지적으로 선택했듯이 너희도 의지적으로 생명을 택하라고 강조하여 말씀하신다. 이것이 하나님의 사랑이다. 여기서 생명을 택하든지 사망을 택하는지는 사람의 몫이다. 하나님은 결코 조건 없이, 무조건 생명을 주어 축복하겠다는 약속은 하신 적이 없다.

　우리는 사람들의 가르침을 정신을 바짝 차리고 들어야 한다. 모든 가르침이 다 성경적인 것은 아니다. 위 내용들을 보면 하나님의 사랑은 조건이 없는 것이 아니라 오히려 까다롭다. 그런데 어떤 가르침은 성령님이 다 알아서 해결해주시고 하나님이 다 봐주시니 걱정하지 말라고 한다.

또 여호수아가 사역을 끝내면서 이스라엘 백성에게 한 말을 보자. 여호수아 24장 14-18절 말씀이다. "그러므로 이제는 여호와를 경외하며 성실과 진정으로 그를 섬길 것이라 너희의 열조가 강 저편과 애굽에서 섬기던 신들을 제하여 버리고 여호와만 섬기라 만일 여호와를 섬기는 것이 너희에게 좋지 않게 보이거든 너희 열조가 강 저 편에서 섬기던 신이든지 혹 너희의 거하는 땅 아모리 사람의 신이든지 너희 섬길 자를 오늘날 택하라 오직 나와 내 집은 여호와를 섬기겠노라 백성이 대답하여 가로되 여호와를 버리고 다른 신을 섬기는 일을 우리가 결단코 하지 아니하오리니 이는 우리 하나님 여호와 그가 우리와 우리 열조를 인도하여 애굽 땅 종 되었던 집에서 나오게 하시고 우리 목전에서 그 큰 이적들을 행하시고 우리가 행한 모든 길에서 우리의 지난 모든 백성 중에서 우리를 보호하셨음이며 여호와께서 또 모든 백성 곧 이 땅에 거하던 아모리 사람을 우리 앞에서 쫓아내셨음이라 그러므로 우리도 여호와를 섬기리니 그는 우리 하나님이심이니이다."

이곳에서도 역시 의지를 다해 선택하라고 했다. 하나님의 Agape는 우리를 존중히 여겨 선택하게 하신다. 만약 우리가 선택할 수 없다면 로봇이 되고 만다. 그런데 여호수아에게 위와 같이 대답한 사람들이 너무나 뻔뻔스러운 행동을 한다. 그 뒤에 나오는 여호수아 24장 23절 말씀이다. "여호수아가 가로되 그러면 이제 너희 중에 있는 이방신들을 제하여 버리고 너희 마음을 이스라엘의 하나님 여호와께로 향하라." 그들은 여호와만 섬기겠다고 큰소리쳤는데 집에 이방신들을 모시고 있었던 것이다.

그럼 Agape의 두 번째 뜻인 '존중하다', '존대하다'를 구약에서 살펴보자. 하나님은 누구를 존대하실까? 시편 15편 4절 말씀이다. "여호와를 두려워하는 자를 존대하며." 여기서 "두려워하는"에 해당하는 히브리어는 yare(야레)로 '경외하는', '존경하는', '경배하는'이라는 뜻이다. 그리고 '존대하다'는 kabad(카바드)로 Agape의 두 번째 뜻과 같다.

하나님은 우리를 존대하시고 의지적으로 선택하셨다. 우리도 하나님을 존대하며 의지로 하나님을 선택할 때 Agape의 진정한 통치를 받게 될 것이다. 이로써 Agape의 통치라는 말을 할 수 있게 된다.

그렇다면 에덴으로 가보자. 하나님은 아담과 하와에게 자유의지를 주셨는데, 만약 자유의지가 없는 존재로 창조하셨다면 아담과 하와는 로봇이 되어 하나님의 리모컨으로 조종받고 살았을 것이다. 그러나 하나님은 그들에게 자유의지를 주시고 동산 각종 나무의 실과는 임의로 먹되 선악을 알게 하는 나무의 실과는 먹지 말라고 하셨다. 이것이 바로 의지적인 선택을 하라는 하나님의 통치 방식이었다.

Agape의 뜻 그내로나. 하나님이 아담과 하와를 존중하셨고, 그들에게 자유의지를, 즉 의지적 선택권을 주셨다. 하나님은 Agape로 다스리셨는데 이것이 하나님의 통치 방식이고 사랑이다. 그런데 그들이 하나님의 사랑의 통치를 외면하고 말았다. 그들은 자신들의 의지로 먹으라고 하신 것을 먹지 않고 먹지 말라고 하신 것을 먹음으로 온 인류가 죄인이 되고 말았다.

다시 아브라함을 보자. 아브람은 우상으로 가득한 갈대아 우르에 살았다. 하나님은 75세인 아브람을 존중히 여겨 선택하시고 그 우상 소굴에서 그의 의지와 상관없이 하나님의 의지로 갈 바를 알지 못하는 그를 인도하여 가나안으로 데려오셨다. 이것이 하나님의 사랑 Agape다. 그리고 그에게 복의 근원이라는 비전을 주셨다. 그 비전 역시 아브람에게 의견을 묻지 않으시고 하나님의 의지로 주셨다. 이처럼 하나님의 사랑은 의지적인 선택이지 상대방의 의견을 수렴하지 않으신다.

그런데 아브람이 하나님의 Agape 통치에서 벗어나는 사건이 일어났다. 그것이 바로 창세기 16장 16절이다. "하갈이 아브람에게 이스마엘을 낳을 때에 아브람이 팔십 육세이었더라." 하나님의 사랑의 통치에서 벗어나자 하나님과 그들은 13년이라는 세월 동안 관계가 끊어지고 말았다. 그러나 17장 1절에서 이렇게 말씀하셨다. "아브람의 구십 구세 때에 여호와께서 아브람에게 나타나서 그에게 이르시되 나는 전능한 하나님이라 너는 내 앞에서 행하여 완전하라."

우리가 하나님의 사랑의 통치를 외면하면 하나님도 외면하신다. 그래서 13년 동안 하나님은 그들 삶에 개입하지 않으시고 마음대로 살아보게 하셨다. 이것 역시 아브람을 존중하셔서 그의 의지로 선택한 삶이 어떤 것인지 직접 경험하게 하신 것이다.

그러나 하나님의 사랑은 그를 존중하셔서 아브람이 75세 때 하신 약속을 지키기 위해 99세에 찾아오셨다. 그리고 첫 말씀으로 "나는 전능한 하나님이다"고 하셨다. 무슨 말씀인가? "나의 통치를 벗어나 마음대로 살아보니 살 맛 나더냐? 그러니 이제 후로는 내 앞에서 행하여 완전해지라"고 하신 것이다.

그리고 하나님의 Agape 사랑으로 다시 언약을 세우신 것이 17장이다. 이곳에서도 하나님이 의지적으로 아브람의 이름을 아브라함으로 바꾸어 열국의 아비가 되게 하셨다(창 17:5).

하나님의 Agape 통치는 이것으로 끝나지 않았다. 하나님은 100세 때 주신 아들 이삭을 번제로 바치라고 하셨다. 번제는 짐승을 잡아 각을 떠서 불로 태워 드리는 것인데 짐승도 아닌 아들을 바치라는 하나님의 명령은 우리가 아는 아가페의 사랑과는 전혀 다르다.

하나님은 의지적인 선택으로 아브람을 존중히 여기셔서 갈대아 우르에서 끌어내 가나안에서 살게 하셨는데, 어떻게 하나뿐인 아들 이삭을 번제로 드리라고 하시는 것인가? 이렇게 말도 안 되는 명령 앞에서 아브라함은 하나님을 존중하여 그의 의지를 드려 순종하느냐, 아니면 거부하느냐 하는 선택의 기로에 서게 되었다.

그러나 아브라함은 이스마엘을 통해 자신이 실패했던 것을 기억하고 하나님 앞에서 행하는 완선한 사람으로서 하나님의 Agape 통치 안에 살았기에 아내 사라에게도, 아들 이삭에게도 말 한 마디 하지 않고 하나님의 명령에 순종했다. 아브라함은 어떻게 순종할 수 있었을까? 그는 창세기 17장 1절에서 "나는 전능하신 하나님이라"고 하신 말씀을 그대로 믿었고, 히브리서 11장 19절에 말씀한 대로 하나님이 능히 죽은 자 가운데서 다시 살리실 줄로 믿었다. 그 전능하신 하나님을 Agape로 존중하고 그 명령을 선택해 실천에 옮긴 것이 바로 하나님을 사랑한 아브라함의 Agape로, 그는 하나님의 Agape 통치를 철저히 받은 것이다.

창세기 22장 9-12절에 보면 아브라함은 아들 이삭을 결박하여 단 나무 위에 놓고 손을 내밀어 칼을 잡고 아들을 잡으려 했다. 그러자 여호와의 사자가 그를 불러 아이에게 손을 대지 말라고 했다. 그러면서 "네가 네 아들 네 독자라도 내게 아끼지 아니하였으니 네가 이제야 네가 하나님을 경외하는 줄을 아노라"고 하셨다. 여기서의 '경외'는 히브리어 'yare'(야레)로 '두려워하다'는 뜻이다. 즉, 하나님을 두려워하는 자를 존대함(시 15:4)이 바로 하나님의 아가페인 것이다.

지금부터 Agape와 Phileo의 사용에 대해 살펴보자. 아래 두 말씀은 같은 문장에서 하나는 Agape로 다른 하나는 Phileo로 사용되었다.

요한복음 3장 35절 말씀이다. "아버지께서 아들을 사랑(Agape)하사 만물을 다 그 손에 주셨으니."

요한복음 5장 20절 말씀이다. "아버지께서 아들을 사랑(Phileo)하사 자기의 행하시는 것을 다 아들에게 보이시고 또 그보다 더 큰일을 보이사 너희로 기이히 여기게 하시리라."

같은 문장에서 왜 두 개의 다른 단어를 사용하는 것일까? 하나님이 아들 예수님을 사랑하시는데 전자는 Agape로, 후자는 Phileo로 기록된 것은 두 가지 사랑이 있다는 것인가? 그렇지 않다. 그다음 문장의 의미에 따라 다른 단어로 기록하고 있음을 알 수 있다.

Agape로 쓴 다음 문장을 보면 만물을 다 그의 손에 주셨다고 했다. 이것은 다스림의 내용이다. 이미 앞에서 Agape의 통치를 보았다. 같은 문장이지만 그것이 통치에 해당될 때 Agape를 사용했고, 그다음은 Phileo로 하나님이 행하시는 사역을 아들에게 보이시고, 사역을 통해 제자들이 기이히 여기게 하신다고 했다.

Agape의 통치는 이미 살펴보았기 때문에 Phileo에 대해 알아보자. 요한복음 11장 3절 말씀이다. "이에 그 누이들이 예수께 사람을 보내어 이르되 주여 보시옵소서 사랑(Phileo)하시는 자가 병 들었나이다 하니."

요한복음 11장 5절 말씀이다. "예수께서 본래 마르다와 그 동생과 나사로를 사랑(Agapao)하시더니."

이 말씀은 같은 대상을 두고 쓰인 것인데, 전자는 Phileo이고 후자는 Agapao로 기록되어 있다.

내용을 보면 전자는 요한복음 11장 11절에서 이렇게 기록한다. 예수님께서 "우리 친구(필로스) 나사로가 잠들었도다 그러나 내가 깨우러 가노라"고 하신 주님의 사역을 통해 하나님의 영광을 보게 되는 사역과 관련하여 친구 나사로를 Phileo하신다고 했고, 후자는 예수님을 따르는 많은 무리 중 베다니에 사는 마르다와 마리아, 나사로의 가정을 특별히 사랑(Agapao)하셨기에 의지적으로 선택된 가정을 Agapao하셨던 것이다.

그럼 과연 Phileo가 사역과 관련될 때 사용되는지 점검해보기로 하자. 요한복음 16장 27절 말씀이다. "이는 너희가 나를 사랑(Phileo)하고 또 나를 하나님께로 온 줄 믿은 고로 아버지께서 친히 너희를 사랑(Phileo)하심이니라." 예수님과 제자 그리고 하나님과 제자에게 Agape를 사용하지 않았다. 너무나 명확하다.

반면 요한복음 19장 26절 말씀이다. "예수께서 그 모친과 사랑(Agapao)하시는 제자가 곁에 섰는 것을 보시고 그 모친께 말씀하시되 여자여 보소서 아들이니이다 하시고." 왜 여기서 제자인 요한은 자신을 예수님이 Agapao하는 제자라고 기록했을까? 예수님이 열두 제자를 다 사랑(Phileo)하시는데 왜 요한은 주님이 자기를 특별히 Agapao하신다고 했을까? 왜냐하면 이것은 조건이 있는 편애이기 때문이다. 주님이 요한을 특별히 더 사랑하셨기에 Phileo로 기록하지 않고 Agapao로 기록해서 주님이 자신을 더 사랑하셨음을 강조한 것이다.

그러나 요한에 대한 똑같은 말씀을 요한복음 20장 1-2절에서 보자. "안식 후 첫날 이른 아침 아직 어두울 때에 막달라 마리아가 무덤에 와서 돌이 무덤에서 옮겨진 것을 보고 시몬 베드로와 예수의 사랑(Phileo)하시던 그 다른 제자에게 달려가서 말하되 사람이 주를 무덤에서 가져다가 어디 두었는지 우리가 알지 못하겠다 하니." 요한이 바로 앞장에서 주님이 자신을 Agapao하신다고 했는데 여기서는 Phileo로 기록한 것을 보면 그는 주님의 제자로서 주님이 늘 그들을 향해 사용하신 Phileo를 사용한 것이다. 이처럼 주님은 3년 동안 함께 사역한 제자들에게 늘 Phileo한다고 하셨음이 분명하다.

마태복음 26장 48-49절을 보자. "예수를 파는 자가 그들에게 군호를 짜 가로되 내가 입맞추는 자가 그이니 그를 잡으라 하였는지라 곧 예수께 나아와 랍비여 안녕하십니까 하고 입을 맞추니."

여기 예수를 파는 자 가룟 유다가 입맞추는 자(hos Phileo)로, hos는 '-하는 자'이고 Phileo는 '입맞추는'이다. 마지막에 '입을 맞추니'도 kata Phileo로 이는 '열렬히 입맞추다'는 뜻이다. 마태가 이렇게 표현한 것은 그가 3년 동안 예수님과 함께하면서 익숙하게 알고 있던 표현이기 때문이다.

부활하신 주님의 질문과 베드로의 대답을 살펴보면 더 정확하게 알 수 있다. 요한복음 21장 15-17절 말씀이다. "저희가 조반 먹은 후에 예수께서 시몬 베드로에게 이르시되 요한의 아들 시몬아 네가 이 사람들보다 나를 더 사랑(Agapao)하느냐 하시니 가로되 주여 그러하외다 내가 주를 사랑(Phileo)하는 줄 주께서 아시나이다 가라사대 내 어린 양을 먹이라 하시고 또 두 번째 가라사대 요한의 아들 시몬아 네가 나를 사랑(Agapao)하느냐 하시니 가로되 주여 그러하외다 내가 주를 사랑(Phileo)하는 줄 주께서 아시나이다 가라사대 내 양을 치라 하시고 세 번째 가라사대 요한의 아들 시몬아 네가 나를 사랑(Phileo)하느냐 하시니 주께서 세 번째 네가 나를 사랑(Phileo)하느냐 하시므로 베드로가 근심하여 가로되 주여 모든 것을 아시오매 내가 주를 사랑(Phileo)하는 줄을 주께서 아시나이다 예수께서 가라사대 내 양을 먹이라."

예수님은 평상시 제자들에게 한 번도 Agapao라고 하시지 않고 늘 Phile라고 하셨다. 그런데 왜 Agapao로 두 번이나 질문하셨을까? 우리는 베드로의 대답에서 답을 찾아야 한다.

주님이 Agapao하느냐고 하실 때 우리는 그 진정한 뜻을 모르고 그저 '사랑하느냐'로만 받아들였다. 그러나 베드로는 Agapao의 참뜻을 알았다. "너의 의지로 선택할 것이냐? 또 다스리겠느냐?"로 금방 알아들었고, "주님 무슨 말씀이십니까? 제가 주님을 Phileo하는 것을 주님 아시잖아요"라고 대답한 것이다.

두 번째도 "너 'Agapao'할 거니?"라고 하시니 "주님 왜 그러십니까? 제 의지로 다스리는 그런 짓은 하지 않을게요. 주님 아시듯이 제가 'Phileo'로 주님을 따를 게요"라고 대답했다.

세 번째로 "그래 너 'Phileo'하는 것 맞느냐?" 하시니 베드로가 두 번이나 'Agapao' 하느냐고 물으셨는데 이제야 'Phileo'로 물어주시니 더 강하게 힘주어 "주여 모든 것 아시잖아요. 제가 끝까지 'Phileo'할게요"라고 대답한다.

우리가 베드로를 잘 알면 마지막 주님과의 이 문답에서 베드로가 결코 실수하지 않았음을 알 수 있다. 사역 초기에 주님은 너희는 나를 누구라 하느냐고 질문하셨고, 베드로가 정답을 말했다. 물론 하나님 아버지가 알게 하신다고 했으나, 정확하게 "주는 그리스도시요 살아계신 하나님의 아들이시니이다"고 했다.

또 주님이 오병이어로 먹이시자 수많은 제자가 그분을 따랐으나 천국 복음의 핵심을 전하시자 그들이 다 떠나가고 열두 제자만 남았다. 그때 주님이 제자들에게 "너희들도 떠나겠느냐?"라고 물으시니 베드로가 이렇게 대답했다. "영생의 말씀이 계시매 우리가 뉘게로 가오리까?" 이같이 정확하게 대답한 베드로는 마지막에도 실수하지 않았다.

아마 많은 사람이 예수님의 Agapao하느냐는 질문에 "예, 저는 주님을 Agapao합니다"고 대답할 것이다. 그래서 결국 자기 의지대로 교회를 세워 목회하는 자들이 있다. 게다가 많은 사람이 그런 목회자를 부러워하기도 한다. 그러나 이것은 너무나 두려운 일이다. 이로 말미암아 많은 성도가 목회자의 통치 아래 끌려가게 될 가능성이 크다.

이제 구약의 Phileo를 살펴보자. 역대하 20장 7절 말씀이다. "우리 하나님이시여 전에 이 땅 거민을 주의 백성 이스라엘 앞에서 쫓아내시고 그 땅으로 주의 벗 아브라함의 자손에게 영영히 주지 아니하셨나이까?" 여기서 "주의 벗"은 히브리어로 ahab(아하브)로 사랑하는 자, 친구로 사용되었다.

이사야 41장 8절 말씀인 "그러나 나의 종 너 이스라엘아 나의 택한 야곱아 나의 벗 아브라함의 자손아"에서도 역시 같은 ahab(아하브)로 사용되었다.

하나님이 아브라함을 존중히 여기셔서 의지적으로 그와 그의 후손을 선택하시고 이 땅 거민, 즉 아모리 족속을 쫓아내심은 하나님의 사랑 Agapao로 보여야 하고, 아브라함을 사역사로, 즉 벗(Phileo)으로 세워 그의 후손과 믿음의 후손인 이방인까지 이브라함의 후손이 되게 하셨다.

그러므로 하나님은 Agapao로 통치하시고 Phile로 사역자를 세우셨다. 이것이 하나님의 사랑이다.

하나님의 사랑은 무조건적인 것일까?

출처: Website : https://www.ligonier.org/blog/unconditional-love-god/
FROM R.C. Sproul Sep 26, 2012 Category: Articles Copyright 2012 R.C. Sproul. God's Love published by David C Cook. Publisher permission required to reproduce. All rights reserved.

무조건적인 사랑은 성경적인가?

출처: https://www.theguardian.com/theguardian/2002/dec/07/weekend7.weekend11
MAY 10, 2013 BY KERMIT ZARLEY 15 COMMENTS 203
에리히 프롬(Erich Pinchas Fromm), 출생지: 독일; 1900~1980 유태계 가정에서 출생
무조건적인 사랑의 개념이 세속적인 심리학에서 왔다는 글 중에서(영문과 번역)

이 무차별적인 "무조건적인 사랑"에 대한 아이디어는 어디서 비롯된 것일까? 독일의 정신분석학자 에리히 프롬이 1934년에 이 표현을 처음 사용했다. 그는 나중에 그의 성공적인 책 "사랑의 예술"에서 그것을 발전시켰다(1956). 프롬은 권위주의적 정부를 거부하고, 비성경적인 자기 사랑을 가르치며, 기독교 신앙에 대해 격렬한 논쟁을 벌인 무신론자였다.

임상 치료사로서 지그문트 프로이트에 버금가는 인류학자 칼 로저스는 무조건적인 사랑에 대한 프롬의 생각을 세련되게 했다. Rogers의 부모는 헌신적인 오순절파였다. 하지만 그는 기독교를 버리고 도교를 받아들였다. 그의 인생 나중에, 로저스는 신비를 경험하고 홍보했고 결혼에서의 충실함의 개념을 거부했다. 그는 "무엇이든 옳다고 느낀다면 그것을 하라"라는 생각을 주도했다. 교회의 많은 사람들이 "무조건적인 사랑"이라는 표현을 받아들여 왔는데, 그것의 파급 효과의 일부가 아니라면, 그것은 이런 불신앙의 사람들로부터 유래된 것이었다.

Then, where did this idea of indiscriminant, "unconditional love" originate?
German psychoanalyst Erich Fromm first used this expression in 1934.
He later developed it in his highly-successful book, The Art of Loving (1956).
Fromm was an atheist who rejected authoritarian government, taught an unbiblical self-love, and argued strenuously against Christian faith. Humanist psychologist Carl Rogers, who has been second only to Sigmund Freud as a clinical therapist, refined Fromm's idea of unconditional love.
Rogers' parents were devout Pentecostals; but he apostatized from Christianity and adopted Taoism.
Later in life, Rogers experienced and promoted the occult and rejected the concept of fidelity in marriage. He was a leader of the idea, "whatever feels right, do it." Much of the church has accepted the expression "unconditional love," if not some of its ramifications, which originated from these ungodly men.

5장

**구속의
3단계**

5장
•
구속의
3단계

　　　　　　　　　　오늘날 교회에서 가르치는 구속 교리가 과연 성경을 근거로 하고 있는지 살펴보자. 일반적으로 우리는 우리의 구속이 십자가에서 이루어진다고 배웠다. 십자가가 핵심이다. 그렇다면 과연 구속이 십자가에서 이루어졌는지 아니면 또 다른 구속의 길이 있는지 살펴보자. 바로 알지 못하면 우리의 구원에도 문제가 생긴다. 왜냐하면 구속 곧 죄 사함(엡 1:7, 골 1:14)을 통해 우리 구원이 이루어지기 때문이다.

　구속이 무엇인가를 바로 알면 쉽게 이해가 될 것이다. 처음에 주어진 성경은 구약 성경이었고, 예수님이 이 땅에 오셔서 구약 성경을 가르치시고 구약의 율법을 완전케 하셨으며, 구약 성경을 주석한 것이 바로 신약 성경인 것을 인정해야 우리가 성경 전체를 이해하고 해석하는 데 실수하지 않을 것이다. 그렇다면 구약의 구속을 먼저 보고 신약에 주석된 것을 찾아보면 바른 해석을 할 수 있을 것이다.

구약의 속죄 제사가 바로 구속의 방법으로, 대제사장이 일 년에 한 차례 지성소에 들어가 백성의 죄를 대속함으로 죄 사함을 받게 하는 것을 우리는 알고 있다. 레위기 16장 8-10, 15, 21절 말씀을 보자. "두 염소를 위하여 제비 뽑되 한 제비는 여호와를 위하고 한 제비는 아사셀[Azazel(아자젤), 보냄의 염소, 속죄의 염소]을 위하여 할지며 아론은 여호와를 위하여 제비 뽑은 염소를 속죄제로 드리고 아사셀을 위하여 제비 뽑은 염소는 산 채로 여호와 앞에 두었다가 그것으로 속죄하고 아사셀을 위하여 광야로 보낼지니라." 15절 말씀이다. "또 백성을 위한 속죄제 염소를 잡아 그 피를 가지고 휘장 안에 들어가서 그 수송아지 피로 행함 같이 그 피로 행하여 속죄소 위와 속죄소 앞에 뿌릴지니". 21절 말씀이다. "아론은 그의 두 손으로 살아 있는 염소의 머리에 안수하여 이스라엘 자손의 모든 불의와 그 범한 모든 죄를 아뢰고 그 죄를 염소의 머리에 두어 미리 정한 사람에게 맡겨 광야로 보낼지니 염소가 그들의 모든 불의를 지고 접근하기 어려운 땅에 이르거든 그는 그 염소를 광야에 놓을지니라."

속죄를 위한 두 마리의 염소가 나오는데, 하나는 9절에서 여호와를 위하여 속죄제를 드린다고 했고, 21절에서 아사셀 염소의 머리에 백성의 불의와 죄를 두어 미리 정한 사람에게 맡겨 광야로 보내라고 했다.

우리가 분명히 알아야 할 하나는 속죄를 위해서는 두 가지가 필요하다는 사실이다. 하나는 하나님을 위한 것이고, 하나는 우리의 죄를 위한 것으로, 이것을 해결해야 명확한 죄 사함을 받는 구속을 알게 될 것이다. 다시 언급하면 한 마리는 여호와를 위한 것이고, 다른 한 마리는 백성을 위한 것임을 어떻게 해결해야 할 것인지 그 답은 구약을 주석한 신약에서 찾아야 한다.

히브리서 8-10장은 구약의 속죄제에 대한 주석들이다. 거기서 우리가 먼저 살펴보아야 할 것이 새 언약의 중보자이신 그리스도와 첫 언약을 바로 알아야 한다.

히브리서 9장 11-22절을 보자. "그리스도께서는 장래 좋은 일의 대제사장으로 오사 손으로 짓지 아니한 것 곧 이 창조에 속하지 아니한 더 크고 온전한 장막으로 말미암아 염소와 송아지의 피로 하지 아니하고 오직 자기의 피로 영원한 속죄를 이루사 단번에 성소에 들어가셨느니라 염소와 황소의 피와 및 암송아지의 재를 부정한 자에게 뿌려 그 육체를 정결하게 하여 거룩하게 하거든 하물며 영원하신 성령으로 말미암아 흠 없는 자기를 하나님께 드린 그리스도의 피가 어찌 나의 양심을 죽은 행실에서 깨끗하게 하고 살아 계신 하나님을 섬기게 하지 못하겠느냐 이로 말미암아 그는 새 언약의 중보자시니 이는 첫 언약 때에 범한 죄에서 속량하려고 죽으사 부르심을 입은 자로 하여금 영원한 기업의 약속을 얻게 하려 하심이라 유언은 유언한 자가 죽어야 되나니 유언은 그 사람이 죽은 후에야 유효한즉 유언한 자가 살아 있는 동안에는 효력이 없느니라 이러므로 첫 언약도 피 없이 세운 것이 아니니 모세가 율법대로 모든 계명을 온 백성에게 말한 후에 송아지와 염소의 피 및 물과 붉은 양털과 우슬초를 취하여 그 두루마리와 온 백성에게 뿌리며 이르되 이는 하나님이 너희에게 명하신 언약의 피라 하고 또한 이와 같이 피를 장막과 섬기는 일에 쓰는 모든 그릇에 뿌렸느니라 율법을 따라 거의 모든 물건이 피로써 정결하게 되나니 피 흘림이 없은즉 사함이 없느니라."

그렇다면 첫 언약과 새 언약이 왜 필요했는지 보자. 히브리서 8장 7-10절 말씀이다. "저 첫 언약이 무흠하였더라면 둘째 것을 요구할 일이 없었으려니와 그들의 잘못을 지적하여 말씀하시되 주께서 이르시되 볼지어다 날이 이르리니 내가 이스라엘 집과 유다 집과 더불어 새 언약을 맺으리라 또 주께서 이르시기를 이 언약은 내가 그들의 열조의 손을 잡고 애굽 땅에서 인도하여 내던 날에 그들과 맺은 언약과 같지 아니하도다 그들은 내 언약 안에 머물러 있지 아니하므로 내가 그들을 돌보지 아니하였노라 또 주께서 이르시되 그 날 후에 내가 이스라엘 집과 맺을 언약은 이것이니 내 법을 그들의 생각에 두고 그들의 마음에 이것을 기록하리라 나는 그들에게 하나님이 되고 그들은 내게 백성이 되리라."

이스라엘 백성에게 이 언약은 "내가 그들의 열조의 손을 잡고 애굽 땅에서 인도하여 내던 날에 그들과 맺은 언약과 같지 아니하도다 그들은 이 언약에 머물러 있지 아니했다"(9절)고 한 것으로 보아 분명 첫 언약을 말하고 있다.

그 증거로 히브리 9장 1절 말씀을 보자. "첫 언약에도 섬기는 예법과 세상에 속한 성소가 있더라." 또 9장 18-21절 말씀이다. "이러므로 첫 언약도 피 없이 세운 것이 아니니 모세가 율법대로 모든 계명을 온 백성에게 말한 후에 송아지와 염소의 피 및 물과 붉은 양털과 우슬초를 취하여 그 두루마리와 온 백성에게 뿌리며 이르되 이는 하나님이 너희에게 명하신 언약의 피라 하고 또한 이와 같이 피를 장막과 섬기는 일에 쓰는 모든 그릇에 뿌렸느니라."

그러므로 첫 언약은 모세와 세운 것이 확실해졌다. 우리가 첫 언약이 무엇인지 바로 알아야 그리스도의 죽으심을 해결할 수 있다.

히브리서 9장 15절을 보자. "이로 말미암아 그는 새 언약의 중보자시니 이는 첫 언약 때에 범한 죄에서 속량[apolutrosis(아폴뤼트로시스), 구속, 죄에서 해방]하려고[eis(에이스), -하기 위하여] 죽으사 부르심을 입은[kaleo(칼레오), 부르다] 자로 하여금 영원한 기업의 약속[epanggelia(에팡겔리아)]을 얻게[lambano(람바노), 수동적으로 받다] 하려[hopos(호포스), 목적을 -하기 위하여] 하심이라."

여기서 그리스도의 죽으심은 첫 언약 때 범한 죄에서 속량하기 위하여 죽으셨다고 했다. 이것은 매우 중요하다. 많은 사람이 십자가에서 우리 모든 죄가 속량되었다고 가르친다. 또 더 나아가 첫 언약을 잘못 알고 십자가에서 원죄까지 속량했다고 가르치는 경우도 있다.

잎에서 언급했듯이 구약의 주석인 신약에서 그 답을 찾지 않으면 오류를 범할 가능성이 높다. 그렇다면 그리스도의 죽으심으로 첫 언약 때 범한 죄를 속하려는 것이 무엇을 의미 하는가가 중요하다. 만약 그리스도의 죽으심으로 죄를 속량했다고 과거 완료로 기록하지 않고 "속량하기 위하여"로 기록된 것과 "부르심을 입은 자로 하여금 영원한 기업의 약속을 얻게 하려 하심이라"에서 '속량의 목적인 영원한 기업을 부르심에 합당한 자가 되어 하나님으로부터 받게 된다는 것'으로 기록한 것을 보면 결코 그리스도가 죽으신 십자가에서 속량을 완료한 것이 아니다. 반면 속량의 길을 열어놓았기에 속량의 길로 들어올 사람은 부르심을 입은 자로 그 부르심에 응할 때 영원한 기업의 약속을 얻게 되는 것이다.

그러므로 속량과 약속의 대상은 부르심을 입은 자로 헬라어로는 ka-leo(칼레오), 즉 '부르심을 입다'는 뜻이다. 히브리서 11장 8절의 "아브라함은 부르심(kaleo)을 받았을 때에"와 같은 단어다. 그리고 "영원한 기업의 약속을 얻게 하려[hopos(호포스)] 하심이라"에서 호포스는 접속사로 '목적을 -하기 위하여'이다. 그러므로 그리스도의 죽으심으로 우리의 속량을 완성한 것이라면 이미 목적을 이루었기 때문에 호포스를 사용할 수 없다.

하나님이 모세에게 율법을 주셔서 첫 언약이 세워졌기에 율법이 있기 전에는 죄를 죄로 여기지 않았다. 그러나 첫 언약 이후 모든 사람이 첫 언약에 의해 확실하게 범죄한 것이 되었고, 그들이 첫 언약을 지키지 않아 하나님이 그들을 돌보지 않으셨다고 했다(히 8:9).

그래서 로마서 3장 23절에서 이렇게 말씀한 것이다. "모든 사람이 죄를 범하였으매 하나님의 영광에 이르지 못하더니." 바로 이것이 첫 언약 때 범한 죄로 요한복음 1장 29절에서 예수님이 지고 가신 것, 즉 세상 죄를 말한 것이다.

그렇다면 예수님이 세상 죄를 지고 가셔서 모든 사람의 죄를 십자가에 못 박으셨음이 확실하다. 그러므로 십자가에서 속량했다고 하면 세상 모든 사람의 죄를 속량했다는 것이 된다. 이것은 엄청난 잘못으로 온 인류가 구속된다는 말인 것이다.

오늘날 이런 가르침이 신학과 교리를 통해 교회 안에 들어와 있다. 이것은 많은 사람을 구원에서 벗어나게 하는 미혹된 가르침이다. 그러므로 원어를 잘 보아야 한다. 그리스도가 세상 죄를 지고 가셔서 십자가에서 죽으신 것은 구속의 길을 열어놓으셨다는 것이다. 이러므로 예수님의 죽으심으로 속량이 다 이루어진 것이 아니라 속량의 길로 들어서는 자, 즉 부르심을 입은 자로 하여금 영원한 기업의 약속을 얻게 하기 위해 구속의 길을 여신 것이 십자가의 죽으심이다.

그렇다면 히브리서 9장 15절에 나오는 "속량하려고"는 전 인류의 죄를 가리키는 것으로, 예수님은 과거에 죽은 사람과 현재 생존하고 있는 사람과 미래에 세상 종말까지 태어날 사람들에 이르기까지 그들이 범한 죄와 범할 죄를 속량하려고 죽으신 것이다. 이것은 너무나 당연한 것으로 십자가의 죽으심은 갈보리에서 일어났고, 그 당시 태어나지도 않은 사람들의 죄를 속량하셨다고 하면 십자가 사건 이후 출생한 사람은 다 속량을 받아 죄 사함 받은 사람으로 인정해야 하는 엄청난 오류를 범하게 된다. 우리 하나님은 디모네전서 2장 4설 말씀저럼 모든 사람이 구원을 받으며 진리를 아는 데에 이르기를 원하시기에 모든 사람이 속량받도록 길을 열어 놓으신 것이 바로 십자가의 죽으심인 것이다.

이와 같이 하나님은 속량의 길을 온 인류에게 열어주셨는데 누가 그 속량의 길로 들어갈까? 주님의 죽으심이 속량하기 위한 것임을 받아들이는 자로서 그에게 특혜가 주어질 것이다.

로마서 3장 23-25절 말씀이다. "모든 사람이 죄를 범하였으매 하나님의 영광에 이르지 못하더니 그리스도 예수 안에 있는 속량으로 말미암아 하나님의 은혜[karis(카리스)]로 값없이[dorean(도레안)] 의롭다 하심을 얻은 자 되었느니라 이 예수를 하나님이 그의 피로써 믿음으로 말미암는 화목제물로 세우셨으니 이는 하나님께서 길이 참으시는 중에 전에 지은 죄를 간과[paresis(파레시스)]하심으로 자기의 의로우심을 나타내려 하심이니."

이 말씀의 전제는 20-23절이다. "그러므로 율법의 행위로 그의 앞에 의롭다 하심을 얻을 육체가 없나니 율법으로는 죄를 깨달음이니라 이제는 율법 외에 하나님의 한 의가 나타났으니 율법과 선지자들에게 증거를 받는 것이라 곧 예수 그리스도를 믿음으로 말미암아 모든 믿는 자에게 미치는 하나님의 의니 차별이 없느니라 모든 사람이 죄를 범하였으매 하나님의 영광에 이르지 못하더니."

이와 같이 율법의 행위를 말한 시점은 아직 율법 외에 한 의가 되신 예수 그리스도가 나타나기 전이다. 하나님의 의를 주려고 하시니 모는 사람이 다 죄인이어서 아직 하나님의 영광에 이르지 못했다고 했다. 그래서 24절을 말씀했는데 조건 없이 무조건 주는 것처럼 보이지만, 24절에 언급한 속량에 대해 25절에서 조건을 제시하신 것이다.

여기에 바로 "하나님의 은혜로 값없이"라는 말씀이 나온다. 예수 믿기 전에 지은 모든 죄를 어떻게 해결할 것인가 하는 것이다. 히브리서에서 속량하려고 죽으심을 아는 것으로 거치지 않고 로마서는 이 예수를 하나님이 그의 피로써 믿음으로 말미암는 화목제물로 세우셨다고 했다. 이것은 온 인류의 죄 속에 나의 죄가 있고, 예수님이 나의 죄를 위해 화목제물이 되어 피를 흘려주셨음을 내가 믿으면 전에 지은 죄를 벌하지 않으시고 용서하신다는 것이다. 바로 이것이 전에 지은 죄를 간과한다는 것이다. 이렇게 간과함을 값없이[dorean(도레안)] 의롭다 하신다는 것으로, 바로 하나님의 은혜로 말미암는 칭의다.

여기서 하나님의 은혜(카리스)와 값없다(도레안)는 것은 그 의미가 다르다. 우리는 보통 하나님의 은혜는 선물로 값없이 주시는 것이라고 알고 있다. 그러나 하나님의 은혜로 값없이 주시는 것이 있고, 하나님의 은혜로 어떤 목적을 위해 보여주시는 것이 있다. 하나님의 은혜에 대해서는 다른 곳에서 다루기로 하자.

이와 같이 구속의 길을 열어놓으신 것은 부르심을 받은 자로 하여금 다음 단계로 나아가게 한다. 그다음 단계인 칭의를 잘못 가르치면 구원에 문제가 생기기 때문에 말씀을 확인해보기로 하자.

죄의 대한 해결책은 회개하는 길 외에는 다른 길이 없음을 우리는 안다. 그런데 여기서 의롭다 칭함을 받는 것은 회개를 통하지 않고 그 피로 인한 것이고, 믿음으로 의롭다고 한 것이다. 그렇다고 우리가 정말 의롭게 된 것은 아니다. 바로 이것이 값없이 의롭다고 한 것이므로 구원은 하나님의 은혜로 받는 공짜 선물이라고 하면 그것은 말씀에서 벗어난 것이다.

이처럼 우리가 아직 죄인인데도 예수님 안에 있는 속량을 말하면서 제물이 되신 그리스도의 피로 인해 믿음으로, 즉 예수님이 흘려주신 보혈이 나를 위한 것임을 믿을 때 칭의를 받게 되었다면 칭의받은 자의 삶을 살아야 한다. 만약 칭의받은 자의 삶을 살지 않으면 그다음 단계로 나아갈 수 없다. 그런데 교회 안에서 말로는 칭의를 받았다고 하는데 과연 예수 안에 있는 속량으로 칭의를 받은 것인지 알 수 없는 사람이 아주 많다.

만약 어느 판사가 어떤 죄인에게 형을 내리면서 그의 형편과 가정 상황을 고려해 그가 가진 재량으로 두 번 다시 범죄하지 말고 바르게 살아라고 경고하고 무죄로 판결한다면 그 범죄자가 살아야 할 다음 단계는 바르게 사는 것이다. 그런데 그가 다시 범죄한다면 어떻게 되겠는가? 그래서 바르게 살아라는 의미로 "의인은 믿음으로 말미암아 살리라"고 한 것인데, 만일 바르게 살지 못한다면 다음 단계의 구속이 없는 것이다.

에베소서 1장 4-7절을 보자. "곧 창세 전에 그리스도 안에서 우리를 택하사 우리로 사랑 안에서 그 앞에 거룩하고 흠이 없게 하시려고 그 기쁘신 뜻대로 우리를 예정하사 예수 그리스도로 말미암아 자기의 아들이 되게 하셨으니 이는 그가 사랑하시는 자 안에서 우리에게 거저 주시는 바 그의 은혜의 영광을 찬송하게 하려는 것이라 우리는 그리스도 안에서 그의 은혜의 풍성함을 따라 그의 피로 말미암아 속량 곧 죄 사함을 받았느니라."

앞서 살펴본 두 단계의 속량에서 죄에서 속량하려는 죽으심과 전에 지은 죄를 간과한 칭의를 거쳐 마지막 단계인 속량에는 범죄나 죄에 대한 언급이 왜 없는 것인지 살펴보자. 여기서는 속량이 죄 사함이라는 결론을 말하면서 죄를 사함 받는 것이 속량이고 구원이라는 것이다. 그러므로 속량의 핵심은 죄 사함으로 구원받는 것이다. 그래서 에베소서에서 창세 전에 그리스도 안에서 우리를 택하셨다고 했다.

창세 전에 온 인류는 이 땅에 존재하지도 않았는데 어떻게 그리스도 안에서 우리를 택하셨다는 것인가? 여기 "택하사"에 해당하는 헬라어는 eklegomai(에클레고마이)로서 그 의미는 '선택이 이루어지는 목적에 대한 암시와 함께'(『로고스 스트롱코드 헬라어 사전』, p.906)라는 뜻으로 '그리스도 안에서'가 아니면 불가한 것이다.

'그리스도 안에서'의 목적은 첫 번째가 사랑[agape(아가페)] 안에서다. 다른 장에서 아가페의 의미가 '의지적인 선택'이라는 것을 보았기에 하나님이 우리를 의지적으로 선택하셨으니 우리도 세상을 선택하지 않고 하나님을 의지적으로 선택하는 것이 목적이다.

그리고 두 번째는 그 앞에 katenopion(카테노피온)으로 '볼 수 있는 곳에서'이다. 이것은 아브라함이 하나님 앞이 아닌 사라 앞에서 실패한 일로, 이스마엘의 출생으로 인해 13년간 하나님과 교제가 단절된 내용이 창세기 16장 16절에 나오는데, 곧바로 17장 1절에서 하나님은 "나는 전능한 하나님이라 너는 내 앞에서 행하여 완전하라"고 하셨다. 이와 같이 우리가 늘 하나님 앞에 있다는 사실을 잊는다면 우리는 결코 하나님을 두려워하지 않을 것이다.

그리고 세 번째 목적은 주된 목적으로 "거룩하고 흠이 없게 함"이다. 그것은 하나님이 거룩하시기에 우리도 거룩해야 주님을 만날 수 있기 때문이다. 히브리서 12장 14절을 보자. "모든 사람과 더불어 화평함과 거룩함을 따르라 이것이 없이는 아무도 주를 보지 못하리라." 또 로마서 6장 22절은 이렇게 말씀한다. "그러나 이제는 너희가 죄에게서 해방되고 하나님께 종이 되어 거룩함에 이르는 열매를 얻었으니 이 마지막은 영생이라." 여기서 "마지막은 영생이라"고 하신 것은 구속의 완성을 뜻한다.

이와 같이 하나님의 기쁘신 뜻대로 우리를 예정하셨지만 이 목적에 부합하는 자만이 구속을 받는 것이다. 그러므로 여기서 핵심은 우리가 하나님을 의지적으로 선택하여 하나님의 기쁘신 뜻을 따라 살 때 구속, 곧 죄 사함을 받는다는 것이다.

우리는 교회에 출석하는 사람은 다 하나님의 자녀라고 생각하지만 그들이 과연 죄 사함을 받았는지 점검해보아야 한다. 바로 이것이 마지막 단계의 속량임을 명심해야 한다.

그런데 에베소서 1장 6절에서 번역상 문제가 하나 있다. 하나님의 아들이 되게 한 목적으로 "거저 주시는 바" 그의 은혜의 영광을 찬송하게 하려는 것인데, 왜 헬라어에 없는 "거저 주시는 바"로 번역했는지 알 수 없다. 반면 헬라어 성경에 있는 kariyos(카리토스)는 '은혜를 받다'로 여기에는 거저 주신다는 의미가 전혀 없고 오히려 수동적으로 그리스도가 사랑하시는 자에게, 즉 목적인 거룩하고 흠이 없게 하심에 부합하여 진정한 하나님의 자녀가 된 자에게 은혜를 주실 때 그 은혜의 영광을 찬송하게 되는 것이다. 그런데 우리는 다른 복음을 영접시켜 막무가내로 하나님의 자녀가 되었다고 선언했으니 하나님이 그 찬양을 받지 않으신다.

이제 속량의 마지막 단계로 "그의 피로 말미암아"라고 한 것에 유의해야 한다. 이는 그 아들 예수의 피가 우리를 모든 죄에서 깨끗하게 하실 것을 말한 것이다. 그러나 칭의는 "그의 피로 인하여 믿음으로"라는 실제 그리스도의 보혈로 씻음 받은 것을 말하지 않고 보혈로 죄 씻음 받을 수 있다는 것을 믿는 믿음으로 칭의한 것이다.

그럼 예수 그리스도의 피로 우리의 죄를 깨끗하게 하는 길이 무엇인가? 바로 이것이 마지막 단계의 속량으로 죄 사함이다. 그럼 죄 사함의 길은 무엇인가?

예수님은 제자들에게 마지막 명령, 즉 유언과 같은 말씀인 "가서 제자 삼아라"(마 28:19-20)고 명하시면서 세례를 주고 예수님이 그들에게 분부한 모든 것을 지키도록 가르치라고 하셨다. 이 명령을 받은 제자들이 행한 사역이 성경의 본질적인 핵심이라고 보아야 한다. 왜냐하면 예수님의 비유에서 므나 비유나 달란트 비유를 보면 그들이 돌아와 다 셈을 했다. 미비한 자는 거기에 상응하는 벌을 받고 구원에서도 제외되어 바깥 어두운 데 쫓겨나 슬피 울며 이를 갊이 있으리라고 명백히 말씀하셨다.

그렇다면 주님의 마지막 유언인 이 명령을 저버린다면 쫓겨날 것은 이미 정한 것으로 보인다. 그래서 우리가 이 명령을 수행하는 것을 등한히 여기면 분명히 문제에 봉착할 것이나. 그러므로 이 명령을 받은 사도들의 사역이 바로 우리가 사역하는 핵심이 되어야 한다. 그것은 바로 제자 삼는 사역인데, 제자 삼는 사역의 핵심은 회개와 세례로 죄 사함을 받게 하는 것이다. 사도들은 이 사역을 통해 하루에 3천 명을 제자로 삼았다. 그런데 이것이 아닌 다른 것으로 제자 훈련을 한 유명한 분이 본인 입으로 사역에 실패했다고 고백한 것은 모두가 아는 바다.

사도행전은 사도들의 사역을 기록한 것이다. 그런데 왜 사도들의 사역의 출발이자 핵심인 2장 38절을 등한시하고 로마서로 교리를 만들어 가르쳤을까? 이제 그것이 열매를 맺지 못하는 것을 깨달았으니 사도들의 사역으로 돌아가야 한다.

사도들의 사역에서 죄 사함을 명백히 가르치고 있고 이것이 제자 삼는 사역의 핵심임을 살펴보자. 사도행전 2장 14절에 보면 베드로와 열한 명의 사도가 서서 "유대인들과 예루살렘에 사는 모든 사람들아"라고 하면서 설교를 시작한다. 먼저 오순절 성령 강림에 대해 선지자 요엘이 말씀하신 것을 인용했고 그리고 나사렛 예수를 그들이 법 없는 자들의 손을 빌어 못 박아 죽였지만 하나님이 사망의 고통을 풀어 살리신 것은 그가 사망에게 매여 있을 수 없었다고 했다. 그리고 다윗이 예수님을 가리켜 했던 말씀을 언급하면서 다윗의 자손 중 그 위에 앉게 했고 예수를 음부에 버림이 되지 않고 육신이 썩음을 당하지 아니하리라 하신 대로 이 예수를 하나님이 살리셨다고 외쳤다. 그리고 우리가 다 이 일에 증인이라고 하면서 "그런즉 이스라엘 온 집이 정녕 알찌니 너희가 십자가에 못 박은 이 예수를 하나님이 주와 그리스도가 되게 하셨느니라"고 말했다.

사람들이 이 강력한 메시지를 듣고 마음이 찔려 베드로와 사도들에게 "형제들아 우리가 어찌할꼬" 하고 물을 때 베드로가 대답한 말씀이 바로 제자 삼는 사역의 본질이자 핵심인 것이다.

그렇다면 왜 사도행전 2장 38절이 제자 삼는 사역의 본질이자 핵심인지 확인해보자. "너희가 회개하여 각각 예수 그리스도의 이름으로 세례를 받고 죄 사함을 얻으라 그리하면 성령을 선물로 받으리니."

먼저 제자 삼는 사역의 본질인 마태복음 28장 19-20절에서 세례를 주라고 하신 그 명령을 더 명확하게 전해 "회개하여 세례를 받고 죄 사함을 얻으라"고 했다. 이것은 구약의 마지막 선지자로서 죄 사함을 받게 하는 회개의 세례를 외친 세례 요한의 외침과 일치한다. 그렇다면 온 인류의 구속은 죄 사함을 통하지 않으면 이루어질 수 없다.

마가복음 1장 4-5절은 세례 요한에 대해 이렇게 말씀한다. "세례 요한이 이르러 광야에서 죄 사함을 받게 하는 회개의 세례를 전파하니 온 유대 지방과 예루살렘 사람이 다 나아가 자기 죄를 자복하고 요단 강에서 그에게 세례를 받더라."

그런데 베드로는 회개하고 세례를 받으라고 했고, 세례 요한은 회개의 세례라고 했으니 좀 다른 느낌이 들 수도 있다. 그러나 세례 요한이 회개의 세례를 선포한 내용을 보면 회개에 합당한 열매를 맺으라고 한 것인데, 회개에 합당한 열매가 무엇인지 답을 찾아야 한다.

좋은 열매는 먹을 수 있지만 독이 있는 열매는 먹으면 죽을 수도 있다. 죄의 삯은 사망이므로 죄의 열매인 사망을 죽이는 것이 바로 회개에 합당한 열매인 것이다. 그렇다면 죄를 죽이는 것이 무엇인가? 세례의 뜻을 바로 알면 바로 답이 나온다. 세례는 예수님과 함께 내 죄를 십자가에 못 박아 죄를 죽이고, 그 죽인 죄를 무덤에 장사하는 것이다(롬 6:3-11). 바로 이것이 회개에 합당한 열매인 것으로 베드로 사도는 회개하고 회개에 합당한 열매인 세례를 받아 죄 사함을 얻으라고 한 것이다. 그러므로 구약과 신약의 구속은 한 톨도 틀리지 않는다.

그럼 사도행전 2장 38절이 제자 삼는 사역의 핵심인지 살펴보자. 다음 절인 39절에서 38절을 가리켜 "이 약속"이라고 했다. 우리가 아는 일반적인 것은 신, 구약성경 모두가 약속이라는 사실이다. 그리고 주님이 사역을 마치고 승천하신 후 사역의 주역들인 사도들의 말이 가장 중요하고 핵심이라고 보아야 한다. 왜냐하면 주님의 명령을 수행하는데 중요하지 않는 것으로 사역할 리가 없다.

약속은 헬라어로 ho epanggelia(호 에팡겔리아)인데, ho는 정관사로서 명사와 함께 쓰일 때 '특별하고도 개별적인'이라는 이중 의미를 지녔고, epanggelia는 하나님의 약속으로 말씀이신 하나님의 약속이 특별하고도 개별적인 것이라는 의미를 부여하고 있음을 볼 때 이것이야말로 등한히 여길 수 없는 것이다.

그럼 약속의 대상을 보자.

1) 너희, 즉 예수를 십자가에 못 박으라고 외친 자들
2) 너희 자녀, 즉 이스라엘의 후손
3) 모든 먼데 사람, 즉 이방인, 즉 온 인류
4) 우리 하나님이 얼마든지 부르시는 자들, 즉 복음을 듣고 주님께 돌아오는 자들

이 모두가 다 죄 사함의 대상이지만 실제로 죄 사함을 받은 사람은 누구인가? 두 말할 필요 없이 이 약속을 따른 자요 이 약속을 받은 자다.

또 40절에서 이 약속을 받으면 이 패역한 세대에서 구원을 받는다고 했고, 41절에서는 이 약속의 말을 받은 사람들이 다 세례를 받았다고 했다. 세례받은 자들은 회개하고 각각 예수 그리스도의 이름으로 죄를 자복하고 죄를 죽인 것이다. 이 날 제자의 수가 3천 명이나 더 했다고 했다.

보라! 가서 제자 삼으라고 한 그 명령을 수행한 것은 바로 사도행전 2장 38절 한 절로 하루에 3천 명의 제자를 삼았으니 이것 외에 더 필요한 것은 없는 것이다. 이렇게 제자가 된 그들의 삶이 42절에 기록되어 있다. "저희가 사도의 가르침을 받아 서로 교제하며 떡을 떼며 기도하기를 전혀 힘쓰니라."

바로 이것이 예루살렘 교회의 시작이다. 죄 사함을 통해야만 교회도 개인도 구원을 얻는다. 사도행전 5장 31절과 11장 18절을 보자. "이스라엘로 회개케 하사 죄 사함을 얻게 하시려고 그를 오른 손으로 높이사 임금과 구주를 삼으셨느니라." "저희가 이 말을 듣고 잠잠하여 하나님께 영광을 돌려 가로되 그러면 하나님께서 이방인에게도 생명을 얻는 회개를 주셨도다 하니라."

이같이 사도행전 2장 38절은 속량과 구원 그리고 믿음의 핵심으로 회개와 세례로 죄 사함이 일어나시 않는다면 그리스도의 제자가 아니므로 예수 믿는 것이 아닐 뿐 아니라 하나님의 자녀도 아닌 것이다.

다시 정리해보자. 온 인류를 그 범한 죄에서 속량하시려고 주님이 죽으신 것은 과거와 현재와 미래의 모든 사람의 죄를 위해 죽으신 것으로, 이것은 속량의 길을 여신 것이다.

주님이 나의 죄를 위해 죽으셨음을 믿고 그 흘리신 피로 내 죄가 씻길 것을 믿을 때 전에 지은 죄가 간과되고 값없이 의롭다 함, 즉 칭의를 받게 된다. 이것은 전적인 하나님의 은혜다. 그러나 기억해야 할 것은 칭의로 죄 사함은 일어나지 않는다는 것이다. 그리고 칭의를 받고 난 뒤 바르게 살지 않으면 칭의는 아무런 효력이 없다는 것을 명심해야 한다.

그리고 마지막 단계의 속량으로 회개와 세례를 통해 죄 사함을 받고 신중함과 의로움과 경건함으로 이 세상을 살아야 한다(딛 2:12).

아직도 구속의 1, 2, 3단계가 잘 이해되지 않을 수 있다. 다시 히브리서에 나오는 하나님이 모세와 세우신 첫 언약을 보자. 율법이 없을 때는 죄를 죄로 여기지 않았다. "죄가 율법 있기 전에도 세상에 있었으나 율법이 없었을 때에는 죄를 죄로 여기지 아니하였느니라"(롬 5:13). 죄가 성립된 것은 첫 언약에 의한 것이었고, 그리스도의 죽으심은 바로 첫 언약에 범한 죄라고 했다. 그러므로 속량하기 위한 것과 속량으로 말미암은 것과 속량함은 세 가지 다른 의미를 말한다. 속량으로 말미암는 칭의는 전에 지은 죄, 즉 예수 믿기 전의 죄를 해결하는 것을 말하고, 믿은 후의 죄는 회개와 세례를 통해 죄 사함을 받았을 때 속량, 곧 죄 사함을 얻게 된 것이다. 그래서 율법에 의한 모든 죄를 속량했다고 하지 않고, "속량하려고"라고 한 것은 믿음이 오기 전과 믿음이 온 후 속량의 방법이 다른 것을 말한다. 예수 그리스도의 십자가 죽으심이 우리 죄를 구속했다고 가르친다면 큰 오류를 범하게 된다.

그럼 여기서 우리가 분명히 알아야 할 하나가 있다. 구약에서 두 마리

염소 중 하나는 여호와를 위하여 또 다른 하나는 아사셀을 위하여라고 했다. 여호와를 위한 것은 세상 죄를 지고 가신 하나님의 어린양이라고 했으니 이것이 바로 여호와를 위한 것으로 온 인류의 죄를 위한 죽으심이다. 이것이 히브리서 9장 15절에서 말한 첫 언약 때에 범한 죄를 속하려고 죽으신 것이다.

그리고 아사셀을 위하여라고 한 것은 무인 지경에 버려져 돌아올 수 없는 지경에 두고 온다는 뜻으로 우리의 죄를 버리는, 즉 죄를 예수 그리스도의 피로 깨끗이 씻는 죄 사함의 속량이다.

그런데 백성을 위한 것에는 조건 하나가 있다. 그것을 알아야 죄 사함을 바로 알게 된다. 여기서 "백성을 위한 것"은 '세상 죄', 즉 온 인류의 죄라는 것을 간과하면 답을 찾을 길이 없다. 우리가 잘 아는 "하나님이 세상을 사랑하사"에서 그 사랑은 독생자를 주신 사랑으로 독생자를 십자가에 죽게 하는 것은 온 인류의 죄를 위한 것이지만 이것이 결코 온 인류를 구원하는 것은 아니다. 그러므로 위에서 말한 "속량하려고"는 온 인류를 구원하기 원하시는 하나님의 뜻일 뿐 다 구원하실 수 없는 것은 죄인들 스스로 주님의 부르심에 응하지 않으면 불가하기 때문이다. 그러므로 예수님의 십자가 죽으심으로 구속을 다 이루었다고 가르치는 것은 많은 사람을 구원에서 벗어나게 하는 것이다.

예수 그리스도는 세상 죄를 지고 가는 어린양으로서 온 세상 죄를 다 대속할 사역을 이루어 놓았다는 것은 진리 중 진리지만, 온 인류를 다 속량(구원)한다는 것은 성경의 가르침이 아니다.

그렇다면 누구를 구원한다는 조건이 분명히 있을 것이고 분명히 있어야만 한다. 우리가 잘 아는 구원에 관한 예수님의 말씀에 조건이 있는 것을 분명히 볼 수 있다.

마태복음 10장 22절, 24장 14절 말씀이다. "끝까지 견디는 자는 구원을 얻으리라."

마가복음 16장 16절 말씀이다. "믿고 세례를 받는 사람은 구원을 얻을 것이요."

요한복음 10장 9절 말씀이다. "내가 문이니 누구든지 나로 말미암아 들어가면 구원을 받고."

이 세 구절에서는 믿기만 하면 구원받는다는 말씀이 전혀 없고, "끝까지 견디고", "믿고 세례를 받는 것(이것은 물 세례가 아니고 로마서 6장 3-4절에 있는 세례로 예수님과 함께 죽고, 예수님과 함께 무덤에 장사되며, 예수님과 함께 살아나 새 생명으로 사는 것을 말한다)" 그리고 "문이신 예수님께로 들어가는 것"이 조건에 해당한다. 끝까지 견디는 것도 내가 견뎌야 하고, 믿고 세례를 받는 것도 내가 받아야 하며, 문이신 예수님께 들어가는 것도 내가 들어가야 하는 것이다.

그런데 흔히 알려진 가르침들은 '성령님이 해주신다'고 한다. 이것은 성령님을 파출부로 만드는 격이다. 구약의 속죄제를 보면 백성이 자신들의 죄를 염소에게 전가하여 염소가 백성의 죄를 대신해 죽게 되고 또 아사셀 염소로 무인지경에 버려져 다시 돌아오지 않게 한다. 그런데 나의 모든 죄를 하나님이 다 처리해주시고 나는 믿기만 하면 속죄받을 수 있다고 한다면 오늘날 천주교에서 행하는 고해성사와 무엇이 다른가?

그러나 백성의 죄를 아사셀 염소의 머리에 두어 대제사장이 아니고 미리 정한 사람에게 맡겨 광야로 보낼 때 염소가 그들의 모든 불의를 지고 접근하기 어려운 땅에 이르면 그는 그 염소를 광야에 놓아버린다고 했다. 여기서 백성의 죄를 염소의 머리에 둔다고 할 때 백성의 죄가 그들의 심령에서 완전히 깨끗하게 되었다고 할 수 없다. 미리 정한 사람은 자기의 죄를 염소에게 옮겼기에 다시는 죄짓지 않겠다는 의지를 가진 사람으로 보아야 한다.

히브리서 9장 15절은 이렇게 말씀한다. "그는 새 언약의 중보자시니 이는 첫 언약 때에 범한 죄에서 속량하려고 죽으사 부르심을 입은 자들로 하여금 영원한 기업의 약속을 얻게 하려 하심이라." 여기서 '부르심을 받다'에 해당하는 헬라어는 kaleo(칼레오)로, 히브리서 11장 8절에는 "믿음으로 아브라함은 부르심을 받았을 때에"와 같은 칼레오로 기록되어 있다.

그럼 "예수 믿으면 누구든지"는 "부르심을 받은 자"를 말하고 있는데, 이는 부르심에 믿음으로 순종한 자를 말한다. 오늘날 많은 사람이 자칭 그리스도인이라 하지만 믿음으로 순종하지 않고 관념적으로 믿는다. 그들을 "부르심을 받은 자"로 보기는 어렵다.

또 히브리서 9장 28절은 이렇게 말씀한다. "이와 같이 그리스도도 많은 사람의 죄를 담당하시려고 단번에 드리신 바 되셨고 구원에 이르게 하기 위하여 죄와 상관없이 자기를 바라는 자들에게 두 번째 나타나시리라." 여기서 '바라다'에 해당하는 헬라어는 apekdechomai(아페크데코마이)로 '(그리스도)를 열심히 기다리다'는 뜻이다. 그리고 "구원에 이르게 하기 위하여 죄와 상관없이"에서 "죄와 상관없이"라고 한 것은 죄가 있어도 구원이 성립된다고 생각할 수 있는데 "상관없이"에 해당하는 헬라어는 choris(코리스)로 '헤어져서'라는 뜻이다. 즉 '구원을 얻기 위하여 죄와 헤어져서 자기를 바라는 자'로 보아야 한다.

오늘날 흔한 가르침으로 우리의 행위가 구원과 관계없다고 한다. 그러나 우리 주님은 너무나 명백하게 '내 말을 듣고 행하는 자'와 '행하지 않는 자'를 구분하시고, 구원과 멸망에 대해 한 마디로 요약하셨다. '정한 자', 즉 '죄를 짓지 않겠다고 다짐한 자'를 정하셨고, '부르심을 받은 자', 즉 아브라함처럼 '부르심에 믿음으로 순종한 자'를 부르셨으며, '바라는 자', 즉 '그리스도를 열심히 기다리는 자'를 구원에 이르게 한다고 하셨으니 구원에 다 조건이 있으며, 행동으로 나타나는 산 믿음을 말씀하신 것이다.

구약에서 제사장이 드리는 제사의 의미는 죄를 없이 하지 못한다. 히브리서 10장 11-12, 14절 말씀이다. "제사장마다 매일 서서 섬기며 자주 같은 제사를 드리되 이 제사는 언제나 죄를 없게 하지 못하거니와 오직 그리스도는 죄를 위하여 한 영원한 제사를 드리시고 하나님 우편에 앉으사 그가 거룩하게 된 자들을 한 번의 제사로 영원히 온전하게 하셨느니라."

여기서도 그리스도의 한 영원한 제사(죽으심)와 그다음 거룩하게 된 자를 온전하게 하셨다고 한 것을 볼 때 두 가지가 다른 의미인 것은 확실하다. 그런데 주님이 영원한 제사로 우리를 영원히 온전케 하셨다고 가르치면 '거룩하게 된 자'를 빼버린 온 인류가 온전케 되는 엄청난 오류를 범하게 된다. 그래서 성령이 우리에게 이렇게 증언하셨다. "주께서 이르시되 그 날 후로는 그들과 맺을 언약은 이것이라 하시고 내 법을 그들의 마음[kardia(카르디아), 도덕적 결정]에 두고 그들의 생각[dianoia(디아노이아), 도덕적 이해]에 기록하리라"(히 10:16). 이와 같이 첫 언약은 돌비에 새겼지만 새 언약은 우리 마음과 생각에 새겨야 하는데 그 마음과 생각은 도덕적인 바탕 위에 새겨져야 함을 말한다. 첫 언약이 돌비에 새겨졌지만 지키지 않아 주님이 인류의 죄를 속량하시려고 십자가에서 죽으셨다. 바로 이 새 언약을 우리의 심비인 마음과 생각에 기록해주셨다. 오늘날 그리스도인은 세상에서 온 육신의 정욕, 안목의 정욕, 이생에 자랑에 빠져 도덕적인 마음과 생각이 더러워짐으로 세상의 지탄을 받고 있으니 과연 그런 자에 대해 주님은 뭐라고 말씀하실까?

히브리서 8장 9-10절에서 그들이 첫 언약에 머물러 있지 않았기에 새 언약의 중보자이신 그리스도를 통해 새 언약을 주셨다고 했다. "그 날 후에 내가 이스라엘 집과 맺을 언약은 이것이니 내 법을 그들의 생각에 두고 그들의 마음에 이것을 기록하리라." 또 10장 16절에서 다시 명백하게 기록함은 이스라엘 집을 우리에게 증언함으로 우리에게 주신 새 언약임을 확인시킨 것이나. 그리스도를 통한 새 언약은 내 법, 즉 그리스도의 법으로 '법'은 헬라어로 nomos(노모스)로 비교 용법인데, 그 의미는 새 법은 그리스도의 법 또는 복음을 말한다. 하나님이 아들을 이 땅에 보내신 목적이 무엇인지 누가복음 4장 43절에서 살펴보자. "예수께서 이르시되 내가 다른 동네에서도 하나님의 나라 복음을 전하여야 하리니 나는 이 일로 보내심을 입었노라 하시고." 하나님이 주님을 이 땅에 보내신 것은 하나님 나라 복음 때문인데 하나님 나라 복음은 사복음서로 이것이 그리스도의 법이고, 이 사복음서의 말씀을 따라 살지 않고 사역하지 않으면 불법을 행하는 자가 되어 버림을 받게 되는 것이다.

구약의 속죄제는 죄지은 당사자가 자신의 죄를 염소에게 전가함으로 그 사람 대신 염소가 그의 죄로 죽든지 아니면 아사셀이 되어 무인지경에 쫓겨난 것을 마음에 새기고 다시는 죄를 짓지 않는 변화된 삶을 살 수 있게 하는 것임을 명심하자.

이와 같이 그리스도가 십자가에서 죽으심으로 죄가 해결되어 속량이 완전히 이루어졌다면 세상 모든 죄를 십자가에 못 박은 것이기에 모든 인류에게 죄 사함이 일어나야 마땅하다. 그러나 전혀 그렇지 않음을 살펴보았다. 그런데도 많은 가르침이 십자가에서 다 이루었다고 하면서 구속, 곧 죄 사함은 그리스도의 십자가 죽으심으로 이루어졌다고 가르친다. 이것은 정말 무서운 결과를 초래한다.

그렇다면 그리스도가 십자가에서 "다 이루었다"고 하신 말씀의 의미가 무엇인지 살펴보도록 하자. 먼저 요한복음 19장 28, 30절을 보자. "그 후에 예수께서 모든 일이 이미 이루어진[Teleo(텔레오)] 줄 아시고 성경을 응하게 하려 하사 목마르다 하시니." "예수께서 신 포도주를 받으신 후에 이르시되 다 이루었다(텔레오) 하시고 머리를 숙이니 영혼이 떠나 가시니라."

여기서 요한은 성령의 감동으로 "이미 이루어진 줄 아시고", 그리고 "다 이루었다"고 기록했다.

누가복음 12장 50절에서 예수님은 "나는 받을 세례가 있으니 그것이 이루어지기까지[Teleo heos(텔레오 헤오스)] 나의 답답함이 어떠하겠느냐"고 하셨다. 예수님은 사역 초기에 세례를 받으셨다. 그런데 여기 받을 세례가 있다고 하셨는데 요한을 통해 받은 세례가 아니라 또 받을 세례가 있다고 하셨으니 이것은 십자가의 죽으심과 부활을 가리키신 것이다.

위 두 말씀에서 "이루어진 줄 아시고", "다 이루었다" 그리고 "이루어지기까지"는 헬라어 Teleo(텔레오)로 '온전히 이루다'는 뜻이다. 그럼 무엇을 온전히 이루었다고 하셨는지 보자. 앞에서 언급한 누가복음에 나오는 "그것이 이루어지기까지(텔레오 헤오스)"는 미래 수동태로 되어 있고 세례를 말한 것이다. 그러므로 십자가 위에서 "다 이루었다"고 하신 것은 분명 누가복음 12장 50절의 "세례"가 이루어졌다는 것이다. 즉 죄를 십자가에 못 박는 세례를 다 치루었다는 것 외에 다른 해석은 있을 수 없다.

그것이 구약의 예언들이 이루어진 것을 말한 것이라고 가정해보자. 그런데 요한복음 19장 28절을 보면 "그 후에 예수께서 모든 일이 이미 이루어진 줄 아시고 성경을 응하게 하려 하사 목마르다 하시니"에서 "모든 일이 이미 이루어진 줄 아시고"는 완료형이고, "성경을 응하게 하려 하사"에서 "하려 하사"는 지금 하려고 하신다는 뜻이다. "이미 이루어진 것"과 "성경을 응하게 하려 함"이 같은 것을 말하고 있지 않다는 뜻이다.

다시 정리하면 십자가에서 "다 이루었다"고 하신 것은 십자가에서 죽으신 것이 세례로서 세상 죄를 십자가에 다 못 박으셨음을 두고 말씀하신 것이다.

예수님이 사역을 시작하실 때 세례 요한을 통해 물 세례를 받으셨고, 그때 성령이 비둘기같이 임했음을 우리는 안다. 그 후 예수님은 두 번에 걸쳐 자신이 받을 세례를 언급하셨다. 그런데 우리는 이것을 그냥 지나쳐 버린 것이다.

말씀 한 구절을 더 살펴보자. 마가복음 10장 35-39절 말씀이다. "세배대의 아들 야고보와 요한이 주께 나아와 여짜오되 선생님이여 무엇이든지 우리의 구하는 바를 우리에게 하여 주시기를 원하옵나이다 이르시되 너희에게 무엇을 하여 주기를 원하느냐 여짜오되 주의 영광 중에서 우리를 하나는 주의 우편에 하나는 좌편에 앉게 하여 주옵소서 예수께서 가라사대 너희 구하는 것을 너희가 알지 못하는도다 너희가 나의 마시는 잔을 마시며 나의 받는 세례를 받을 수 있느냐 저희가 말하되 할 수 있나이다 예수께서 이르시되 너희가 나의 마시는 잔을 마시며 나의 받는 세례를 받으려니와 내 좌우편에 앉는 것은 나의 줄 것이 아니라 누구를 위하여 예비되었든지 그들이 얻을 것이니라."

이같이 우리 주님은 십자가의 죽으심이 자신이 마시는 잔이라 하셨고 또 세례라고 명백히 말씀하셨다. 우리는 세례의 중요성을 알기 원하시는 주님의 심정을 읽을 수 있어야 한다. 주님은 말씀하셨다. "믿고 세례를 받는 자는 구원을 받을 것이요"(막 16:16). 세례가 구원의 핵심인 것을 모른다면 우리는 구원의 길에서 벗어날 수도 있다.

구약의 개인 구속을 위한 속죄제와 신약의 개인 구속을 위한 죄 사함의 조건이 다르다는 것을 우리는 알아야 한다. 구약의 경우 제사장이 죄인을 대신하여 속죄 제사를 드리지만, 신약에서는 대제사장 되신 주님이 구약의 속죄 제사를 십자가에서 단번에 드리심으로 이제는 누군가 대신 속죄 제사를 드리는 일은 끝이 났다.

여기서 놓쳐서는 안 될 한 가지가 바로 구약과 신약의 구원의 길이다. 주님이 이 땅에 오셔서 구약으로 가르치시면서 믿고 세례를 받는 사람은 구원을 얻는다고 하셨으니 이것 외에 다른 길은 없다. 우리가 신약에서 구약의 마지막 선지자인 세례 요한의 사역을 보면 죄 사함을 얻게 하는 회개의 세례를 전파했고, 백성이 그 메시지를 듣고 죄를 자복하고 세례를 받아 죄 사함, 즉 구속을 받았다. 많은 사람이 구약의 구원 사역을 잘못 아는 이유는 구약의 제사장이었던 세례 요한의 아버지 사가랴가 누가복음 1장 77절에서 죄 사함으로 말미암는 구원을 알게 한다고 한 것을 놓쳤기 때문이다. 역시 신약에서도 베드로의 첫 설교로 회개하고 각각 예수 그리스도의 이름으로 세례를 받고 죄 사함을 받으라고 했다. 바울은 에베소서 1장 7절과 골로새서 1장 14절에서도 우리가 구속 곧 죄 사함을 받았다고 했다. 구원의 길은 죄 사함이고, 죄 사함의 길은 회개와 세례이며, 다른 길은 없는 것이다. 그러므로 구약에서 속죄제를 통해 짐승에게 전가한 자신의 죄를 깨끗이 하는 죄 사함이 일어나시 않았다면 구약의 백성이 구원받지 못했다는 증거를 제사장 사가랴와 세례 요한을 통해 보여준 것이다.

로마서 12장 1절은 구약의 제사에 대한 우리의 영적 예배를 명백하게 말하고 있다. "너희 몸을 하나님이 기뻐하시는 거룩한 산 제사로 드리라 이는 너희가 드릴 영적 예배니라." 이 말씀은 주님이 십자가에서 대속의 피를 흘리신 것은 개인을 위해 이미 속량을 다 이루신 것이 아니라 세상 모든 죄를 속량하시려고 이루신 것이기에 부르심을 받은 자로서 자신의 몸을 산 제사로 드려야 한다는 것이다. 구약처럼 대제사장이 대신해주는 것도 아니고, 또 대제사장이신 그리스도가 역시 대신해주시지 않는 것이다. 그래서 세상 죄를 지고 가셨다고 했다. 온 인류의 죄를 대속하시려고 세례를 통해 세상 죄를 다 십자가에 못 박으셨고 "다 이루었다"고 말씀하신 것이다. 이것을 이해하지 못하면 큰 오류를 범할 수 있다.

그러므로 예수 그리스도가 십자가에서 이루신 것으로 나의 모든 죄가 다 사해진 것이 아니라는 것을 명백하게 알 때 우리는 진정한 죄 사함의 길을 찾게 될 것이다. 그리고 죄 사함이 없다면 구원이 성립되지 않는다. "주의 백성에게 그 죄 사함으로 말미암는 구원을 알게 하리니." 이같이 죄 사함이 없다면 모든 것이 헛될 것이다.

이런 질문을 해보자. 세례 요한이 행한 사역의 핵심은 무엇인가? 대부분 사람이 "주의 길을 예비하는 것"(눅 3:4), "세례를 베푸는 것", '빛으로 오신 주님을 증거한 것"(요 1:6-8)이라 말할 것이다. 그러나 세례 요한의 사역의 핵심은 앞에서 언급한 "죄 사함을 얻게 하는" 것이었다.

마가복음 1장 4-5절을 보자. "세례 요한이 광야에 이르러 죄 사함을 얻게 하는 회개의 세례를 전파하니 온 유대 지방과 예루살렘 사람이 다 나아와 자기 죄를 자복하고 요단강에서 세례를 받더라." 이같이 세례 요한에게 나아온 사람들은 죄 사함을 얻게 하는 회개의 세례를 받아들여 자신들의 죄를 자복하고 세례를 받음으로 죄 사함을 받았다. 세례 요한은 구약의 마지막 선지자로서 그가 행한 사역의 핵심은 죄 사함을 얻게 하는 것이었다. 구약의 속죄제도 짐승에게 죄를 전가하고 마음껏 죄를 지으라고 한 것이 아니었다. 우리 죄를 위해 짐승이 대신 죽었으니 정신 차리고 죄짓지 말고 살라는 것이 속죄제다. 그 증거를 보자.

사도행전 10장 36-37절은 베드로가 고넬료 집에서 전한 구원의 메시지다. "만유의 주 되신 예수 그리스도로 말미암아 화평의 복음을 전하사 이스라엘 자손에게 보내신 말씀 곧 요한이 그 세례를 반포한 후에 갈릴리에서 시작되어 온 유대에 두루 전파된 그것을 너희도 알거니와."

사도행전 13장 24절은 바울과 바나바가 비시디아 안디옥에서 전도하며 이렇게 외쳤음을 기록한다. "그 오시는 앞에 요한이 먼저 회개의 세례를 이스라엘 모든 백성에게 전파하니라."

세례의 메시지를 전파한 세례 요한의 메시지를 베드로 사도가 고넬료 집에서 "말씀 곧 요한의 그 세례"라고 명백하게 말씀하고 있다. 요한이 전한 세례의 말씀을 보자. "그 때에 세례 요한이 이르러 유대 광야에서 전파하여 가로되 회개하라 천국이 가까웠느니라…이때에 예루살렘과 온 유대와 요단강 사방에서 나 그에게 나아와 자기늘의 죄를 자복하고 요단강에서 그에게 세례를 받더니 요한이 많은 바리새인과 사두개인이 세례 베푸는데 오는 것을 보고 이르되 독사의 자식들아 누가 너희를 가르쳐 임박한 진노를 피하랴 하더냐(누가복음 7장 30절은 이렇게 말씀한다. "오직 바리새인과 율법사들은 그 세례를 받지 아니한지라 스스로 하나님의 뜻을 저버리니라") 그러므로 회개에 합당한 열매를 맺고 속으로 아브라함이 우리 조상이라고 생각지 말라 내가 너희에게 이르노니 하나님이 능히 이 돌들로도 아브라함의 자손이 되게 하시리라 이미 도끼가 나무 뿌리에 놓였으니 좋은 열매 맺지 아니하는 나무마다 찍어 불에 던지우리라 나는 너희로 회개케 하기 위하여 물로 세례를 주거니와 내 뒤에 오시는 이는 나보다 능력이 많으시니 나는 그의 신을 들기도 합당치 못하겠노라 그는 성령과 불로 세례를 주실 것이요 손에 키를 들고 자기의 타작마당을 정하게 하사 알곡은 모아 곡간에 들이고 쭉정이는 꺼지지 않는 불에 태우시리라"(마 3:1-12).

이것이 바로 세례의 메시지였지만, 오늘날에는 이 세례의 메시지를 외치지 않고 세례의 의미도 잘 모른다. 오히려 구원의 핵심이 세례라고 말하면 무언가 잘못된 것은 아닌가 하고 의심하고 거부한다. 세례 요한은 죄 사함을 얻게 하는 회개의 세례를 외쳤고, 많은 사람은 죄를 자복하고 죄 사함을 얻는 세례를 받았다.

마가복음 16장 16절은 "믿고 세례를 받는 사람은 구원을 얻을 것이요"라고 말씀한다. 이것은 물 세례가 아니고 죄 사함을 얻게 하는 세례 요한이 전파한 회개의 세례다. 이것은 로마서 6장 3-11절에서 바울이 말한 세례와 동일하며 또한 사도들의 사역과도 일치한다.

다시 말하지만 마태복음 28장 19-20절에서 사도들은 제자를 삼으라는 명령을 듣고, 사도행전 2장 38절에서는 그 명령을 지켜 사역하는 내용이 담겨 있다. 즉, 이제 우리는 속량 곧 죄 사함의 길은 세례밖에 없음을 알아야 한다. 우리는 스스로 회개하고 자기 십자가에 자신의 죄를 못 박아 죽이고 장사 지냄으로 그리스도와 함께 살아나 새 생명으로 사는 세례를 통해서만 구속 곧 죄 사함을 얻을 수 있다.

갈라디아서의 핵심 구절들에서 언급한 세례를 보자.

2장 20절 말씀이다. "내가 그리스도와 함께 십자가에 못 박혔나니 그런즉 이제는 내가 산 것이 아니요 오직 내 안에 그리스도께서 사신 것이라 이제 내가 육체 가운데 사는 것은 나를 사랑하사 나를 위하여 자기 몸을 버리신 하나님의 아들을 믿는 믿음 안에서 사는 것이라."

3장 27절 말씀이다. "누구든지 그리스도와 합하여 세례를 받은 자는 그리스도로 옷 입었느니라."

5장 24절 말씀이다. "그리스도 예수의 사람들은 육체와 함께 그 정과 욕심을 십자가에 못 박았느니라."

우리가 다니는 교회에서 회개와 세례로 죄 사함을 받고 그리고 성령을 선물로 받는다는 이 핵심 메시지가 없다면, 구속 곧 죄 사함이 없으므로 믿음의 결국인 영혼 구원(벧전 1:9)이 없다고 할 수 있다. 그런 교회에서 계속 종교인으로 머물 것인지 아니면 죄 사함을 찾아갈 것인지 결정해야 한다. 교회를 찾는 것이 쉽지 않다면, 자신의 구원을 위해 스스로 회개하고 세례받아 죄 사함을 이루는 것이 최선의 길이다.

만약 오늘날 교회가 마태복음 23장이 말하는 상태가 되었다면 지옥 자식을 만드는 제조업자의 기업으로 전락했다는 뜻이다. 속량 곧 죄 사함은 구원의 핵심으로 죄 사함 받지 못했다면 그리스도의 제자가 아니므로 교회 나온다고 해서 자동으로 해결되지 않고 오직 회개와 세례를 통해서만 가능하다. 만약 오늘날 교회를 통해 제자 훈련을 받은 교인들이 말씀으로 가르침을 받고 삶에 변화가 일어났다면 걱정할 이유가 없다. 그런데 제자 훈련을 통해서 지식은 많아졌는데 삶은 과거나 다를 바 없다고 한다면 이것은 정말 오늘날 교회의 문제다.

신약과 구약에서 "내 집은 기도하는 집"이라고 하셨는데, 오늘날 교회의 모습은 의식적인 예배로 기도의 집이 아닌 종교 활동을 하는 종교 빌딩에 불과하다. 누가복음 18장 1절에서 주님은 항상 기도하고 낙망치 말아야 할 것을 비유로 말씀하시면서 결론에 "인자가 올 때에 믿음을 보겠느냐"고 하셨다. 이 심각한 말씀은 "기도의 집"이 "강도의 굴혈"로 바뀌면서 믿음의 합격자, 즉 기도의 사람이 거의 없을 것을 말한 것이다.

지금까지 성경말씀을 자세히 살펴보고도 "그리스도의 십자가로 구속이 이루어졌고 죄 사함이 일어났다"고 고집한다면 그것은 하나님의 말씀을 망령되이 여기는 꼴이 된다.

속량에 대해 마지막으로 마무리해보자. 속량(구속)의 범주는 세 가지다.

로마서 3장 24-25절 말씀이다. "그리스도 예수 안에 있는 속량(구속)으로 말미암아 하나님의 은혜로 값없이 의롭다 하심을 얻은 자 되었느니라 이 예수를 하나님이 그의 피로써 믿음으로 말미암는 화목 제물로 세우셨으니 이는 하나님께서 길이 참으시는 중에 전에 지은 죄를 간과하심으로 자기의 의로우심을 나타내려 하심이니."

에베소서 1장 6-7절 말씀이다. "이는 그가 사랑하시는 자 안에서 우리에게 거저 주시는 바 그의 은혜의 영광을 찬송하게 하려는 것이라 우리는 그리스도 안에서 그의 은혜의 풍성함을 따라 그의 피로 말미암아 속량(구속) 곧 죄 사함을 받았느니라."

히브리서 9장 15절 말씀이다. "이로 말미암아 그는 새 언약의 중보자시니 이는 첫 언약 때에 범한 죄에서 속량(구속)하려고 죽으사 부르심을 입은 자로 하여금 영원한 기업의 약속을 얻게 하려 하심이라."

위 세 말씀에서 구속(속량)을 보면 히브리서는 첫 언약, 즉 모세의 율법에 의해 범한 죄로 모든 사람이 죄인이 되었기에 모든 사람을 속량[apolutrosis(아폴뤼트로시스)]하려고[eis(에이스), 그 날까지] 십자가에 죽으셨다고 했지 구속한 것이 아니다. 주님은 세상 죄를 지고 가셨기에 온 세상 사람의 죄를 구속하려고 하셨으나 실제 구속의 대상은 부르심을 입은 자(갈 5:13, 또 아브라함처럼)로 영원한 기업의 약속을 얻게 하려는 것이라고 했다. 이것이 하나님의 구속(속량) 계획인 것이다.

두 번째는 로마서 말씀으로, 예수 믿기 전에 지은 죄를 간과하는 것으로 구속(속량)을 믿을 때 즉 예수 그리스도가 흘리신 피가 나의 죄를 위한 것임을 믿을 때 값없이 의롭다 함을 얻는 칭의를 받게 된다는 것이다. 만약 의롭다고 선언해주었는데 의롭게 살지 않으면 구원은 잃어버릴 수도 있는 것이나.

마지막으로 에베소서가 말씀하는 구속(속량)은 그의 피로 말미암아 속량 곧 죄 사함(엡 1:7, 골 1:14)을 받았다고 했다. 고린도전도 1장 30절 말씀이다(개역개정판). "예수는 하나님으로부터 나와서 우리에게 지혜와 의로움과 거룩함과 구원(아폴뤼트로시스)함이 되셨으니"(구속과 구원을 같은 헬라어로 기록함). 그러므로 구속 곧 죄사함이 구원인 것이다. 누가복음 1장 77절 또한 "죄 사함으로 말미암는 구원[soteria(소테리아), 구원, 구출, 보존]을 알게 하리니"라고 했다.

두 번째와 마지막 번역에는 오류가 있다. 로마서 3장 24절에서 "하나님의 은혜[charis(카리스)]로 값없이[dorean(도레안), 공짜] 주신 것"과 에베소서 1장 6절에서 "거저 주시는[charitoo(카리토오), 은혜를 받다] 바"에서 그의 은혜를 비교해 보면 "값없이"와 "거저 주다"는 같은 뜻으로 번역되었다. 그러나 헬라어 도레안(dorean)과 카리토오(charitoo)는 다른 의미이기 때문에 로마서 3장 24절의 구속과 에베소서 1장 7절의 구속은 다른 것을 말하는 것이다.

그러므로 하나님은 구원의 은혜를 나타내 보여주셨는데 그것은 하나님의 구속 계획이다. 그 구속 계획에 동참할 수 있는 첫 번째 단계는 구속의 피를 믿는 자에게 전에 지은 죄를 간과하는 칭의를 받는 것으로 하나님의 은혜를 보게 된다. 이렇게 하나님의 은혜를 보게 된 자는 의지적으로 하나님을 선택하며 지속적으로 의로운 삶을 살아야 완전한 구속에 이르게 되고, 영혼의 구원을 받게 되는 것이다.

6장

하나님의
은혜를
헛되이
받지 말자

6장
하나님의 은혜를 헛되이 받지 말자

고린도후서 6장 1-2절 말씀이다. "우리가 하나님과 함께 일하는 자로서 너희를 권하노니 하나님의 은혜를 헛되이 받지 말라 이르시되 내가 은혜[charis(카리스)] 베풀[dektos(덱토스), 받을 만한)] 때에 너에게 듣고[epakouo(에파쿠오), 듣다, 순종하다)] 구원의 날에 너를 도왔다 하셨으니 보라 지금은 은혜 받을 만한[uprosdektos(유프로스덱토스), 받을 만한)] 때요 보라 지금은 구원의 날이로다."

우리가 생각하는 하나님의 은혜는 값없이 주시는 신물이지만, 원어를 확인해보면 많은 의미가 있고, 특히 구원에 관하여는 선물로 주어진 것이 아니다. 그러나 위의 본문처럼 "은혜 받을 만한 때에 너에게 듣고"에서 "너에게 듣고"를 원문으로 보면 헬라어 epakouo(에파쿠오)는 '듣다, 순종하다'는 뜻이므로 말씀을 듣고 순종한 자가 은혜를 받을 만하다는 것이다.

은혜에 해당하는 헬라어는 Charis(카리스)로 '우아함', '매력', '끄는 힘'(눅 4:22, 골 4:6), '은총', '총애', '덕택', '호의', '은사', '선의'(눅 2:40, 롬 4:4, 히 4:16, 계 22:21), '은혜로운 행위', '선행', '선물', '자선', '기특한 행동'(행 24:27, 고후 1:15, 벧전 5:10, 유 1:4), '감사'(눅 17:9, 딤전 1:12, 히 12:28)라는 뜻이다. 이 많은 의미 중 문장에 따라 다른 의미가 부여된다.

반면 성령 안에서 주시는 선물, 즉 은사는 charisma(카리스마)로 로마서 11장 29절, 고린도전서 1장 7절, 디모데전서 4장 14절, 베드로전서 4장 10절 등에서만 사용되었다. '카리스마'가 오히려 은사, 즉 선물로 사용되었다. 일반적으로 통용되는 '카리스마'는 '강력한 지도력'을 말한다. 그러나 헬라어 사전에는 '강력한 지도력'이라는 의미가 없다. 우리는 보통 선물은 받는 것이라고 생각하고 또 그렇게 알고 있다. 그러나 하나님의 은혜를 '선물'이라고 생각하고 그것을 그저 믿음으로 받으면 된다고 가르치는 것은 전혀 성경에 부합하지 않다. 우리가 분명히 알아야 할 것은 성경은 하나님의 은혜를 받는다고 할 때 받는 대상과 받는 목적이 분명히 있다는 것이다. 그리고 '베푼다'에 해당하는 헬라어는 dektos(덱토스)이고, '받을 만하다'는 'euprosdektos'(유프로스덱토스)인데, 이는 거저 베푸는 것이 아니라 '받을 만할 때'를 염두에 두는 것으로 은혜를 주되 준비된 때에 준비된 자에게 주신다는 것이다.

많은 그리스도인이 로마서 3장 24절에 나오는 "하나님의 은혜[charis(카리스)]로 값없이[dorean(도레안), 공짜]" 주신 것과 에베소서 1장 6절에 나오는 "거저 주시는[charitoo(카리토오), 은혜를 받다] 바 그의 은혜"를 같은 의미로 알고 있다. 그러나 원어를 보면 전혀 다른 것으로 잘못 번역된 것이다. "값없이"와 "거저 주다"는 우리말로는 같은 뜻이지만 헬라어 도레안(dorean)과 카리토오(charitoo)는 의미가 다르다. 카리토오는 '은혜를 받다'는 뜻으로 고린도후서의 해석을 따라 '준비된 때에 준비된 자가 은혜를 받은 것'을 뜻한다. 그러므로 에베소서 1장 6절에서 "거저 주시는"이라고 한 것은 번역자의 생각을 보탠 것으로 추측할 수 있다.

오늘날 교회가 은혜를 "값없이 주시는 선물"로 생각하는 것은 오래전부터 누군가가 그렇게 가르쳤고, 그 가르침이 오랜 세월 이어진 결과다. 그러나 성경에는 하나님이 '은혜'를 값없이 주신다는 말씀이 없다.

우리가 잘 알고 있는 로마서 3장 24-25절을 보자. "그리스도 예수 안에 있는 속량으로 말미암아 하나님의 은혜로 값없이 의롭다 하심을 얻은 자 되었느니라 이 예수를 하나님이 그의 피로서 믿음으로 말미암는 화목제물로 세우셨으니 이는 하나님께서 길이 참으시는 중에 전에 지은 죄를 간과하심으로 자기의 의로우심을 나타내려 하심이니."

여기서 문장을 잘 보면 "하나님의 은혜로"이지 하나님의 은혜를 값없이 준다는 말이 아니다. "값없이 의롭다고 하신" 것을 말한다. "값없이 의롭다고 하신" 것은 그다음 25절에 있는 전에 지은 죄를 간과하여 실상은 의롭지 않지만 속량의 피를 믿는 믿음으로 정말 공짜로 의롭다 함을 입은 것이다. 여전히 죄가 있지만 형편을 참작하여 무죄 석방하는 것처럼 법정 선고를 한 것인데, 이것은 조건부 은혜를 베푼 것이다. 그래서 하나님의 은혜로 말미암아 예수 그리스도의 보혈을 믿을 때 공짜로 의롭다고 칭해

주셨다는 것이다. 이것이 바로 하나님의 은혜다. 성경 어디에도 구속과 관련된 내용 중 "값없이" 얻게 된 것은 칭의 외에는 없다. 그 외 일반적인 것에는 거저 주신 것과 거저 주라는 것이 있다.

성경에서 "값없이"[dorean(도레안)]가 사용된 곳은 다음과 같다. "거저(도레안) 받았으니 거저(도레안) 주라"(마 10:8), "하나님의 복음을 값없이(도레안) 너희에게 전함으로"(고후 11:7), "누구에게서든지 음식을 값없이(도레안) 먹지 않고"(살후 3:8), "그들이 이유 없이(도레안) 나를 미워하였다 한 말"(요 15:25), "'그리스도께서 헛되이(도레안) 죽으셨느니라"(갈 2:21) 이상 다섯 곳에서만 사용되었다.

은혜에 대한 왜곡된 가르침은 에베소서 2장 8-9절에서 비롯되었다고 할 수 있다. "너희가 그 은혜[charis(카리스)]를 인하여 믿음으로 말미암아 구원을 얻었나니 이것이 너희에게서 난 것이 아니요 하나님의 선물[doron(도론), 선물을 가져오다]이라 행위[ergon(에르곤)]에서 난 것이 아니니 이는 누구든지 자랑치 못하게 함이니라."

이 문장을 분석해보자. "너희"가 가리키는 대상은 2장 5-6절 말씀인 "허물로 죽은 우리를 그리스도와 함께 살리셨고 또 함께 일으키사 그리스도 예수 안에서 함께 하늘에 앉아 있는 자"에서 말하는 "너희"다. 이것은 세례로 예수님과 함께 죽고 예수님이 내 속에 살아 계시므로 그 심령에 하나님 나라가 임해 왕이신 예수님의 통치를 받는 사람이다.

디도서 2장 11절에 나오는 "은혜"는 Charis(카리스)를 더 자세히 보여준다. "하나님의 구원의 은혜가 나타나"에서 "나타나"에 해당하는 헬라어는

epiphaino(에피파이노)로 '하나님의 은혜에 대해 자신을 보여주다'는 뜻이다. 은혜를 보여준 목적은 디도서 2장 12절에 나온다. 그 목적은 우리를 양육하기 위한 것으로, 양육을 받은 자는 이 세상 정욕과 경건치 않은 것을 다 버리고 근신함과 거룩함과 경건함으로 이 세상에서 살게 하신 것이다. 그 은혜를 보고 그 보여준 목적대로 살 때 우리는 은혜를 받게 되는 것이다.

'은혜로 산다'는 말은 근신함과 의로움과 경건함으로 산다는 말이다. "노아는 하나님의 은혜[chen(헨)]를 입었더라[matsa(마차), 이르다, 도착하다, 획득하다]"고 말씀하신 것과 같이 노아는 하나님의 은혜를 입을 수 있는 조건을 갖추고 있었다. 그는 120년 동안 의를 외쳤고, 그의 가족도 의롭게 살아 하나님의 은혜를 획득하였으며, 하나님의 은혜를 입어 경건하게 산 온 가족이 구원받은 것이다.

또 여기서 "믿음"이라고 하는 것은 '회개하고 복음을 믿는 믿음'을 말한다. 요한복음 12장 46절 말씀이다. "나는 빛으로 세상에 왔나니 무릇 나를 믿는 자는 어두움에 거하지 않게 하려 함이로라." 여기서 예수님이 직접 말씀하셨듯이 믿는 자는 어두움에 거하지 않는다. 그러나 오늘날 많은 사람이 스스로 그리스도인이라 하면서 어두움에 거하는 자가 있다. 즉, 예수 그리스도의 피로 심령의 더러운 것을 씻지 않아 죄 사함을 받지 못한 자다. 그들은 교회를 다니지만 회개하지 않아 어두움에 거하는 자들이다. 그러므로 이런 자는 본문이 말씀하는 믿음과 상관이 없다고 보아야 한다.

사도 요한은 요한일서 5장 4절에서 "대저 하나님께로서 난 자마다 세상을 이기느니라 세상을 이긴 이김은 이것이니 우리의 믿음이니라"고 했다. 세상을 이기는 것은 믿음이다. 만약 오늘 진정한 믿음에 대해 처음 들었다면 자신의 상태가 심각하다는 것을 알아야 한다.

또 여기서 "구원"은 하나님의 선물로서 목적에 부합하는 자에게 줄 선물[doron(도론), 선물로 가져오다]이다. 예수님과 함께 죽고 살아난 자로 하늘에 앉은 자, 즉 하나님 나라가 그 심령에 임한 자에게 구원의 선물을 주려고 가지고 오신 것이다.

가장 문제가 되는 것은 "행위"[ergon(에르곤)]라는 단어다. 이것은 믿음이 오기 전의 행위로서 구원과 상관없는 것이고, 또 하나는 믿음이 온 후의 행위로서 구원과 밀접한 관계가 있다. 그 예로 베드로전서 3장 1절 말씀을 볼 수 있다. "아내 된 자들아 이와 같이 자기 남편에게 순복하라 이는 혹 도를 순종치 않는 자라도 말로 말미암지 않고 그 아내의 행위(ergon)로 말미암아 구원을 얻게 하려 함이니." 구원과 의를 행하는 것은 직결되어 있다. 요한일서 2장 29절, 3장 10절 말씀이나. "너희가 그의 의로우신 줄을 알면 의를 행하는 자마다 그에게서 난 줄을 알리라", "이러므로 하나님의 자녀들과 마귀의 자녀들이 나타나나니 무릇 의를 행치 아니하는 자나 또는 그 형제를 사랑치 아니하는 자는 하나님께 속하지 아니하니라." 이사야 64장 5절 말씀이다. "주께서 기쁘게 의를 행하는 자와 주의 길에서 주를 기억하는 자를 선대하시거늘 우리가 범죄함으로 주께서 진노하셨사오니 이 현상이 이미 오랬사오니 우리가 어찌 구원을 얻을 수 있으리이까." 이 말씀만 보아도 구원받는 데 행위가 필요 없다고 가르치는 것은 많은 사람을 지옥으로 끌고 가는 주범이 될 것이 분명하다. 구원과 행위의 관계에 대해 바르게 알아야 제대로 살 수 있다.

로마서 2장 14-15절 말씀이다. "율법 없는 이방인이 본성으로 율법의 일을 행할 때는 이 사람은 율법이 없어도 자기가 자기에게 율법이 되나니 이런 이들은 그 양심이 증거가 되어 그 생각들이 서로 혹은 송사하며 혹은 변명하여 그 마음에 새긴 율법의 행위(ergon)를 나타내느니라." 이와 같이 이방인이 예수 믿기 전에 양심에 따라 행하는 것을 "율법의 행위"라고 했다.

갈라디아서 2장 16절 말씀이다. "사람이 의롭게 되는 것은 율법의 행위(ergon)에서 난 것이 아니요 오직 예수 그리스도를 믿음으로 말미암는 줄 아는 고로 우리도 그리스도 예수를 믿나니." 의롭다 함을 받는 길은 예수를 믿는 것이다. 의롭다 함을 받으려면 믿어야 함을 알기에 믿는다고 했으니 율법의 행위는 믿음이 오기 전의 행위임을 말한 것이 확실하다. 이와 같이 믿음이 오기 전의 행위를 율법의 행위(ergon)라고 했다. 구원은 행위에서 난 것이 아니라고 할 때 다 율법의 행위를 말한 것이다. 에베소서 2장 8절에 나오는 "행위"도 '믿음이 오기 전', 즉 '예수 믿기 전의 행위'인 것이다.

그러나 믿음이 오기 전 행위도 두 종류로, 선한 행위와 악한 행위가 있다. 사도행전 10장에서 고넬료 이야기를 보자. 백부장 고넬료는 예수님을 모르는 사람이었는데 천사를 통해 베드로를 청하게 되었고, 구원의 메시지를 들었으며, 그 가정에 구원이 임했다. 베드로는 사도행전 10장 34-35절에서 이렇게 말했다. "내가 참으로 하나님은 사람의 외모를 보지 아니하시고 각 나라 중 하나님을 경외하며 의를 행하는 사람은 다 받으시는 줄 깨달았도다." 이는 고넬료가 아직 예수님을 믿지는 않았지만 의를 행하는 자이고 하나님이 그를 받으신다는 것이다. 그리고 그가 베드로가 전하는 구원의 메시지를 듣고 회개하고 세례를 받았다. 이렇게 예수님을 믿고 회개하고 성령을 받은 그가 과거에 의를 행하던 것, 구제하던 것을 중단하지 않았을 것이다. 믿음이 온 후 행위(ergon), 즉 하나님을 경외하고 의를 행한 그는 성령을 받았으니 더욱 역동적으로 구제하였을 것이다.

그런데 율법의 행위와 믿음의 행위를 헬라어에서 다른 단어로 기록했다면 더 확실히 구분이 되었을 텐데 왜 똑같은 ergon(에르곤)으로 기록한 것일까? 위에서 살펴본 고넬료의 행위는 예수님을 믿기 전으로 의를 행하는 그의 행위는 에르곤으로 기록되었는데, 예수님을 믿고 난 뒤도 역시 에르곤으로 기록되있다. 야고보서에 나오는 믿음의 행함도 에르곤이다. 그러니 믿음이 온 후라도 마지못한 행위, 체면을 유지하기 위한 행위, 사람에게 보이려는 행위는 악한 행위(ergon)가 되어 구원의 선물을 받지 못하는 것이다.

믿음이 온 후의 삶은 갈라디아서 3장 26-27절로 그리스도 예수 안에서 하나님의 아들의 삶으로 그리스도와 합하여 세례를 받은 자(죄를 십자가에 못 박아 죽이고 예수님과 함께 살아나 새 생명으로 사는 자)다. 그리스도로 옷 입었다는 말은 누가 보아도 그리스도의 사람으로 보인다는 것인데 이것이 그리스도인의 실존이다.

에베소서 2장 10절을 보자. "우리는 그가 만드신 바라 그리스도 예수 안에서 선한 일을 위하여 지으심을 받은 자니 이 일은 하나님이 전에 예비하사 우리로 그 가운데서 행하게 하려 하심이니라." 하나님이 우리를 만드실 때 선한 일을 행하게 하려 지으셨다고 했으므로 우리가 선한 일을 행할 때 구원의 선물을 받을 수 있음은 너무나 명백한 것이다.

문장의 맥락을 보지 않고 말씀 한 구절만 보고 가르칠 때 많은 오류를 범하게 된다. 구절 자체는 분명 진리지만 그 진리를 앞뒤 문맥도 확인하지 않고 인간의 생각으로 가르치면 그것은 사람의 계명으로 교훈을 삼아 가르치는 것이므로 하나님을 헛되이 경배하게 만든다(막 7:7).

하나님의 은혜를 잘못 알고 헛되이 받아 구원에서 제외된다면 얼마나 억울하겠는가? 다시 한 번 에베소서 2장 8절과 디도서 2장 11절을 보자. "모든 사람에게 구원을 주시는 하나님의 은혜[charis(카리스)]가 나타나 [epiphaino(에피파이노)]"에서 '에피파이노'는 '(하나님의 은혜에 대해) 자신을 보여주다'로 능동태가 아닌 수동태로 기록되어 있다.

즉, 구원에 대해 하나님의 은혜가 나타난 것은 하나님이 '아들을 보여주신' 것이다. 이처럼 하나님이 구원의 은혜인 예수님을 우리에게 보여주신 데에는 목적이 있다. 그것은 디도서 2장 12절로, "우리를 양육[paideuo(파이듀오), 훈련하다, 교정하다, 고쳐주다, 지도하다]하시되 경건치 않은 것과 이 세상 정욕을 다 버리고 신중함과 의로움과 경건함으로 이 세상에 살"게 하시는 것이다. 이것은 하나님이 구원을 이루어주시는 조건이다.

하나님이 구원의 은혜를 보여주신 목적은 우리를 양육하시기 위해서다. 마치 부모가 자녀를 출산하는 목적이 자식을 훌륭한 사람으로 양육하기 위한 것처럼 말이다. 제대로 된 부모라면 아무 생각 없이 임신하고 출산하지 않을 것이다.

이와 같이 구원의 은혜를 보여주신 목적도 우리를 양육하시기 위함으로 헬라어를 직역하면 "훈련을 통해 교정하고 고쳐 경건치 않은 것과 이 세상 정욕을 다 버리고 신중하게, 의롭게, 경건하게 이 세상에 살도록 하기 위함"인 것이다.

하나님이 구원의 은혜를 보여주신 목적을 보면서 "정말 멋진 나의 하나님이십니다"라고 외치고 싶은가? 아니면 "하나님, 해도 너무하십니다. 어떻게 이렇게 어렵게 살라는 말씀입니까?"라고 하고 싶은가? 당신은 어떻게 할 것인가? "할렐루야"라고 외칠 것인가? 아니면 "안 들었으면 좋았을 것을…"이라고 할 것인가? 만약 당신이 "경건하지 않은 것을 다 버리라고요? 하나님은 가능하시겠지만 저는 가능하지 않거든요! 또 이 세상 정욕도 다 버리라고요? 아니, 이 살기 좋은 세상에 핸드폰 하나만 가지고도 뭐든지 할 수 있는데 버리라고요? 전 할 수 없어요!"라고 한다면, 당신은 종교인에 불과하다. 하나님이 당신을 구원하시기 위해 독생자까지 희생하셨는데, 당신은 아무 희생도 없이 공짜로 천국 문에 들어갈 수 있다고 생각했다면, 당장 회개하고 목적에 부합하는 자로 거듭날 수 있도록 성령께 도우심을 구해야 한다.

그럼 경건치 않은 것을 버리라고 했는데 경건은 무엇인가? 야고보서 1장 26-27절을 보자. "누구든지 스스로 경건하다 생각하며 자기 혀를 재갈 물리지 아니하고 자기 마음을 속이면 이 사람의 경건은 헛것이라 하나님 아버지 앞에서 정결하고 더러움이 없는 경건은 곧 고아와 과부를 그 환란 중에 돌보고 또 자기를 지켜 세속에 물들지 아니하는 그것이니라." 이 말씀을 보면서 '아, 이것이 경건이었구나!'라고 생각할 사람이 많을 것이다. 많은 사람이 경건과 거룩을 같은 것으로 여긴다.

첫 번째, 경건치 않은 사람은 혀를 재갈 물리지 않는 자로, 자기 마음을 속인다고 했다. 자기 마음을 속인다는 것은 바로 거짓말하는 것을 말한다. 두 번째로 경건은 고아와 과부를 환란 중에서 돌보는 것이라 했다. 경건과 긍휼을 베푸는 것은 같은 것으로 주님은 마태복음 5장 7절에서 긍휼히 여기는 자는 긍휼히 여김을 받는다고 했다. 야고보서 2장 13절은 이렇게 말씀한다. "긍휼을 행하지 않는 자에게는 긍휼 없는 심판이 있으리라 긍휼은 심판을 이기고 자랑하느니라." 내가 돌보지 않으면 굶거나 헐벗게 되는 주변 사람들을 돌보는 것이 경건이다.

그리고 세 번째로 경건은 자기를 지켜 세속에 물들지 않고 세상을 이기며 사는 것이다. 유디서 21절 말씀이다. "하나님의 사랑 안에서 자기를 지키며 영생에 이르도록 우리 주 예수 그리스도의 긍휼을 기다리라." 이 말씀을 보면 하나님의 사랑 안에서 자기를 지키라고 했다. 하나님의 사랑 Agape(아가페)가 조건 없는 사랑이 아님을 다른 장에서 이미 살펴보았다. 보통 우리는 "하나님의 사랑 안"이라는 뜻을 내가 조금 잘못해도 사랑으로 감싸주시는 것이라고 생각한다. 그러나 아가페, 즉 내가 하나님의 의지적인 선택 안에 있다면 나도 세상 무엇보다 하나님을 의지적으로 선택하여 하나님의 완전한 통치를 받을 때 비로소 참으로 하나님의 사랑 안에 있는 것이다. 이때 우리는 자기를 지킬 수 있다. 그러나 세상을 선택한다면 자신을 지킬 수 없는 것이다.

참된 그리스도인은 갈라디아서 6장 14절 말씀처럼 되어야 한다. "그리스도로 말미암아 세상이 나를 대하여 십자가에 못 박히고 내가 또한 세상에 대하여 그러하니라." 이 말씀은 우리가 한 손으로는 세상 줄을 잡고, 다른 한 손으로는 영생의 줄을 잡는 것이 불가능하다는 뜻이다. 우리는 세상에 대해 죽은 자로 세상은 나에 대해 없는 것처럼 살아야 한다. 이것은 너무나 어려운 것으로, 말도 안 된다고 생각하는 사람도 있을 것이다. 그러나 자기를 지키는 길은 이 방법 외에는 없다. 자기를 지키는 것이 영생에 이르는 길인데, 우리 자신의 힘으로는 불가능하기에 주 예수 그리스도의 긍휼을 기다리는 것이다.

우리가 우리 자신을 지키는 데 있어서 가장 힘든 것은 바로 세상을 이기는 것이다. 세상을 이기는 믿음이 우리의 믿음이기 때문이다. 요한일서 5장 4절을 보자. "무릇 하나님께로부터 난 자마다 세상을 이기느니라 세상을 이기는 승리는 이것이니 우리의 믿음이니라." 이 말씀을 보면서 우리가 예수님을 믿는다고 하는 그 믿음이 말씀이 전하고 있는 것처럼 '세상을 이기는 믿음'인지 아닌지, 아니면 다른 무엇인지 생각해보자. 세상을 이기는 것이 우리의 믿음이다. 이것을 교회 표어로 사용하면 참으로 멋질 것이다. 어떤 교회에서 이 말씀을 표어로 삼았다고 해보자. 아마 많은 사람이 세상을 이기는 것이 과연 무엇인지 성경을 찾아보고는 '이것이 우리의 믿음이요 구원받는 믿음'이라는 것을 깨닫게 되면 깜짝 놀랄 것이다.

여기서 말씀하는 세상이 무엇인지 요한일서 2장 16절에 나온다. "이는 세상에 있는 모든 것이 육신의 정욕과 안목의 정욕과 이생의 자랑이니 다 아버지께로부터 온 것이 아니요 세상으로부터 온 것이라." 여기에 나오는 육신의 정욕, 안목의 정욕, 이생의 자랑이 세상을 뜻하는 것으로, 이것을 이기는 것이 우리의 믿음이다. 이 세 가지는 에덴에서 온 원죄에 해당한다. 왜냐하면 육신의 정욕, 안목의 정욕, 이생의 자랑 이 세 가지는 에덴에 있던 "먹음직하고" "보암직하고" "지혜롭게 할 만큼" 탐스러운 유혹이기 때문이다. 이 원죄를 이기는 것이 우리의 믿음이라고 했으니 이기지 못하면 구원에 문제가 생긴다. 또 요한계시록 2장 11절은 이기는 자들에게는 둘째 사망의 해를 받지 않게 하겠다고 말씀한다.

이렇게 물질문명이 극치를 이루고 있는 오늘날 이 세 가지를 이기는 것이 쉽다고 생각된다면 문제가 없겠지만, 아마 대부분 사람에게는 어렵게 보일 것이다. 이러한 상황 속에서 자기를 지켜 세속에 물들지 않게 하는 것은 엄청난 의지적 선택이 필요하며, 아가페의 통치 안으로 들어가지 않으면 불가능하다.

바로 이것이 "이 세상 정욕을 다 버리라"고 한 디도서 2장 12절 말씀의 핵심이다. 구원의 은혜를 받기 위해 그 목적에 부합하는 자로 양육된다는 것이 얼마나 어려운 일인지 이제 실감이 날 것이다. 그러나 어릴 적부터 마땅히 행할 길로 올바른 가르침을 받았다면 나이가 들어도 쉽게 그것을 떠나지 않을 것이다. 이미 이 세상 정욕과 담을 쌓고 사는 자로 양육되었기에 신중함과 의로움과 경건함으로 늘 승리하며 사는 것이 그들에게는 그리 어려운 일이 아니기 때문이다.

지금까지 살펴본 하나님의 은혜는 두 가지다. 첫째는 하나님의 은혜로 값없이 의롭다 함을 받는 것이고, 둘째는 하나님의 구원의 은혜를 나타내 보이신 목적대로 우리를 양육하여 근신함과 의로움과 경건함으로 살게 하시고, 그렇게 사는 자들에게 구원을 주시는 은혜다. 이 둘은 분명히 구별해야 한다.

다시 정리하면 앞에서 은혜(카리스)를 가리키는 그 많은 의미 중 값없이 의롭다 함을 받는 하나님의 은혜는 호의를 베푸신 것으로, 우리가 의롭지 않음에도 불구하고 의롭다고 해주신 것이다. 이런 호의로 의롭다고 해주셨으니 의롭게 살 때 노아처럼 행위의 의로우심을 보시고 주시는 은혜를 입게 되는데, 그것을 구원의 은혜라고 하는 것이다

이번 장의 주제를 이제 이해했을 것이다. 바로 "하나님의 은혜를 헛되이 받지 말자"는 것이다! 하나님의 은혜는 아무에게나 주어지는 것이 아니다. 그런데 하나님의 은혜를 헛되이 사용하는 사람이 너무 많다. 앞에서 본 것처럼 '하나님의 은혜'라는 단어는 내가 필요할 때 마음대로 사용할 수 있는 단어가 아니다. 우리가 잘못을 저질러 문제가 생기면 하나님의 은혜 운운하면서 "은혜롭게 넘어갑시다"고 하는 것은 하나님의 은혜

를 헛되이 사용하는 것으로, 하나님의 진노가 있을 것을 잊지 말아야 한다. 그리고 불의한 것을 은혜로 덮자고 한다면 그것은 성경이 말하는 은혜가 아니다.

많은 그리스도인이 '하나님의 은혜'라는 단어를 남용하고 있다. "요즘 어떻게 지내십니까?"라는 인사말에 많은 사람이 "예, 하나님 은혜로 잘 지내고 있습니다"고 대답한다. 앞에서 살펴본 대로 정확한 의미를 따른다면 '은혜로 잘 지낸다는 것'은 이 세상 정욕과 경건치 않는 것을 다 버리고 근신함과 의로움과 경건함으로 산다는 것인데, 이것이 사실이라면 정말 멋진 대답이지만, 만일 그렇지 않다면 헛된 말일 뿐인 것이다.

또 하나는 사업이 잘되거나 자식이 잘되면 '하나님 은혜' 운운한다. 그런데 반대로 상황이 안 좋으면 힘을 잃고 기가 죽어 아무 말도 못 한다. 그리스도인이라고 해서 세상을 살아갈 때 모든 일에 만사형통인 것은 아니다. 때로는 환난이 닥치기도 하고, 또 그 환난을 통해 더 성숙해지기도 하는데, 어려운 상황은 '하나님의 은혜'라고 말하지 않는 것이다.

잘 생각해보자. 환난을 통해 우리가 성숙해지는 것이 오히려 훨씬 더 하나님의 은혜에 가깝다. 환난을 통해 주님께 더 가까이 간다면 그것이 하나님의 은혜가 아니고 무엇이겠는가? 생각해보자. 만일 어떤 부모에게 지능이 부족하거나 신체가 부자유한 자식이 있어, 그 일로 주님께 가까이 나아가 그분의 자비와 긍휼을 구함으로 세상을 즐기지 않고 사는 사람이 있다고 하자. 우리가 그런 사람을 가리켜 하나님의 은혜로 산다고 말한다면, 비웃을 사람이 더러 있을 것이다. 그들은 하나님의 은혜를 만사형통으로 아는 것이다.

오늘날 많은 그리스도인이 하나님의 은혜를 말할 때 거의 대부분 잘되는 삶을 염두에 두는 것이 사실이다. 그렇다면 그들은 하나님의 은혜를 헛되이 받은 것이요, 하나님의 은혜를 선물로 받았다고 착각하는 자들이다. 그런데 중요한 것은 하나님의 구원의 은혜를 헛되이 받았다면 구원에 문제가 생기므로 장차 엄청난 비극이 임할 것이다.

하나님의 은혜를 찬양하는 복음성가 중 "나의 나 된 것은 다 하나님 은혜라"는 가사가 있다. 노아처럼 하나님의 은혜를 입은 사람이 이 찬양을 부른다면 저절로 아멘이라는 고백이 나올 것이다. "한량없는 은혜 갚을 길 없는 은혜"라고 찬양할 수 있는 사람은 정말 하나님의 은혜를 입은 사람일 것이다. 하나님의 은혜를 입은 사람은 분명 노아처럼 의롭고 경건하게 살 것이다. 그러나 하나님의 은혜를 바르게 알지도 못하고 이 세상을 근신함과 의로움과 경건함으로 살지 않으면서 자신의 인생을 뒤돌아보니 모든 것이 하나님의 은혜라고 말한다면 그는 하나님의 은혜를 헛되이 받은 자다.

7장

**십자가의 도,
사랑,
공로
그리고
복음**

7장
•
십자가의 도,
사랑,
공로
그리고
복음

• • • • • • • • • • 필리핀은 고난 주간 중 성 금요일에 곳곳에서 사람을 실제로 못 박는 행사를 하는데, 못 박힌 사람은 평생 의식주를 해결받는 혜택을 누리기 때문에 신청자가 너무 많아 앞으로 못 박힐 사람의 명단이 작성되어 있다고 한다. 세계 어느 나라에도 없는 이런 헛된 일이 연례행사가 되었고 관광객들도 몰린다고 한다.

오늘날 많은 가르침은 '십자가의 도'와 '십자가 사랑', '십자가의 공로' 그리고 '십자가 복음'을 외치고 있다. 이때 '십자가'라는 단어는 명확한 뜻을 전달하기보다 모호하고 미신적인 느낌을 준다. 또 실제로 많은 사람이 '십자가'를 매우 신성하고 미신적인 것으로 여기고 있기에 이 주제를 다루고자 한다. 과연 이 용어들이 성경이 말하고 있는 주제를 잘 설명하고 있는지 자세히 살펴보고자 한다.

먼저 '십자가'를 바로 알아야 위 주제에 대해 말할 수 있기 때문에 '십자가'에 대한 성경적 의미와 사전적 의미를 살펴보자. 성경에서 말하는 십자가는 누가 뭐라고 해도 주님이 못 박히신 십자가를 말하는 것으로 복음서 마지막 부분에서 가장 많이 언급된다. 마태복음 20장 18-19절에서는 우리 주님이 직접 십자가를 언급하셨다. "보라 우리가 예루살렘으로 올라가노니 인자가 대제사장들과 서기관들에게 넘기우매 저희가 죽이기로 결안하고 이방인들에게 넘겨주어 그를 능욕하며 채찍질하며 십자가에 못 박게 하리니 제 삼일에 살아나리라." 마가는 마가복음 10장 34절에서 이렇게 말한다. "그들은 능욕하며 침 뱉으며 채찍질하고 죽일 것이니 저는 삼 일만에 살아나리라 하시니라." 누가는 누가복음 18장 33절에서 이렇게 말한다. "저희는 채찍질하고 죽일 것이니 저는 삼 일만에 살아나리라 하시되." 그런데 마태복음에는 '십자가에 못 박다'는 stauroo(스타우로오)로 십자가를 기록하고 있다. 스타우로오는 stauros(스타우로스)라는 형틀에서 유래한 것이다. 반면 마가와 누가는 죽일 것이라고 언급했는데, 이를 원어를 보면 apokteino(아뽀크테이노), 곧 '죽임을 당하다'로 형틀은 언급하지 않고 있다.

위 세 구절은 같은 내용을 언급한 것으로 원어로 보면 '십자가'를 다 언급하지 않았다. 그리고 주님은 내가 죽임을 당한다고 하시지 않고 인자라고 하셨다. 그럼 제자들이 인자가 예수님이라는 것을 확실히 알았는가? 원어를 보면 인자는 Anthropos(안드로포스)로 기록되었는데, 이는 '사람', '남', '인자', '인간', '범인'이라는 뜻이다. 우리는 인자가 예수 그리스도라고 이미 알고 있지만, 당시에는 인자를 바로 그들 앞에 서 계시는 예수님이라고 알지 못했을 것이다. 왜냐하면 이 말씀이 마가복음 10장 34절인데, 바로 그다음 구절인 35절에 야고보와 요한이 예수님께 나아와 요청하기를 선생님이 이스라엘의 왕이 되시면 자기 둘을 우의정과 좌의정의 자리에 앉혀달라고 했으니, 그들은 인자가 누구인지 몰랐던 것이다. 물론 마태도 인자가 십자가에 못 박힌다고 기록했는데, 기록할 당시의 정확한 연도는 알 수 없지만, AD 40년 이후일 것이다. 그래서 AD 65-95년이라고도 하지만 정확하지는 않다. 그래서 마태는 기록할 당시 인자가 예수님이신 것을 확실히 알았기 때문에 십자가라고 기록했던 것이지 주님이 말씀하실 때 제자들은 주님이 죽으신다고 확신하지 못했다.

주님은 자신이 십자가에 못 박혀 죽는다는 말씀을 하지 않으셨고, 인자가 죽임을 당한다고 말씀하셨다. 십자가가 고난과 죽으심과 부활의 핵심 역할을 한다면 주님은 분명히 십자가에 죽으시는 것을 언급하셨을 것이다. 그러나 십자가가 핵심이 아니라 죽으심과 부활이 핵심이기 때문에 그 형틀은 중요하게 언급하지 않으셨다.

십자가는 형틀이며 형틀은 시대마다 다르다는 것을 알아야 한다. 십자가는 형틀일 뿐이고 주님의 죽으심과 부활이 핵심이다. 아마 지금과 같이 '십자가'가 강조된 것은 마태복음 10장 38절, 16장 24절, 마가복음 8장 34절, 누가복음 9장 23절, 14장 27절에서 주님이 "자기를 부인하고 자기 십자가를 지고 나를 따르라"고 하신 말씀 때문일 것이다. 그런데 그 의미가 무엇인지 자세히 파헤쳐보고 주님의 뜻을 깨닫자.

주님은 자신이 직접 십자가를 지셨고 못 박히셨다. 그리고 제자들도 나중에 순교당할 때 여러 형태로 죽임을 당했다. 그런데도 주님은 그들에게 자기 십자가를 지고 나를 따르는 제자가 되라고 하셨다. 주님이 친히 스타우로스를 언급하신 이 유일한 말씀은 우리말로는 '십자가'로 번역되었다.

여기서 우리가 생각해보아야 할 한 가지는 실제로 십자가를 지고 가시고 못 박히신 분은 주님인데 왜 우리에게 십자가를 지고 가라고 하셨을까? 우리가 예수님처럼 진짜 못 박히는 것이 아닌데 왜 십자가를 지고 나를 따르라고 하셨을까? 이 말씀의 의미가 얼마나 중요한지를 알 때 우리는 우리 자신의 십자가가 무엇인지 그리고 주님이 우리에게 왜 십자가를 지라고 하셨는지 알게 될 것이다.

한 가지 물어보고 싶다. 당신에게 자기를 부인하고 자기 십자가를 지고 주님을 따른다는 것이 무슨 의미인가? 대부분 그리스도인이 자기 십자가를 무엇이라고 하는지 살펴보자. 그들이 말하는 자기 십자가는 자기에에 닥친 문제나 자기를 괴롭히는 사람이나 골칫거리 가족을 두고 "아이고, 내 십자가야!"라고 한다. 그런데 이것은 예수님이 말씀하신 "자기 십자가"가 아니다. 성경은 기록하기를 예수님은 죄 없으신 하나님의 어린양으로서 세상 죄를 지고 가신 것이다. 그렇다면 주님이 지신 십자가는 '세상 죄'를 의미한다. 만약 우리가 다른 사람의 죄를 지고 갈 수 있다면 세상 죄를 사하신 예수님과 같은 자리에 서게 되는 격이므로 엄청난 오류를 범하는 것이다. 사람은 누구도 결코 다른 사람의 십자가를 질 수 없기 때문에 "자기 십자가"라고 하신 것이다.

그러므로 "자기 십자가를 지고 주님을 따르라"고 하신 말씀에서 '십자가'라고 번역한 것이 우리에게 많은 오해를 불러일으켰다. 문자적으로는 어쩔 수 없는 번역일 수 있지만, 의미로는 잘못된 번역이라 할 수 있다. 이것은 오직 자기 죄를 지고 주님을 따르라는 것이다. 즉, 주님은 온 인류의 죄를 지고 죽으셨고, 우리는 우리 자신의 죄를 지고 죽으라는 것이다.

갈라디아서 2장 20절과 5장 24절은 이에 대해 명백히 말씀한다. "내가 그리스도와 함께 십자가에 못 박혔나니 그런즉 이제는 내가 산 것이 아니요 오직 내 안에 그리스도께서 사신 것이라 이제 내가 육체 가운데 사는 것은 나를 사랑하사 나를 위하여 자기 몸을 버리신 하나님의 아들을 믿는 믿음 안에서 사는 것이라." 내가 예수 그리스도와 함께 십자가에 못 박혔고, 그리스도 예수의 사람은 육체와 함께 정과 욕심을 십자가에 못 박았기에 그는 분명히 자기 십자가에 자기의 죄를 다 못 박아 자기 죄를 죽인 자인 것이다.

다시 말하지만, "십자가"라고 번역한 것은 예수님이 역사 속에서 실제로 십자가에 못 박히셨기 때문에 십자가라고 번역한 것이지만, 원어로 보면 '스타우로스'는 십자가가 아니고 형틀이며, 의미로 보면 형틀에서 고난과 죄를 죽이는 일이 일어났기에 바로 죄를 죽이는 의미인 것이다.

여기서 갈라디아서 5장 24절에서 말씀하는 육체란 바로 5장 19-20절에서 말씀하고 있는 것으로, "육체의 일은 현저하니 곧 음행과 더러운 것과 호색과 우상 숭배와 술수와 원수를 맺는 것과 분쟁과 시기와 분냄과 당 짓는 것과 분리함과 이단과 투기와 술 취함과 방탕함과 또 그와 같은 것들이라." 바로 이런 죄들을 죽이라는 것이지 우리를 십자가에 못 박으라는 것이 아니다. 예수님의 육체는 실제로 못 박히셨지만, 우리에게 말씀하신 육체는 육체의 일인 모든 죄를 가리키는 것이다.

이와 같이 "자기 십자가"는 결코 나를 괴롭히는 다른 사람이 아니라 나의 죄를 말하고 있다. 예수님이 자신이 십자가에 못 박히시기 전에 우리에게 우리 죄를 먼저 자기 십자가에 못 박으라고 하신 것은 회개함으로 죄를 죽이고, 더는 죄를 짓지 말라는 의미인 것이다. 이것이 누가복음 14장 27절에서 "자기 십자가를 지고 나를 따르지 않는 자는 나의 제자가 아니다"고 하신 말씀의 진정한 의미다.

우리가 분명히 알아야 할 한 가지는 그리스도의 제자가 아니면 그리스도인이 아니며, 하나님의 자녀가 아니라는 사실이다. 예수님이 이 땅에 오셔서 먼저 열두 제자를 부르시고 세우셨다. 그 후 사도행전 11장 26절에 기록된 것처럼 안디옥 교회에서 처음으로 그리스도의 제자들을 그리스도인이라고 부르기 시작했다. 그러므로 그리스도의 제자가 되어야 그리스도인이라고 불리게 된 것이다.

이제 예수님이 말씀하신 십자가를 확실히 이해했으리라 믿는다. 다시 말하지만 '십자가'라고 번역한 것은 이미 예수님이 십자가에 못 박히신 것을 아는 상황에서 번역한 것이고, 실제 원어의 의미에는 십자가가 없다.

앞에서도 언급했지만 십자가를 원어로 보자. 스타우로스는 문자적으로 형틀이며, 당시 로마 시대에 극형을 언도받아야 십자가 형틀에 못 박아 죽였기에 고난과 죽음의 의미가 되었음은 당연한 것이다. 이와 같이 예수님이 십자가에 죽으심으로 스타우로스는 수난과 죽음이 된 것이다. 이것을 염두에 두고 스타우로스를 십자가로 번역한 것이다.

구약에서 언급된 그리스도의 수난과 죽으심을 보자. 우리는 창세기 22장에서 아브라함이 이삭을 제물로 바치는 것을 예수 그리스도의 예표라고 알고 있다. 그런데 하나님은 이삭을 십자가에서 나에게 제물로 바치라고 하지 않으셨다. 2절은 이렇게 말씀한다. "여호와께서 가라사대 네 아들 네 사랑하는 독자 이삭을 데리고 모리아 땅으로 가서 내가 네게 지시하는 한 산 거기서 그를 번제로 드리라." 9절 말씀이다. "하나님이 그에게 지시하신 곳에 이른지라 이에 아브라함이 그곳에 단을 쌓고 나무를 벌려 놓고 그 아들 이삭을 결박하여 단 나무 위에 놓고." 이 두 구절을 보면 이삭을 제물로 드릴 장소는 하나님이 정해주셨고, 아브라함은 그곳에 제물을 드릴 단을 쌓았음을 알 수 있다. 아브라함이 단을 쌓은 것은 제물을 드리기 위해서다. 핵심은 단이 아니라 '이삭의 제물 됨'이다.

또 출애굽기 17장에서 백성이 물이 없어 모세와 하나님을 원망했을 때 하나님이 호렙산 반석 위에 서셨고, 모세가 그 반석 위에 서신 하나님이신 그리스도를 지팡이로 쳤다. 그 지팡이에 그리스도께서 맞으셨고, 그리스도로부터 생수가 흘러나왔다. 고린도전서 10장 4절에서 그 반석은 그리스도라고 명백히 밝히고 있다. 바로 이것이 그리스도의 수난과 죽으심이다. 그러나 호렙산에서 표현된 그리스도의 수난과 죽으심에는 십자가가 없다.

또 레위기 17장 11절 말씀이다. "육체의 생명은 피에 있음이라 내가 이 피를 너희에게 주어 단에 뿌려 너희의 생명을 위하여 속하게 하였나니 생명이 피에 있으므로 피가 죄를 속하느니라." 이 말씀은 죄를 속하는 피를 말한 것으로 분명히 그리스도의 보혈을 말한다. 역시 여기서도 십자가가 아니고 단이라고 했다.

다음은 예언서에서 기록된 예수 그리스도의 십자가 죽으심에 대한 말씀을 살펴보자. 이사야 53장 5절 말씀이다. "그가 찔림은 우리의 허물을 인함이요 그가 상함은 우리의 죄악을 인함이라 그가 징계를 받음으로 우리가 평화를 누리고 그가 채찍에 맞음으로 우리가 나음을 입었도다." 이것은 분명히 십자가의 죽으심을 예언한 것인데 십자가란 말은 전혀 없고, 주어인 '그'를 여러 번 강조하고 있는데, 이는 그리스도의 수난과 죽음을 말한다.

이와 같이 우리 주님의 죽으심이 시대와 장소에 따라 다르게 표현되었음을 분명히 알아야 한다. 그런데 주님이 실제로 십자가에 못 박혔다는 것을 아는 상황에서 헬라어로 십자가라는 단어를 사용하지 않고 '스타우로스'로 기록했다. 그것은 십자가가 핵심이 아니고 예수 그리스도의 죽으심이 핵심인 것을 확실하게 하려는 것이다.

다시 말하면 주님이 대속 제물이 되셔서 죄를 속하는 보혈을 흘리신 것은 로마 시대에 실제로 일어난 일이다. 그러나 예수님이 수난과 고난을 통하여 보혈을 주신 것은 어제나 오늘이나 영원토록 동일하신 우리 주님이 갈보리 십자가에서 흘리신 피가 첫 피 흘리심이 아니다. 창세기 3장에서 범죄한 아담과 하와에게 가죽 옷을 입혀주실 때 이미 첫 보혈을 그들에게 주신 것이다. 그리고 앞에서 언급한 레위기 17장 11절에서 우리 죄를 속하시기 위해 주님의 보혈을 단에 뿌리셨다고 했다. 이것은 그리스도의 죽으심을 언급한 것인데, 여기에 십자가라는 의미는 전혀 없다. 그럼 구약에서 그리스도의 죽으심을 십자가와 연관한 것이 없고, 신약에서는 당시 형틀인 십자가는 예수님뿐만 아니라 두 강도도 같이 못 박혔으니, 시대에 따라 장소가 달라졌음을 보여준다. 그러므로 예수 그리스도의 수난과 죽으심이 핵심이고, 그 대속의 장소인 단과 반석, 십자가는 시대에 따라 바뀐 것을 보면서도 단과 반석, 십자가를 강조한다면 오류를 범하게 된다.

구약의 말씀을 무시하면 우리는 성경을 풀 수 없다. 그럼으로 구약의 제사와 그리스도의 죽으심을 분명히 알면 문제는 쉽게 해결된다. 히브리서 9장 11-15절을 보자. "그리스도께서 장래 좋은 일의 대제사장으로 오사 손으로 짓지 아니한 곧 이 창조에 속하지 아니한 더 크고 온전한 장막으로 말미암아 염소와 송아지의 피로 아니하고 오직 자기 피로 영원한 속죄를 이루사 단번에 성소에 들어 가셨느니라 염소와 황소의 피와 및 암송아지의 재로 부정한 자에게 뿌려 그 육체를 정결케 하여 거룩케 하거든 하물며 영원하신 성령으로 말미암아 흠 없는 자기를 하나님께 드린 그리스도의 피가 어찌 너희 양심으로 죽은 행실에서 깨끗하게 하고 살아계신 하나님을 섬기게 못하겠느뇨 이를 인하여 그는 새 언약의 중보니 이는 첫 언약 때에 범한 죄를 속하려고 죽으사 부르심을 입은 자로 하여금 영원한 기업의 약속을 얻게 하려 하심이니라."

"예수 그리스도의 죽으심은 자기 피로 영원한 속죄를 이루사 단번에 성소에 들어가셨느니라"라고 하신 것을 우리가 십자가라고 한다면 억지에 불과한 것이다. 그렇기 때문에 구약에서 그리스도의 죽으심의 의미를 히브리서에서 이같이 명백히 주석해주셨는데도 십자가를 고집한다면 누가 막을 수 있겠는가?

또 구약에서 제사드리는 장소가 '단'이었고, 고린도전서 10장에서 반석에서 물이 난 사건이 바로 그리스도의 수난과 죽으심을 말하는 것임을 명확하게 해석해주었다. 우리가 알듯이 구약 시대에 십자가가 죄를 속하는 도구로나 형틀로 사용하지 않았기에 십자가라는 단어를 쓰지 않았고, 반면 로마 시대에는 십자가가 가장 잔인하게 죽이는 형틀이었기에 유대인들은 예수님을 못 박으라고 외쳤다. 예수님은 로마법에 따라 빌라도에 의해 십자가형을 언도받으신 것이 아니었다. 오히려 빌라도는 이 일에서 손을 뗐다. 그럼 이것은 누구의 짓인가? 사탄의 계획이었다. 사탄은 자신의 계획을 이루기 위해 유대인들을 도구로 사용했고, 유다도 그중 한 명이 되었다. 그런데도 '십자가'에 '복음'이라는 단어를 붙여 '십자가 복음'이라고 말하는데도 계속 박수를 치겠는가?

성경의 원어를 보면서 번역자들이 원어에 충실하지 않고 자신의 생각으로 번역하는 경우가 굉장히 많다는 것은 앞에서 언급한 바 있다. '스타우로스'는 분명히 형틀이고 그 의미는 고난과 죽음이기에 그것이 그리스도의 수난과 죽으심인 것에서 벗어나면 안 된다.

복음의 궁극적인 목적을 더 정확히 말해보자. 온 인류의 죄를 위해 죽으신 예수 그리스도 그리고 죽음의 권세를 깨뜨리고 부활하신 예수 그리스도, 이것이 바로 복음의 궁극적인 목적으로 구원의 길을 열어놓으신 것이다. 물론 온 인류의 죄를 십자가에 못 박았지만, 만약 그 당시 가장 잔악한 자를 처형하는 틀이 단두대라면 그들은 분명히 "단두대에 처형하소서"라고 외쳤을 것이다. 그럼 단두대에 죽으신 예수 그리스도라고 기록했을 것이다. 또 로마 박해 때 화형이 가장 끔찍한 사형 틀이었다면 그들은 "화형을 시키소서"라고 외쳤을 것이다. 십자가와 단두대와 화형, 무엇이 서로 다른가? 사실은 다 같은 처형 방법일 뿐이다. 십자가를 운운하는 말에 속지 말아야 한다.

스데반 집사가 돌에 맞아 순교한 사건이 '십자가'에 대한 오해를 풀 수 있는 좋은 자료다. 사람들은 스데반의 설교를 듣고 심히 노하여 돌로 그를 쳐 죽였다. 그는 순교의 제물이 되면서 예수님이 십자가에서 하신 말씀과 똑같이 "주 예수여 내 영혼을 받으시옵소서"라고 외쳤다. 그리고 자기를 죽인 자들을 위해 "주여 이 죄를 저들에게 돌리지 마옵소서"라고 했다. 그럼 원수를 사랑하는 그의 사랑을 십자가 사랑이라고 하겠는가? 아니면 돌의 사랑, 돌의 공로라고 하겠는가?

이미 앞에서 언급했듯이 예수님이 제자들에게 직접 언급하신 십자가에 대한 메시지는 번역을 십자가라고 한 것이지 원어는 '스타우로스'다.

자기 십자가는 자기 죄를 말하는 것으로 그 죄를 죽이는 것이 핵심이지, 우리가 직접 십자가에 못 박히라는 말이 아닌 것이다. 내가 그리스도 예수와 함께 못 박혔다는 말도 내 죄를 죽이라는 말이지 진짜 못 박히라는 뜻은 아닌 것이다.

그래서 로마서 6장 3-4절에서 세례란 예수님과 함께 죽고 함께 장사되고 함께 부활해 새 생명으로 사는 것이라고 명확히 설명했다. 예수님과 함께 죽는 것은 나의 죄를 죽이라는 것이지 나를 십자가에 못 박으라는 말이 아니다.

여기서 왜곡된 한 가지를 살펴보자. 예수님이 십자가에서 죽으신 것과 무덤에서 부활하신 것 중 무엇이 더 중요한가? 물론 둘 다 중요하다. 그런데 만약 전자를 택해 십자가에서 다 이루신 것을 강조하면서 구원과 의까지 가르친다면 문제가 심각해진다. 왜 그런지 살펴보자. 로마서 4장 25절 말씀이다. "예수는 우리 범죄함을 위하여 내어줌이 되고 또한 우리를 의롭다 하심을 위하여 살아나셨느니라." 바로 이 말씀이 십자가의 죽으심과 부활의 목적이 분리된 것이기에 심각하다. 만약 십자가의 죽으심과 부활의 목적이 의를 위한 것이라는 한 목적을 위해 기록되었다면 심각할 이유가 없다. 그러나 죄를 십자가에 못 박으신 것은 범죄 때문이라고 명백히 분리하여 기록한 것은 전 인류의 죄를 말한 것이기 때문에 십자가의 죽으심은 결코 의로움을 말하려는 목적이 아니다. 만약 십자가의 죽으심으로 의롭다 하심을 받는다면 온 인류의 죄를 못 박았기에 온 인류가 의롭게 되는 엄청난 오류에 봉착하게 된다.

그러므로 부활하지 않아도 아무 문제가 없고, 세상 죄를 못 박았기에 온 인류의 구원이 성립되어버린다. 무덤에 들어가신 예수님이 하나님의 능력으로 사망의 권세를 깨뜨리지 않아도 십자가에서 이미 의가 우리에게 주어졌기 때문에 부활할 이유가 없어지는 것이다. 이 때문에 사도 바울은 죽으심과 부활을 분리해 부활을 통한 의를 말한 것이다.

만약 우리가 주님이 십자가에서 대속의 피를 흘려주셨으니 구원과 의가 이루어졌다고 착각하고 그것을 자신 있게 가르친다면 모두가 속는 것이다. 그 말 자체가 너무나 설득력이 있고 누구도 이의를 제기하지 않을 것이다. 그래서 이를 오해하지 않게 하려고 로마서 4장 25절에서 "예수 그리스도의 죽으심과 부활"을 하나로 묶어 말씀하시지 않고 죽으심과 부활을 분리하여 설명한 것이다.

그런데 이렇게 중요한, '우리를 의롭게 하기 위한' 주님의 부활이 무덤으로부터 사망의 권세를 깨뜨리셨는데 당신은 무덤의 사랑, 무덤의 공로라는 말을 들어보았는가? 알다시피 아무도 그런 용어를 사용하지 않는다.

다시 말하지만 오늘날 무슨 의미인지도 모르고 십자가가 중요하다고 외치고 있다. 위에서 언급한 것처럼 로마서에서는 십자가를 가르친 것이 아니라 예수 그리스도의 죽으심과 부활을 직접 체험하는 세례를 가르치고 있다. 그리고 이 세례는 물 세례가 아니고 우리가 예수님과 함께 죽는 것, 즉 죄를 죽이는 것으로 그 세례의 장소를 '스타우로스'(형틀)라고 했고, 예수님과 함께 장사되고, 즉 죽인 죄를 장사 지내는 무덤을 언급했으며, 우리가 의롭게 되기 위해 예수님과 함께 살아나 우리 속에 그리스도가 사는 새 생명의 삶이 세례라고 명백하게 가르쳐준 것이다(롬 6:3-4).

다음 '십자가의 도'가 무엇을 말하는지 살펴보자. 고린도전서 1장 18절 말씀이다. "십자가의 도가 멸망하는 자들에게는 미련한 것이요 구원을 얻는 우리에게는 하나님의 능력이라." 우리는 십자가의 도라고 하면 십자가의 길을 생각한다. 그러나 원어를 보면 '도'의 원어는 Logos(로고스)로 직역하면 형틀의 말씀이고, 의미는 고난과 죽으심에 대한 말씀이다.

이것은 사도 바울이 주님이 말씀하신 자기 십자가를 지고 나를 따르라고 하신 말씀을 더 명확하게 언급한 것이다. '십자가의 도'라는 말에서 '십자가'가 어떠한 교훈을 준다고 생각하는 사람이 있을 것이다. 우리는 앞에서 예수님을 따르는 핵심이 자기 죄를 못 박아 죽이는 것임을 알아보았다. 또 예수님이 직접 십자가를 언급하신 말씀 중 "자기를 부인하고 자기 십자가를 지고 나를 따르지 않으면 내 제자가 될 수 없다"고 하신 말씀도 살펴보았다. 그러므로 십자가의 도는 그리스도의 제자의 길로 가르쳐야 하는 것이 마땅하다. 또 제자의 길이란 자기 형틀에 자기 죄를 못 박아 죽이는 것이다(눅 14:27). 그래서 우리는 예수님처럼 실제로 십자가에 못 박히는 것이 아니라 죄를 죽이는 자로 요한일서 3장 9절에서 말씀하는 하나님께로서 난 자로 죄를 짓지 않는 자가 되는 것이다. 이것을 문장에 연결해보면 예수님의 죽으심과 부활에 대한 메시지는 멸망하는 자들에게는 미련한 것이요, 구원을 얻는 우리에게는 하나님의 능력이라는 말씀이 잘 이해된다. 이 형틀(스타우로스)의 길이 구원을 얻는 우리에게 하나님의 능력이라고 할 수 없다. 하나님의 능력은 흘리신 보혈의 능력과 부활의 능력을 말하는 것이다.

예수님이 십자가에서 하신 말씀을 살펴보자. 다시 고린도전서 1장 18절 말씀을 보자. '스타우로스'와 '로고스'는 사도 바울이 쓴 용어다. 그러나 예수님이 십자가를 말씀하신 것은 우리에게 '스타우로스'를 지고 가서 그 '스타우로스'에 자신의 죄를 못 박아 죽여 무덤에 장사 지내라는 의미다. 바로 이 형틀에 대한 말씀을 멸망하는 자들이 들으면 뭐라고 하겠는가? "당신이나 형틀에 못 박히시오. 우리가 무슨 큰 죄를 지었다고 가장 악한 놈을 못 박아 죽이는 형틀로 가겠소. 당신이나 가시오"라는 미련한 소리를 할 것이다.

반면 구원받을 자라면 예수님의 말씀을 따라 자신의 죄를 형틀에 못 박을 것이다. 즉, 다시는 죄를 짓지 않겠다고 할 것이다. 그것은 오직 믿음으로 예수님과 함께 십자가에 못 박히는 것으로 예수님이 나의 죄를 이미 십자가에 못 박으신 것에 대해 감사하고, 회개하며, 죄에서 돌아서서 죄를 죽이는 세례를 통해 새 생명으로 사는 것이 예수님과 함께 십자가에 못 박았다는 뜻인 것이다. 바로 이것이 제자의 도로 예수님이 복음서에서 '스다우로스'를 언급하신 유일한 말씀의 뜻이며, 구원받을 지에게는 하나님의 능력이 되는 것이다.

주님이 십자가에서 하신 말씀이 멸망하는 자들에게는 미련한 것이고 구원받는 자들에게는 하나님의 능력이 된다면 이것 역시 십자가의 도인 것이다. 그러므로 '십자가의 도'라는 말에서 십자가가 핵심이 아니라 '죽이는 것'이 더 중요한 메시지임을 간과해서는 안 된다.

누가복음 23장 34절 말씀이다. "이에 예수께서 가라사대 아버지여 저희를 사하여 주옵소서 자기의 하는 것을 알지 못함이니이다 하시더라." 이 말씀을 하신 현장으로 가보자. 마태복음 27장 39-43절 말씀이다. "지나가는 자들은 자기 머리를 흔들며 예수를 모욕하여 가로되 성전을 헐고 사흘에 짓는 자여 네가 만일 하나님의 아들이어든 자기를 구원하고 십자가에서 내려오라 하며 그와 같이 대제사장들도 서기관들과 장로들과 함께 희롱하여 가로되 저가 남은 구원하였으되 자기는 구원할 수 없도다 저가 이스라엘의 왕이로다 지금 십자가에서 내려올찌어다 그러면 우리가 믿겠노라 저가 하나님을 신뢰하니 하나님이 저를 기뻐하시면 이제 구원하실찌라 제 말이 나는 하나님의 아들이라 하였도다 하며." 이처럼 사람들은 스스럼없이 미련한 소리를 했다.

십자가에 달린 강도들을 보자. 누가복음 23장 39-43절 말씀이다. "달린 행악자 중 하나는 비방하여 가로되 네가 그리스도가 아니냐 너와 우리를 구원하라 하되 하나는 그 사람을 꾸짖어 가로되 네가 동일한 정죄를 받고서도 하나님을 두려워 아니하느냐 우리는 우리의 행한 일에 상당한 보응을 받는 것이니 이에 당연하거니와 이 사람의 행한 것은 옳지 않은 것이 없느니라 하고 가로되 예수여 당신의 나라에 임하실 때에 나를 생각하소서 하니 예수께서 이르시되 내가 진실로 네게 이르노니 오늘 네가 나와 함께 낙원에 있으리라 하시니라."

첫 말씀에 대해 다르게 반응하는 두 부류가 있는데, 한 부류는 멸망하는 자들로서 주님의 말씀이 그들에게 미련한 것이 되어 그들은 비방했다. 반면 한 강도는 처음에는 같이 비방했으나 회개하고 난 뒤 주님을 증거하는 구원받는 자가 되어 주님의 두 번째 말씀이 그에게 구원의 말씀으로 주어지는 하나님의 능력의 혜택을 받았다.

그다음 여섯 번째 말씀을 보자. 요한복음 19장 30절 말씀이다. "예수께서 신 포도주를 받으신 후 가라사대 다 이루었다 하시고." 이 말씀에서 멸망받을 자들은 "미련한 소리하네" "뭐가 다 이룬 거야!" "십자가에서 끝장났는데"라고 할 것이다. 반면 구원받을 자들은 주님이 나 같은 죄인과 온 인류를 살리시려고 십자가에 모든 죄를 못 박는 세례를 받으시고 구원의 길을 열어놓으신 것을 믿고 하나님의 능력을 맛보게 될 것이다.

그러므로 '십자가'를 도와 사랑, 공로 그리고 복음과 함께 다룬다면 큰 오류를 범하게 될 것이다. 십자가를 무시하면 안 되지만 아무데나 십자가를 사용해서도 안 된다. 우리는 주님의 가르침을 따라야 한다. 주님은 딱 한 번 십자가(스타우로스)라는 단어를 언급하셨고, 자기를 부인하고 자기 십자가(스타우로스)를 지고 나를 따르라고 하셨다. 이것은 주님이 온 인류의 죄를 지셨고, 그 죄를 몽땅 십자가에 못 박으셨기에 우리도 우리의 죄를 몽땅 죽이라는 뜻이다. 그러므로 십자가의 도, 즉 십지기의 말씀이 제자의 도와 제자가 되는 조건이라는 것이다. 그러므로 성경에 문자로 기록된 십자가의 도(말씀) 외에 십자가의 사랑, 공로, 복음을 가르치거나 외치면 그것이 바로 사람에 의해 만들어진 교리임을 명심해야 한다.

구약 시대에서나 예수님이 사역하셨을 때나 오늘날을 보면 사람에 의해 만들어진 계명과 교리가 많은 그리스도인을 미혹해 구원에서 벗어나게 했고, 여전히 그런 일이 벌어지고 있다. 그 증거를 보자.

이사야 29장 13절 말씀이다. "주께서 가라사대 이 백성이 입으로는 나를 가까이하며 입술로는 나를 존경하나 그 마음은 내게서 멀리 떠났나니 그들이 나를 경외함은 사람의 계명으로 가르침을 받았을 뿐이라."

마가복음 7장 8-9, 13절 말씀이다. "너희가 하나님의 계명은 버리고 사람의 유전을 지키느니라 또 가라사대 너희가 너희 유전을 지키려고 하나님의 계명을 잘 저버리는도다…너희의 전한 유전으로 하나님의 말씀을 폐하며 또 이같은 일을 많이 행하느니라 하시고."

야고보서 5장 19-20절 말씀이다. "내 형제들아 너희 중에 미혹하여 진리를 떠난 자를 누가 돌아서게 하면 너희가 알 것은 죄인을 미혹한 길에서 돌아서게 하는 자가 그 영혼을 사망에서 구원하며 허다한 죄를 덮을 것이니라."

다시 한 번 말하고 싶은 것은 사람들은 성경에 기록되지 않은 단어들을 들을 때 "야! 성경을 멋지게 분석한디!" 하며 따른다. 물론 기록되지 않은 단어라도 성경에 위배되지 않으면 문제가 없지만, 그 가르침이 예수님의 가르침이나 성경과 다르다면 분명히 그것은 사람의 가르침이 되고, 많은 사람을 미혹하게 됨으로 대단히 위험하다.

위에서 살펴보았듯이 예수님도 '스타우로스'라는 단어를 단 한 번 사용하셨다. 만약 십자가가 그렇게 중요하다면 왜 3년간 '스타우로스'에 대해 가르치지 않으셨을까? 십자가는 단지 '죽이는' 형틀이기에 죄를 죽이라고 말씀하시면서 '스타우로스'를 사용하신 것뿐이다.

'십자가'를 강조하는 가르침이 우리에게 많은 오해를 불러일으켰음을 깨달았을 것이다. 오늘날 사람들은 '십자가 사랑', '십자가의 공로' 그리고 '십자가 복음'이라는 용어를 사용하며 열심히 외치고 있다. 성경의 가르침이 부족해 성경에 없는 용어를 만들어 가르치는 것인지 묻고 싶다. 또 공로는 성경에 없는 단어다. 거기에 십자가까지 붙여 우리의 구원이 '십자가의 공로'로 이루어졌다고 가르친다면 이것은 분명히 사람이 만든 것이다.

'십자가의 사랑'을 살펴보자. 십자가의 원어인 '스타우로스'는 문자적으로 형틀이라고 했다. 그래서 '형틀의 사랑'이라고 해도 아무 문제가 없다면 몰라도 이런 말은 쓰지 않는다. 십자가 사랑을 말할 때 하나님의 사랑을 뜻한다는 것은 다 아는 바다. 그럼 하나님의 사랑이 십자가의 사랑인가 하는 문제를 살펴보자.

먼저 하나님의 사랑을 확실히 해보자. 우리가 말하는 하나님의 사랑은 분명히 독생자를 주신 사랑으로, 그 독생자가 십자가에 못 박히신 것을 두고 '십자가 사랑'이라고 말한다. 그렇다면 앞에서 말한 '하나님의 사랑'과 '십자가 사랑'은 같은 의미로 사용되었는데, '하나님'이 '십자가'라는 말인가? 아니면 '십자가'가 '하나님'이라는 말인가? 이것이 말도 안 된다는 것은 누구나 알지만, 그럼 십자가의 사랑을 하나님의 사랑으로 말하지 않았다고 말하겠는가?

우리가 십자가 사랑으로 구원을 받았다고 가르치는 경우 진리는 아니지만, 그 십자가의 사랑을 하나님의 사랑이라고 인식해두고 구원에 관해 언급해보자. 하나님의 사랑으로 독생자를 보내셨고 그를 믿으면 영생을 얻는다고 했다. 이 말씀은 분명히 진리다. 그럼 하나님이 나를 사랑하셨기에 내가 영생을 얻는 것인가? 결코 아니다. 예수님은 율법과 선지자의 강령으로 "마음과 뜻과 힘과 정성을 다해 주 너의 하나님을 사랑하고 또 네 이웃을 네 몸과 같이 사랑하라"(눅 10:25-27)고 하셨다. 이것이 영생을 얻는 길이라고 하셨다. 그를 믿는다는 것이 무슨 의미인가? 만약 모른다면 믿는 것이 아니다.

"누구든지 나를 믿는 자는 영생을 얻는다"는 말씀을 두고 "믿는 자"는 누구이며 영생은 무엇이냐고 물으면, 거의 대부분 "예수 믿으면 영원히 사는 것이지요"라고 대답한다.

추상적인 대답과 구체적인 대답은 많이 다르다. 추상적인 대답은 대부분 주제에 해당하기는 하지만 내용이 모호하다. 그러나 구체적인 대답은 내용이 확실하고 명확하다. 오늘날 많은 가르침이 추상적인 것으로, 구체적으로 어떻게 실천해야 하는가에 대한 명확한 가르침이 없다. 그래서 많은 그리스도인이 아는 지식은 많지만 실천은 없는 것이다. 이것은 심각한 문제로, 이런 경우 대부분 구원을 등한히 여긴다.

그래서 히브리서 2장 1-3절은 이렇게 말씀한다. "그러므로 모든 들은 것을 우리가 더욱 간절히 삼갈찌니 혹 흘러 떠내려갈까 염려하노라 천사들로 하신 말씀이 견고하게 되어 모든 범죄함과 순종치 아니함이 공변된 보응을 받았거든 우리가 이같이 큰 구원을 등한히 여기면 어찌 피하리요." 이 말씀의 의미는 "모든 들은 것을 구체적으로 알고 순종하지 않으면, 구원을 등한히 여겨 흘러 떠내려간다"고 엄히 말씀하신 것이다.

"누구든지 저를 믿으면"에서 "누구든지"가 누구를 가리키는 것이냐고 물으면 대부분 "믿는 사람 모두"라고 대답한다. 말은 맞지만 한 단계 더 나아가 그럼 "믿는 것"이 무엇인가라고 물으면 얼버무리고 만다. 만약 이 정도라면 구원을 등한히 여기는 범주에 속하며 위험천만한 상태다.

우리 중 이제 막 믿음의 삶을 시작한 사람이 이런 대답을 한다면 이해할 수 있지만, 신앙생활을 한 지 오래된 사람이 이렇게 대답한다면 이미 '흘러 떠내려 가'고 있다고 볼 수 있다. 만일 목회자 중에서 비슷한 대답을 한다면 이것은 심각한 상황이다.

우선 믿음의 정의에서, 지금 내가 믿는다고 말하는 것이 과연 성경에서 말하는 믿음인지 보자. 히브리서 11장 1-2절 말씀이다. "믿음은 바라는 것들의 실상이요 보지 못하는 것들의 증거니 선진들이 이로서 증거를 얻었느니라." 여기서 우리가 "나는 예수 믿습니다"라고 했다면, 그는 분명 바라는 것들의 실상이 이루어졌고 또 보지 못하는 것들을 보았다고 말한 것이다. 그래서 4절부터 "믿음으로 아벨은"으로 시작해 기생 라합과 사무엘과 선지자들까지 선진들의 증거를 얻은 것을 말씀하고 있는 것이다.

오늘날 그리스도인들에게 무슨 실상과 증거를 가진 믿음의 사람들인지 말해보라고 하면 역시 얼버무리고 만다. 그러면서 십자가의 사랑과 공로로 구원받았다고 한다. 말로야 무슨 말을 못하겠는가. 이같이 구원을 등한히 여기면서 십자가 사랑과 공로를 말하는 것은 '공짜 심리'가 작동된 것이라고 표현함이 정확할 것이다.

다시 본문으로 돌아가보자. 구약에서는 단과 반석에서 우리의 죄를 사하는 보혈을 주셨으나, 하나님의 사랑을 '단'의 사랑과 '반석'의 사랑으로 말하지 않음은 이미 언급한 것이다. 그리고 사랑에 대한 진짜 의미를 앞에서 상세히 언급한 바 있다.

Agape(아가페)를 『헬라어 대형 사전』에 기록된 의미로 보면, '의지적인 선택'과 '존중하다', '애찬' 등이 있고, 아무리 찾아도 '조건 없는 사랑'이라는 뜻은 없다. 아가페의 참 의미인 '의지적인 선택'을 염두에 두고 다음을 보자.

먼저 분명히 해야 할 것이 있다. 하나님이 우리를 사랑하신 것이 핵심인가? 아니면 우리가 하나님을 사랑해야 하는 것이 핵심인가? 물론 둘 다 핵심이라고 하겠지만, 이 둘 중 전자를 가지고 영생을 가르치는 경우 요한복음 3장 16절은 하나님이 하신 말씀이고, 이 말씀에 우리가 반응해야 영생이 성립되는데 그것이 바로 후자다. 그럼 십자가 사랑을 말하는 경우 이것이 뜻하는 의미는 분명 전자에 속하니 영생을 얻을 수 없다는 결론이 나온다.

이미 앞에서 언급했듯이 율법을 완전케 하신 주님께 어떤 율법사가 와서 물었다. "선생님 내가 무엇을 하여야 영생을 얻으리이까?" 그 때 예수님은 그에게 율법에 무엇이라 기록되어 있느냐고 되물으셨더니 그는 정확하게 알고 대답했다. 그가 율법사로서 영생에 대한 말씀을 알고 있으면서 예수님을 시험하려고 질문했던 것이다. 오늘날 우리는 영생에 대한 말씀이 어디 있느냐고 물으면 대부분 요한복음 3장 16절과 5장 24절로 답할 것이다.

그러나 율법사는 구약에 있는 영생의 말씀인 신명기 6장 5절과 레위기 19장 18절로 대답했다. "네 마음을 다하며 목숨을 다하며 힘을 다하며 뜻을 다하여 주 너희 하나님을 사랑하고 또한 네 이웃을 네 몸과 같이 사랑하라 하였나이다." 예수님은 "네 대답이 옳도다 이를 행하라 그러면 살리라"고 하셨다.

당신이 지금까지 영생의 말씀이 구약에 있다고 생각하지 않았다면 생각을 바꾸어야 한다. 예수님은 요한복음 5장 39절에서 너무나 명백하게 말씀하셨다. "너희가 성경(구약)에서 영생을 얻는 줄 생각하고 성경(구약)을 상고하거니와 이 성경(구약)이 곧 내게 대하여 증거하는 것이로다." 이같이 예수님은 구약의 말씀으로 영생에 대해 가르치셨다.

이에 대해 그럼 요한복음 3장 16절은 주님이 하신 말씀이 아니냐고 반문할 것이다. 바로 여기서 우리가 놓치는 한 가지가 천국복음의 양면성이다. 천국복음의 양면성을 알면 아가페의 진정한 의미와 일치한다는 것을 보게 될 것이다.

아가페, 즉 의지적인 선택과 존중하다는 뜻으로 하나님이 우리를 존중하셔서 하나님의 의지로 우리를 선택해 살리기로 하신 것이 아가페다. 그래서 의지적으로 독생자를 주신 것이다. 이 아가페가 우리를 구원한다고 가르치는 요한복음 3장 16절은 복음의 한 면에 불과하다. 여기에서 우리가 아가페로 하나님을 존중하고 의지적으로 하나님을 선택하여 마음을 다하고 목숨을 다하고 힘을 다하고 뜻을 다하여 주 너희 하나님을 사랑하고 또한 네 이웃을 네 몸과 같이 사랑할 때 아가페의 양면이 성립되어 영생을 얻게 되는 것이다.

당신은 "하나님의 사랑은 짝사랑으로 오직 전적인 하나님의 사랑으로 우리를 구원하셨다. 이 크고 놀라운 하나님의 사랑을 어찌 다 말로 표현할 수 있는가?"라는 말을 들은 적이 있는가? 이 말에 속은 그리스도인이 수없이 많다. 내가 하나님을 마음과 목숨과 힘과 뜻을 다해 사랑하지 않으면 영생은 없다.

이같이 말씀은 논리가 정연하지만 아가페를 일방적인 하나님의 사랑으로 가르침으로 그리스도인이 미혹되어 영생에서 벗어나는 길을 가고 있다. 정말 가슴 치며 통탄해야 할 일이다.

만약 우리가 십자가 사랑을 말하면서 하나님을 사랑하고 이웃을 내 몸과 같이 사랑하며 산다면 문제가 되지 않지만, 십자가 사랑으로 '구원'을 가르치면 앞에서 말한 우리를 의롭다 하심을 위하여 살아나신 말씀에 위배된다.

십자가의 공로를 생각해보자. 이미 십자가의 사랑을 보았기에 공로도 같은 의미로 '십자가'를 앞에 부치면 오히려 사랑보다 더 심각한 것이 된다. 대개 십자가의 공로를 말하면 대속을 위한 보혈의 공로를 말하는 것으로 이해된다. 그러나 이 말은 예수 그리스도의 죽으심과 보혈을 약화시키고 십자가를 부각시키기 때문에 사용해서는 안 된다.

역시 십자가의 원어인 stauros(스타우로스)는 문자적으로 형틀이며 수난과 죽으심을 말한다. 스타우로스의 공로, 즉 형틀의 공로란 말은 쓸 수 없는 말이다. 그리고 지금 여기서 말하고자 하는 것은 과연 보혈의 공로로 우리가 공짜로 구원을 받는다고 가르치는 것이 문제가 없는가 하는 것이다.

이 부분은 우리가 이미 많이 왜곡됐기 때문에 정신을 차리고 분석해야 한다. 예수 그리스도의 십자가 죽으심과 보혈은 분명히 대속을 위한 것이다. 그런데 그리스도가 지고 가신 것은 세상 죄였다(요 1:29). 그리고 그 세상 죄를 십자가에 못 박으시고 대속의 피를 흘려주셨다. 여기서 대속은 대신 값을 지불하셨다는 뜻이다. 바로 이 부분을 정신을 차리고 보아야 한다. 예수님은 세상 죄를 지고 가셨고, 그 세상 죄에는 내 죄도 포함되어 있다. 그럼 공로(공짜)로 다 해주신 것이라면 세상 죄, 즉 온 인류의 죄이므로 모든 인류가 공짜의 혜택을 받아야 함이 마땅하다. 그런데 앞에서 예수님이 직접 하신 말씀을 보면 믿고 세례를 받은 사람에게만 혜택이 주어진다니 어떻게 이것이 공짜인가?

값없이 우리를 사셨다는 말씀은 하나님 편에 속한 자에 해당하는 것이지 온 인류에게 해당하는 것이 아니다. 주님이 흘려주신 보혈로 온 인류를 값없이 사셨기 때문에 온 인류를 구원하신다는 만인 구원이 결코 아니다. 값없이 주신 보혈은 진리다. 값없이 흘려주신 그 보혈이 나에게 올 때 내게 죄 사함이 일어나는 것이다. 죄 사함이 일어날 때 주님의 대속하시는 피가 나를 대속하는 피가 되며, 이것을 피 값으로 나를 사셨다고 하는 것이다.

이것을 위해 우리가 말씀을 따라야 하는데 바로 그것이 사도행전 2장 38절이다. "너희가 회개하여 각각 예수 그리스도의 이름으로 세례를 받고 죄 사함을 얻으라 그리하면 성령을 선물로 받으리니." 오늘날 회개를 외면하는 많은 그리스도인은 명목상 그리스도인일 뿐이다. 왜냐하면 죄 사함을 받는 길을 외면하면 대속이 이루어지지 않기 때문이다.

골로새서 1장 14절은 대속에 대해 명확히 말씀하고 있다. "그 아들 안에서 구속(대속) 곧 죄 사함을 얻었느니라." 우리가 회개하지 않고 세례인 자기의 죄를 죽이지 않으면, 결코 의롭다 함을 받는 부활을 예수님과 함께하지 못함으로 죄 사함은 없다. 교회에 출석하는 교인은 될 수 있지만 구원은 성립되지 않는다.

여기서 우리가 잘못 알고 있던 십자가의 공로를 버려야 한다. 또한 구원도 하나님의 은혜, 즉 선물로 값없이 주신 것이라고 가르치는 것도 앞에서 "하나님의 은혜를 헛되이 받지 말라"는 내용에서 언급했듯이 잘못된 가르침이다.

마지막으로 '십자가 복음'에 대해 성경을 아무리 살펴보아도 '십자가 복음'이라고 언급한 성경 기록은 없다. 십자가의 원어인 스타우로스는 문자적으로 형틀이다. 헬라어 성경에 스타우로스로 기록되어 있고, 의미로도 'A Cross'가 아니다. 다만 당시 형틀로 예수님과 두 강도가 십자가에서 처형당했기에 성경에 있는 스타우로스를 형틀이라고 하지 않고 십자가라고 번역한 것이다.

그럼 우리가 '십자가 복음'이라고 사용할 수 있는가? 성경은 복음에 대해 부족함 없이 잘 설명해놓았다. 복음서에 기록된 복음은 천국복음과 하나님의 아들 예수 그리스도의 복음 그리고 하나님의 복음 세 종류가 있다. 사도행전에는 하나님의 은혜의 복음과 화평의 복음, 두 종류가 있다. 로마서에는 하나님의 복음과 그의 아들의 복음과 그리스도의 복음 이렇게 세 종류지만 뒤의 둘은 같다. 고린도전후서에는 오직 그리스도의 복음 하나만 있다. 갈라디아서에는 다른 복음이 무엇인지 언급되었고, 에베소서에는 구원의 복음과 평안의 복음 두 가지가 있으며, 빌립보서에는 그리스도의 복음만 있다. 데살로니가전후서에는 하나님의 복음과 그리스도의 복음 그리고 우리 주 예수의 복음이 있다. 디모데전후서에는 하나님의 영광의 복음이 있고, 베드로전후서에는 하나님의 복음이 있으며, 마지막 요한계시록에는 영원한 복음이 있다. 이같이 신약 성경에 복음이라는 단어 앞에 명확히 붙은 단어들이 이렇게 많은데, 요약하면 천국, 하나님, 예수 그리스도, 은혜, 평안, 영광으로 듣기 거북한 것이 하나도 없다.

우리가 아는 복음은 Good News로 기쁘고 복된 소식이다. 위에 기록된 성경에 나타난 모든 복음은 기쁜 소식에 속한다. 그러나 십자가는 기쁜 소식인가, 나쁜 소식인가? 나쁜 소식에 속한다. 왜냐히면 형을 선고받아 죽게 되는 형틀이 결코 기쁜 소식이 될 수 없기 때문이다.

무엇보다도 중요한 것은 예수님 자신이 복음에 대해 말씀하신 것이다. 누가복음 4장 43절 말씀이다. "예수께서 이르시되 내가 다른 동네에서도 하나님의 나라 복음을 전하여야 하리니 나는 이 일로 보내심을 입었노라." 이 말씀은 대단히 중요하다. 왜냐하면 복음 때문에 오신 예수님이 가져오신 복음이기에 우리가 하나님 나라의 복음, 즉 천국과 십자가를 같은 의미로 사용한다는 것은 상식에서도 벗어난다. 예수님이 천국 복음 때문에 오셨는데 천국과 전혀 관계없는 십자가를 사용한다는 것은 무언가에 미혹된 것임을 알아야 한다. 많은 사람이 성경으로 복음을 전하면 되지 꼭 하나님 나라 복음을 전해야 하느냐고 하지만, 그렇다면 왜 사복음서만 복음이라고 했는가 하는 것이다. 그것은 사복음서만이 예수님이 직접 가르치신 하나님 나라 복음이기 때문이다.

다시 말하지만, 원어로 십자가는 stauros(스타우로스)다. 그럼 번역하지 말고 원어 그대로 사용해보면 stauros euaggelion(스타우로스 유앙겔리온)으로 '형틀 복음'이 된다. 번역을 십자가로 했고 '십자가 복음'이라 하니 별생각 없이 받아들인 것이다. 주님이 직접 말씀하신 하나님 나라 복음을 두고 왜 십자가 복음이라고 하면서 열풍을 일으키는지 알 수 없다. 이같이 성경에 문자적으로 기록된 복음이 있는데 무엇이 부족하여 성경에도 없는 십자가 복음을 외치는지 이해가 되지 않는다. 만약 우리가 원어를 사용하여 '형틀 복음'이라고 외친다면 당신은 이해가 되는가? 이것은 억지가 아니라 정확한 원어의 문자적 표현이므로 거부할 수 없는 사전적 의미인 것이다. 아마 '형틀 복음'이라는 말을 받아들일 사람은 아무도 없을 것이다

사도 바울은 로마서 1장 17절에서 복음은 모든 믿는 자에게 구원을 주시는 하나님의 능력이 된다고 했다. 그럼 십자가가 복음이라면 분명히 구

원의 역사가 일어나야 한다. 확인해보자.

예수님이 세상 죄를 지고 골고다로 가실 때 강도 둘도 같이 자기들의 십자가를 지고 갔다. 예수님이 지고 가신 십자가는 세상 죄를 못 박을 십자가였다. 그러나 강도들이 지고 간 십자가는 로마법에 의해 십자가형을 선고받은 죄수로서 그들의 죄로 인해 형틀인 십자가에 못 박힌 것이다.

'십자가 복음'을 외치는 분들이여! 복음은 모든 믿는 자에게 구원을 주시는 하나님의 능력인데 십자가가 복음이라고 한다면 십자가를 지고 간 두 강도에게 하나님의 능력이 나타나 모두 구원을 받았어야 한다. 그러면 당신이 외치는 십자가 복음은 틀린 것이 아니다. 그러나 한 명에게만 하나님의 능력이 나타났으니 십자가가 복음이 아님을 증명한 것이다. 또한 구원받은 강도가 십자가 복음 때문에 구원을 받았다는 증거는 성경에 없고 그가 회개한 증거로 구원받은 것이다.

'십자가 복음'이 결코 우리를 구원으로 인도하지 못한다는 확실한 증거를 보자. '십자가 복음'의 핵심은 십자가에서 다 이루어놓으신 구원에 대해 말하지만 이것은 성경을 잘못 해석한 것이다. 다음의 말씀들이 증명할 것이다.

베드로전서 3장 21절 말씀이다. "물은 예수 그리스도의 부활하심으로 말미암아 구원을 받는 표니 곧 세례라." 원어에 충실한 표준성경을 보자. "그 물로서 예표되는 세례는 예수 그리스도의 부활을 통하여 이제 너희를 구원하되."

로마서 5장 10절 말씀이다. "곧 우리가 원수 되었을 때에 그 아들의 죽으심으로 말미암아 하나님으로 더불어 화목되었은즉 화목된 자로서는 더욱 그의 살으심을 인하여 구원을 얻을 것이니라."

로마서 10장 9절 말씀이다. "네가 만일 네 입으로 예수를 주로 시인하며 또 하나님께서 그를 죽은 자 가운데서 살리신 것을 네 마음에 믿으면 구원을 얻으리니."

위의 세 구절을 보면 한결같이 부활을 통한 구원을 말하고 있고, '십자가'라는 단어는 없으며, 예수님의 죽으심이 하나님과 원수 되었던 우리를 화목하게 하는 것으로 명확히 말하고 있다.

이에 대해 좀더 구체적으로 언급된 말씀을 보자. 로마서 4장 25절 말씀이다. "예수는 우리 범죄함을 인하여 내어 줌이 되고 또한 우리를 의롭다 하심을 위하여 살아나셨느니라."

이미 앞에서 언급한 것처럼 그리스도의 죽으심이 온 인류의 죄를 못 박았다는 사실이 확실하기에 십자가를 통해 구원이 성립된다면 온 인류가 구원을 받는 만인 구원론이 된다. 그러나 성경은 구원받을 자가 심히 적다고 말씀한다.

마태복음 7장 14절 말씀이다. "생명으로 인도하는 문은 좁고 길이 협착하여 찾는 이가 적음이니라." 마태복음 24장 13절 말씀이다. "그러나 끝까지 견디는 자는 구원을 얻으리라." 누가복음 13장 24절 말씀이다. "좁은 문으로 들어가기를 힘쓰라 내가 너희에게 이르노니 들어가기를 구하여도 못하는 자가 많으리라." 또한 사도 바울은 빌립보서 2장 12절에서 "두렵고 떨림으로 너희 구원을 이루라"고 했다.

마지막 때에 '십자가 복음'이 판을 치고 있고, 많은 그리스도인이 이것에 현혹되고 미혹되어 따라가고 있다. 그러나 여기서 십자가에 대해 간과해서는 안 될 하나가 있다.

사탄은 하나님의 아들 예수를 십자가에 못 박아 죽이면 자신이 승리할 줄 알았다. 그러나 구약의 제사가 대속의 제사라는 것과 예수님이 지고 가신 죄가 온 인류의 죄라는 것은 사탄이 꿈에도 생각하지 못한 것이다. 바로 그 십자가가 사탄이 사용한 하나님의 아들을 죽이는 형틀이었지만, 그 형틀인 십자가에서 죄를 속하는 대속의 피를 흘려주실 것을 사탄은 전혀 몰랐던 것이다. 이로 인해 사탄이 십자가를 사용한 것을 얼마나 후회했을까 생각해보면 사탄에게 십자가는 무섭고 두려운 대상이 되었을 것이다.

그래서 영적 전쟁에 십자가를 사용해야 한다. 사탄이 가장 무서워하는 것은 예수 그리스도의 보혈이다. 사탄은 하나님의 아들이 십자가에서 온 인류를 위해 대속의 피를 흘려주실 줄 몰랐기에 예수님이 지신 십자가를 무서워하는 것이다. 또 십자가에 나의 죄를 못 박아 죽이는 것도 영적 전쟁이다.

우리는 영적 전쟁을 할 때 악한 영을 결박시키는 명령을 하고, 결박된 마귀 새끼들을 어디로 보내야 하는지 알지 못해 그냥 "결박을 받을지어다!"라고 말하며 떠나가라고 한다. 그런데 이제 결박된 마귀 새끼들이 예수 그리스도가 지신 십자가를 얼마나 무서워하는지 알았으니 십자가로 보내는 것이 좋다. 그것이 영적 전쟁의 마지막 단계라고 할 수 있다. 왜냐하면 하나님의 아들을 죽이면 승리할 줄 알았던 사탄의 계략이 실패한 그 십자가에서 주님이 보혈을 흘려주셨기에 마귀 새끼들이 힘을 잃고 만다.

이와 같이 성경에 기록된 것으로 평생 사역해도 모자라지 않을 터인데 왜 성경에도 없는 단어들을 도입해 많은 그리스도인을 미혹시키고 있는지 실로 심각하다. 문제는 이들은 자기들이 하나님의 뜻을 따르는 주님의 종이고 성령의 가르침을 따라 말씀 사역을 한다고 주장한다는 것이다. 그러나 만약 그 가르침이 말씀에 어긋난다면 이것이야말로 자기 의로 망하는 것이다.

아마 이런 간증을 들어보았을 것이다. 어떤 정치인이 정치범으로 형을 살게 되었는데 독방에 갇혔다고 한다. 그 방은 너무나 작아 딱 한 사람만 누울 수 있었고, 방에 있는 것이라고는 변기가 전부였다고 한다. 사면이 벽이요 천정만 보이는 곳에 갇혔으니, 오죽하면 자살하고 싶은 심정이 들었을까?

그는 간증하기를, 죽기 전에 눈앞에 있는 성경이나 읽어보고 죽자 생각하고 성경을 읽기 시작했는데 감방 생활에 변화가 일어났다고 한다. 하루가 수십 년처럼 느껴졌는데 성경을 읽기 시작했더니 일주일이 하루처럼, 한 달이 하루처럼 느껴지는 놀라운 체험을 하게 되었다고 한다. 그는 성경을 읽으며 억울하게 감방에 들어온 것에서 자유함을 얻게 되었고, 또 자기를 감방으로 보낸 상관에 대한 미움도 서서히 사라졌다고 한다.

누명을 쓰고 감방에 들어간 사람이라면 대부분 출소하면 자기에게 누명을 씌운 사람을 죽이겠다고 생각할 것이다. 그도 처음에는 성경을 읽는데 문득 억울함이 올라왔다고 한다. 그러나 이상하게 성경을 열 번 읽고, 이후에도 계속 읽으면서 그런 생각들이 서서히 물러갔고, 더 놀라운 일은 어디선가 감사가 끊임없이 흘러나왔다고 한다. 그는 감방에서 성경을 백 번 읽었는데, 이것이 그의 생애를 송두리째 바꾸어놓았다고 한다.

바로 이것이 주님의 은혜이며, 이런 은혜는 거저 주어지는 것이 아님을 알아야 한다. 그가 죽기 전에 성경이나 읽어보고 죽자고 한 선택의 의지가 없었다면 그는 결코 성경을 읽지 않았을 것이고, 누명을 쓴 억울함과 함께 그의 인생은 망가졌을 것이다.

여기서 말하려고 하는 것은 바로 이것이 하나님의 사랑이라는 것이다. 그렇다고 해서 그가 이것을 감방의 사랑으로 자신의 생애가 바뀌었다고 말하지 않을 것이다. 물론 그가 감방에 들어가지 않았다면 성경을 읽지 않았을 것이고, 성경이 눈앞에 없었다면 그는 성경을 읽기로 선택하지 않았을 것이다.

그의 생애를 바꾼 것이 감방이요 성경이라고 해서 '감방 사랑'과 '성경 사랑'으로 그의 삶이 바뀌었다고 말하지 않을 것이다. 그가 말한 결론은 하나님이 자기를 사랑하셔서 감방에 보내셨고, 하나님이 자기를 사랑하셔서 성경을 읽도록 생각을 넣어주신 그 사랑을 말로 다할 수 없다는 것이다.

그렇다면 주님이 온 인류의 죄를 위해 십자가에서 돌아가신 것을 십자가 사랑이니 공로니 하며 말하는 것은 너무나 잘못된 것이다. 우리는 하나님의 사랑이 아가페, 즉 나에게 의지를 주셔서 내가 그 의지를 사용해 하나님을 선택하면 하나님의 사랑을 몸소 체험하게 되는 것임을 알아야 한다.

어느 날 아침, 잠에서 깨어난 나는 너무나 맑은 정신이었는데 갑자기 "유대인에게 복음을 전하는 데 가장 큰 거침돌은 십자가다"는 말씀이 지각을 통해 들려왔다. 당시 한국에서는 '십자가 복음'이 선포되고 있었고, 많은 사람이 거기로 몰려가고 미혹되고 있음을 알았다. 천국복음에 비추어볼 때 나는 이미 그것이 무슨 의미인지 확실하게 정리한 상태였기 때문에 이 말씀을 주셨을 때 "주님, 감사합니다" 하며 받았다.

십자가가 유대인을 주님께 인도하는 데 왜 거침돌이 되는 것일까 생각해보았다. 그들의 조상들이 예수를 십자가에 못 박으라고 외쳤고 그리고 그렇게 십자가에 못 박혀 죽으신 예수를 생각하면 그들은 두 번 다시 십자가라는 말을 듣고 싶지 않을 것이다. 그리고 그들 마음속 가장 깊이 묻혀 있는 십자가는 자기 조상들을 수없이 죽인 십자군 전쟁일 것이고, 그것만 생각하면 치가 떨렸을 것이다.

이런 상황에서 그들에게 십자가 복음을 말한다면 그들 마음속에는 대원수인 '십자가'로 인해 먼저 분노가 올라왔을 것이다. '복음'은 배척당하고 말 것이다. 유대교 유대인들이 우리를 핍박하고 죽이기까지 한다는 소식을 들었을 것이다. 바로 그들은 십자가에 죽은 예수를 받아들이지 않을 뿐 아니라 십자가라는 말만 들어도 치를 떤다. 복음은 기쁜 소식인데 그들에게 최악의 소식이라면 이것만으로도 십자가는 복음이 아닌 것이다.

고린도전서 1장 23절 말씀이다. "우리는 십자가에 못 박힌 그리스도를 전하니." 고린도전서 2장 2절 말씀이다. "내가 너희 중에서 예수 그리스도와 그의 십자가에 못 박히신 것 외에는 아무 것도 알지 아니하기로 작정하였음이라." 이 두 말씀을 보면 예수 그리스도의 대속의 죽으심을 말하면서 대속의 현장이 바로 '스타우로스'임을 언급한 것이다.

그런데 한 가지 문제가 되는 요절이 있다. 갈라디아서 5장 14절 말씀이다. "그러나 내게는 우리 주 예수 그리스도의 십자가 외에 결코 자랑할 것이 없으니 그리스도로 말미암아 세상이 나를 대하여 십자가에 못 박히고 내가 또한 세상을 대하여 그러하니라." 사도 바울은 자신에게는 십자가 외에 자랑할 것이 없다고 했으니, 곧 이 말씀이 '십자가를 자랑하라는 말씀' 아니냐고 반문할 수 있다. 다시 말하지만 헬라어 '스타우로스'는 A Cross가 아닌 것을 알면 답을 찾기 쉽다. 사도 바울은 그리스도의 형틀을 자랑한다는 말이 아니라 주님의 고난과 죽으심을 자랑하겠다는 것이다.

고린도전서 11장 26절을 보면 사도 바울이 말한 정확한 의미가 나온다. "너희가 이 떡을 먹으며 이 잔을 마실 때마다 주의 죽으심을 오실 때까지 전하는 것이니라." 비로 이것이 사도 바울이 자랑하겠다는 것으로, 그리스도가 형틀에 모든 인류의 죄를 못 박으시고 죽어주심을 자랑하겠다는 말이다.

그리고 세상이 나를 대하여 십자가에 못 박힌 것은 요한일서 2장 15절에서 말씀한 세상을 사랑하지 않는 자라면 세상은 나와 무관함을 말한 것이요 그리고 내가 세상에 대해 십자가에 못 박았다는 것은 내가 나를 지켜 세속에 물들지 않겠다는 말인 것이다. 다시 말하지만 성경에 번역된 십자가는 번역을 십자가라고 한 것이지 실제는 죄를 못 박는 형틀임을 잊지 말아야 한다.

주님이 '스타우로스'라고 하신 것은 '죄를 못 박아'라는 뜻임을 잊지 말자. 고린도전서 11장 26절은 말씀한다. "너희가 이 떡을 먹으며 이 잔을 마실 때마다 주의 죽으심을 오실 때까지 전하는 것이니라." 여기에 분명 십자가는 없고 주의 죽으심을 말한다. 그러므로 우리가 이 마지막 때에 십자가 복음에 속아 미혹되면 구원을 등한히 여겨 흘러 떠내려가게 될 것을 명심하자.

8장

제사 직분과
십일조

8장
•
제사 직분과
십일조

• • • • • • • • • • • • • • 오늘날 많은 교회가 물질 문제로 시끄럽다. 물질에 있어서 깨끗해야 하는 교회가 어떻게 이 지경에 이르게 되었는지 말씀으로 상황을 알아보고자 한다. 주님은 마태복음 6장 24절에서 "한 사람이 두 주인을 섬기지 못할 것이니 혹 이를 미워하며 저를 사랑하거나 혹 이를 중히 여기며 저를 경히 여김이라 너희가 하나님과 재물을 겸하여 섬기지 못하느니라"고 말씀하셨다. 이같이 엄히 명하셨지만 기복신앙을 외치는 자들은 거의 내부분 맘몬이 주는 미혹을 이겨내지 못했다. 이는 "돈을 사랑함이 일만 악의 뿌리가 되나니 이것을 사모하는 자들이 미혹을 받아 믿음에서 떠나 많은 근심으로써 자기를 찔렀도다"(딤전 6:10)라고 하신 말씀을 알면서도 돈을 사랑하기 때문에 일어난 현상이다.

자본주의 시장 경제에서 돈은 필요하다. 물질이 없다면 이 세상을 살아가기 힘들고, 이웃에게 부담을 주게 된다. 그래서 십계명은 엿새 동안은 힘써 네 모든 일을 행하라고 명하셨다. 데살로니가후서 3장 10절도 이렇게 명령한다. "누구든지 일하기 싫어하거든 먹지도 말게 하라." 우리가 엿새 동안 열심히 일한다면 결코 물질로 고통당하지 않는다.

물론 일하고 싶어도 일자리가 없는 경우가 있고, 몸이 불편하여 일을 못하는 경우도 있다. 바로 이런 사람들을 위해 도움의 손길을 뻗어야 한다. 그리스도인은 환난을 당하는 자를 외면하면 안 된다. 야고보서 1장 27절은 말씀한다. "하나님 아버지 앞에서 정결하고 더러움이 없는 경건은 곧 고아와 과부를 그 환란 중에 돌아보고 또 자기를 지켜 세속에 물들지 아니하는 이것이니라."

히브리서 13장 5절은 말씀한다. "돈을 사랑치 말고 있는 바를 족한 줄로 알라 그가 친히 말씀하시기를 내가 과연 너희를 버리지 아니하고 과연 너희를 떠나지 아니하리라." 돈을 사랑하면 미혹을 받아 믿음에서 떠나게 된다. 그러면 결국 하나님이 그를 버리시고 떠나시므로 그의 인생은 멸망으로 달려가게 될 것이다.

가족 가운데 네 명이 목사고, 두 명이 각각 사모와 권사로 주님께 헌신한 멋진 가정을 알고 있다. 그런데 이 권사님이 웃음을 머금으며 멋진 말을 했다. "교인 300명만 되면 대통령 안 부럽지요." 이것은 목회자가 교회를 개척해 성도가 300명만 되면 자기 왕국이 되어 대통령도 부럽지 않다는 말이다. 이것은 아주 무서운 말이다.

우리가 분명히 알아야 할 것은 목회자는 성도의 심령 속에 무엇보다도 먼저 "그의 나라와 그의 의"를 소유할 수 있게 해야 한다. 그렇지 않으면 결국 자기 왕국을 세워 하나님을 떠나게 된다. 이것은 무서운 결과를 초래할 것이다. 주님은 그런 자를 향해 "소경이 소경을 인도하면 둘 다 구덩이에 빠진다"고 하셨다. 돈 때문에 발람의 어그러진 길로 달려간다면 멸망할 것은 당연하다.

오늘날 교회로 들어오는 돈의 출처를 보면 십일조, 주일헌금, 감사헌금, 선교헌금, 건축헌금 등이다. 이 모든 명칭은 사람이 만든 것이다. 십일조, 즉 십분의 일은 구약 성경에 있고, 그 외 신약에서 연보는 있지만 십일조를 비롯해 여러 가지 헌금의 명칭은 없다. 주님이 오신 후 기록된 신약성경에는 '예물', '헌금', '연보'로만 되어 있다. 십일조는 오늘날 교회의 최고 자원이기에 우리는 구약의 십일조에 대해 바로 알아야 한다.

오늘날 온 세상 교회가 말라기 3장 7-10절 말씀으로 십일조에 관한 설교를 하고 있고, 많은 교인이 복 받기 위해 십일조를 한다. 십일조를 통해 거부가 된 록펠러 이야기를 예화로 설교하면 모두가 감동을 받는다. 그런데 우리 주변에서 철저히 십일조를 하는 사람들이 거부가 되었는가? 그들 중에는 사업이 파산한 사람도 있고, 구조 조정으로 직장을 잃은 사람도 있다. 그렇다면 말라기에 말씀하는 복 받는다는 십일조는 보증된 것이 아니다. 하나님이 시험해보라고까지 하셨는데, 십일조로 복 받은 사람도 있고 그렇지 않은 사람도 있으니 뭔가 문제가 있는 것이다. 복 받기 위한 십일조는 탐심에 걸리고 해석을 잘못한 것인지, 아니면 단지 구약의 율법에 속할 뿐 지금은 유효하지 않은 것인지 확인해야 한다.

말라기서에서 십일조를 하면 복을 쌓을 곳이 없게 부어주신다고 하신 말씀이 진리인지 아니면 책망한 것인지 알아보아야 한다. 정확한 답을 얻기 위해 말라기 전체를 살펴보자.

1장이다. "내가 너희를 사랑하였노라 하나 너희는 이르기를 주께서 어떻게 우리를 사랑하셨나이까 하는도다." 이렇게 시작되었으니 결말이 결코 교훈이거나 약속이 아니라는 것을 직감하게 된다. "내 이름을 멸시하는 제사장들아…나를 공경함이 어디 있느냐 나를 두려워함이 어디 있느냐 너희는 이르기를 우리가 어떻게 주의 이름을 멸시하였나이까 하는도다 너희가 더러운 떡을 나의 단에 드리고도…어떻게 더럽게 하였나이까 하는도다." 계속 이런 내용이다.

1장에는 "눈 먼 희생으로 드리"고, "저는 것, 병든 것으로 드려"서 너희 손으로 드리는 것은 받지 않겠다고 했다. "서원하는 일에 흠 있는 것으로 사기하여 내게 드리는 자는 저주를 받으리니"라고 하셨다.

2장이다. "너희 절기의 희생의 똥을 너희 얼굴에 발라 그것과 함께 패하여 버림을 당하리라." 제사장들은 "정도에서 떠나 많은 사람으로 율법에 거치게 하니 나도 너희로 모든 백성 앞에 멸시와 천대를 당하게 했다." "그러므로 여호와께서 다시는 너희의 헌물을 돌아보지도, 받지도 않겠다"고 하셨다. 이같이 이스라엘은 "여호와를 괴로우시게 하고도" 자기들이 어떻게 그렇게 했느냐, 행악하는 자가 여호와의 눈에 선히 보이고 기쁨이 되며 공의의 하나님이 어디 계시냐고 했다.

이런 그들에게 십일조를 하라고 하셨다면 하나님을 속 다르고 겉 다르신 분으로 만드는 것이다. 말라기 3장 7절에서 내게로 돌아오라고 할 때 그들이 이른 말이 정말 가증스러운 것이다. 왜냐하면 그들은 이미 선지자들을 통하여 끊임없이 주님께 돌아오라는 메시지를 들었고 다 알고 있는데도 하나님을 업신여기고 우리가 어떻게 하여야 돌아가리이까라고 한 것은 불신의 행위인 것이다.

이사야 6장 8-10절에서 이사야 선지자는 "내가 여기 있나이다 나를 보내소서"라고 했다. 하나님이 그에게 하신 말씀을 보면 말라기서를 이해할 수 있을 것이다. "가서 이 백성에게 이르기를 너희가 듣기는 들어도 깨닫지 못할 것이요 보기는 보아도 알지 못하리라 하여 이 백성의 마음을 둔하게 하며 그 귀가 막히게 하고 눈이 감기게 하라 염려컨대 그들이 눈으로 보고 귀로 듣고 마음으로 깨닫고 다시 돌아와 고침을 받을까 하노라." 이것이 선지자에게 주신 사명이었다.

그렇다면 말라기의 십일조를 복을 주시는 말씀이라고 가르친다면 말라기 전체를 무시하는 것으로 하나님을 무시하는 것과 다름없다. 다시 헌물을 돌아보지도, 받지도 않겠다고 하신 하나님이 무엇이 아쉬워 십일조와 헌물을 억지로 받아내시려고 하는지 생각해보라.

밀라기 3장 10절에서 '시험'은 히브리어로 Bachan(바한)이고, 불신으로 인해 하나님을 시험하는 것으로 말라기 3장 13-15절에 나오는 '시험' 역시 바한이다. "여호와가 이르노라 너희가 완악한 말로 나를 대적하고도 이르기를 우리가 무슨 말로 주를 대적하였나이까 하는도다 이는 너희가 말하기를 하나님을 섬기는 것이 헛되니 만군의 여호와 앞에 그 명령을 지키며 슬프게 행하는 것이 무엇이 유익하리요 지금 우리는 교만한 자가 복되다 하며 악을 행하는 자가 창성하며 하나님을 시험(Bachan)하는 자가 화를 면한다 하노라 함이니라." 바로 이것이 3장 10절에 나오는 '시험'을 설명한 것으로 언어 배경을 알아야 한다. 불신하여 시험하는 그들에게 "쌓을 곳이 없도록 복을 받는지 해보아라, 이놈들아!" 이렇게 말씀하신 것이다. 만약 십일조와 헌물이 하나님께로 돌아오는 길이라면 십일조로 결론을 내야 한다. 그러나 불신으로 하나님을 시험하는 그들을 책망하셨고, 마지막 결론은 하나님 아버지와 아들의 관계로 돌아오지 않으면 저주를 받는다고 했다.

반면 창세기 22장 1절에서 하나님이 아브라함을 시험하시려고 아들 이삭을 번제물로 바치라고 하셨을 때 아브라함이 시험[nacah(나싸), 하나님이 역경으로 사람을 시험하실 때]에 합격하자 하나님은 "이제야 나를 경외하는 줄 알았다"고 하셨다.

많은 사람이 마태복음 23장 23절을 언급하면서 예수님이 십일조를 하라고 하셨다고 말한다. 성경을 해석할 때 한 구절만 하면 오류를 범한다. 23장 전체 문맥은 외식하는 사람은 지옥의 판결을 피할 수 없다는 것이다. 그러나 의롭게 살고 하나님과 이웃을 사랑하며 믿음으로 사는 의인이 되면 산다는 것이다. 거기서 박하와 회향과 근체의 십일조라고 말씀한 것은 완전히 십일조를 의미하신 것이 아니다. 그것은 레위인에게 양념 종류를 베풀면서 그것이 십일조라고 하는 외식을 책망하신 것이다. 그나마 양념 종류를 주면서 십일조를 한 것으로 외식하니 그것도 하고 율법에서 더 중한 것도 하면 지옥의 판결을 피할 수 있음을 가르치신 것이다. 그러므로 주님은 한 번도 십일조에 대해 말씀한 적이 없다.

그렇다면 이 십일조가 율법에 속한 것인지 아닌지 알면 쉽게 해결할 수 있을 것이다. 율법을 바로 알면 저절로 답을 얻을 수 있기 때문이다.

주님이 이 땅에 오심으로 율법에 대한 가르침이 여러 가지로 나타났다. 첫째는 마태복음 5장 17절에서 말씀하신 "율법을 완전하게 하신 것"이다. "내가 율법이나 선지자를 폐하러 온 줄로 생각하지 말라 폐하러 온 것이 아니요 완전하게 하려 함이라." 이것은 곧바로 마태복음 5장 21-47절의 해석으로 이어지는데, 문자적인 율법을 율법의 정신으로 재해석하셨다. 이것은 문자보다 훨씬 더 지키기 어려운 말씀이다. "살인하지 말라"는 말씀은 누구든지 살인하면 심판을 받는다는 것이지만, 주님이 완전케 하신 율법은 형제에게 노하는 자마다 심판을 받고, 형제를 대하여 '라가'라 하는 자는 공회에 잡히게 되며, 미련한 놈이라 하는 자는 지옥불에 들어가게 되리라고 했다.

27-30절 말씀이다. "또 간음치 말라 하였다는 것을 너희가 들었으나 나는 너희에게 이르노니 여자를 보고 음욕을 품는 자마다 마음에 이미 간음하였느니라 만일 네 오른눈이 너로 실족케 하거든 빼어 내버리라 네 백체 중 하나가 없어지고 온 몸이 지옥에 던지우지 않는 것이 유익하며 또한 만일 네 오른손이 너로 실족케 하거든 찍어 내버리라 네 백체 중 하나가 없어지고 온 몸이 지옥에 던지우지 않는 것이 유익하니라." 사람들은 이같이 완전케 된 율법이 우리 삶을 더 힘들게 만든다고 하면서 아예 들

기조차 싫어한다.

둘째는 마태복음 5장 18절의 변하지 않는 율법이다. "진실로 너희에게 이르노니 천지가 없어지기 전에는 율법의 일점 일획도 결코 없어지지 아니하고 다 이루리라." 이것은 예수님이 사역하시면서 율법을 그대로 가르치신 부분이다. 즉 율법과 선지자의 강령이다. 마태복음 22장 37-40절 말씀이다. "예수께서 가라사대 네 마음을 다하고 목숨을 다하고 뜻을 다하여 주 너의 하나님을 사랑하라 하셨으니 이것이 크고 첫째 되는 계명이요 둘째는 그와 같으니 네 이웃을 네 몸과 같이 사랑하라 하셨으니 이 두 계명이 온 율법과 선지자의 강령이니라." 이것은 구약의 신명기 6장 5절과 레위기 19장 18절을 그대로 가르치신 것이다.

부자 청년과 율법 선생이 예수님을 찾아와 무슨 선한 일을 하여야 영생을 얻느냐고 질문했을 때 주님이 하신 대답이 바로 이 율법과 선지자의 강령이다. 예수님은 요한복음 5장 39절에서 이렇게 말씀하셨다. "너희가 성경에서 영생을 얻는 줄 생각하고 성경을 상고하거니와 이 성경이 곧 내게 대하여 증거한 것이로다." 여기서 성경은 구약에 있는 영생의 말씀으로 바로 율법과 선지자의 강령이며 변하지 않았다. 만약 구약과 신약에 있는 영생에 관한 말씀이 다르다면 아담 이후 인생은 두 종류로 나누어 가르쳐야 한다. 그래서 영생에 관한 말씀은 주님이 율법 그대로 가르치신 것을 우리도 따라야 영생에 이르게 된다.

셋째는 각 나라가 율법에 있는 법을 그 나라의 법으로 사용하는 경우가 있다. 이것을 시민법이라 할 수 있는데, 그 사용된 율법이 각 나라의 문화와 상황에 따라 다르게 적용된 경우를 말한다. 예를 들면 우리는 일부일처로 적용되었고, 모슬렘은 일부다처로 적용하고 있다.

넷째는 폐지된 율법이다. 에베소서 2장 15-16절 말씀이다. "원수 된 것 곧 의문에 속한 계명의 율법을 자기 육체로 폐하셨으니 이는 이 둘로 자기의 안에서 한 새 사람을 지어 화평하게 하시고 또 십자가로 이 둘을 한 몸으로 하나님과 화목하게 하려 하심이라 원수 된 것을 십자가로 소멸하시고."

제사의 의식법은 예수님이 마지막 제물이 되셔서 폐지되었음을 누구나 다 알고 있기에 오늘날 교회는 짐승을 잡아 번제를 드리지 않는다. 그렇다면 율법에서 말한 십일조가 의식과 관련이 있는지 살펴보아야 한다. 왜냐하면 오늘날 십일조가 교회를 외형적으로 성장시키는 재원으로 아직도 십일조는 조금도 의심 없이 전 세계 교회가 받아들이고 있기 때문이다.

십일조는 창세기 14장에서 아브람이 살렘왕 멜기세덱에게 전리품의 십분의 일을 준 것으로 시작되었다. 그 후 율법에 따라 기업을 받지 않는 레위 지파를 위해 다른 열한 지파가 매년 소산의 십분의 일을 바치도록 했다. 그럼 제사 직분을 담당한 레위가 그 받는 십분의 일에서 또 십분의 일을 바쳤는데 그 바친 것이 무엇인지 알아야 한다.

민수기 18장 26, 28절 말씀이다. "너는 레위인에게 고하여 그에게 이르라 내가 이스라엘 자손에게 취하여 너희에게 기업으로 준 십일조를 너희가 그들에게서 취할 때에 그 십일조의 십일조를 거제로 여호와께 드릴 것이라 너희는 이스라엘 자손에게서 받는 모든 것의 십일조 중에서 여호와께 거제로 드리고 여호와께 드린 그 거제물은 제사장 아론에게로 돌리되."

이와 같이 십일조는 율법에 속하여 제사의 제물로 받쳐졌기에 예수님이 육체로 폐하신 율법과 무관하지 않다. 우리가 너무나 잘 아는 폐지된 율법은 신약 시대에 언급되지 않는다. 그렇다면 십일조는 분명히 율법에 속해 있는데 왜 지금까지 교회에서 가르치고 받아들이는 것인지 의아스럽다. 위에서 말한 율법에 대한 네 가지 중 십일조는 어디에 속하는지 알아보아야 한다.

완전케 된 율법일까? 주님은 완전하게 하신 율법을 언급하시면서 십일조를 말씀하시지 않았다. 변하지 않은 율법일까? 이미 언급한 것처럼 영생에 관한 것이 아니니 이것도 아니다. 그럼 시민법으로 사용된 것일까? 이것도 전혀 아니다. 이제 하나 남았다. 폐지된 율법일까? 십일조는 제사 의식이 아니므로 이것도 아니다.

이와 같이 율법의 십일조가 위의 네 부류에 속하지 않은 것은 확실해졌다. 그렇다면 그 외의 율법에 대해 더 알아보아야 한다. 이것을 찾기에 앞서 사도들의 사역인 사도행전에도 그리고 서신서에서도 왜 전혀 십일조를 언급하지 않은 것일까? 특히 사도 바울은 예수님의 제자가 아니었고, 율법으로는 가말리엘 문하의 수제자로 율법에 정통했다. 그런 그가 서신서 어디에서도 율법의 십일조를 언급한 바가 없으니 분명히 십일조에 대해 확실한 증거를 찾아야 한다.

신약 복음서에서 예수님이 언급하신 십일조를 살펴보자. 마태복음 23장 23-24절 말씀이다. "화 있을찐저 외식하는 서기관들과 바리새인들이여 너희가 박하와 회향과 근채의 십일조를 드리되 율법의 더 중한 바 의와 인과 신은 버렸도다 그러나 이것도 행하고 저것도 버리지 말아야 할지니라 소경 된 인도자여 하루살이는 걸러내고 약대는 삼키는도다."

주님이 책망하신 서기관과 바리새인들은 위선자요 외식하는 자로 이미 그들은 화를 자초한 자들이라고 하셨다. 마태복음 23장은 외식하는 서기관과 바리새인들에게 화가 있을 것을 엄히 책망하셨는데, 그 책망의 의도를 알 수 있다. 그들은 모세의 자리에 앉아 말은 바르게 하지만 자신들은 행하지 않는 외식자이므로 책망하신 것이다. 그들은 무거운 짐은 다른 사람들에게 지우고 자신들은 한 손가락도 움직이지 않고, 잔치의 상석과 회당의 상좌와 시장에서 문안 받는 것과 사람에게 랍비라 칭함을 받는 것을 좋아한다. 그들은 천국문을 가로 막아 자신과 다른 사람까지 들어가지 못하게 한다. 교인 하나가 생기면 자신들보다 배나 더 지옥 자식이 되게 한다. 그들의 잔과 대접의 겉은 깨끗이 하지만, 그 안에는 탐욕과 방탕으로 가득하다. 회 칠한 무덤처럼 겉은 아름답게 보이나 속에는 죽은 사람의 뼈와 모든 디리운 것이 가득하다. 그래시 주님이 그들에게 "뱀들아 독사의 새끼들아 너희가 어떻게 지옥의 판결을 피하겠느냐"라고 하시면서 호되게 책망하셨다.

일을 망쳤을 때 책망하는 말이 있다. "잘했다, 잘했어. 잘해보라니까." 이것이 하라는 말인가, 책망하는 말인가? 주님이 "화 있을찐저 외식하는 자"라고 하시고, "소경 된 인도자"라고 까지 하셨는데 "이것도 행하고 저것도 버리지 말라"고 하시는 것이 이것저것 다 하라는 말씀인가? 그렇게 생각한다면 주님이 말씀하신 의도를 전혀 모르는 것이다. "하루살이는 걸러내고 약대는 삼키는 저들에게 십일조와 의와 인과 신을 지키라"고 말씀하셨다면 이것은 책망이지 결코 행하라는 말씀이 아니다. 예수님이 사역하실 당시 그들이 바친 박하와 회향과 근채(양념류로 온전한 십일조가 아님)는 분명히 레위인에게 주었을 것이다. 그들이 지금까지 행한 것을 하지 말라고 하실 이유는 없으시니 하지 말라고 하지 않으셨다. 그러나 율법의 가르침에서 더 중요한 의와 인과 신을 버렸으니 화를 당하는 것은 당연하고 지옥도 피할 수 없는 것이다.

그렇다면 신약 전체에 십일조에 대한 언급이 없음은 분명해졌다. 십일조에 대한 언급이 왜 전혀 없는지를 생각해보았다면 오늘날 교회가 십일조를 의무화하지는 않았을 것이다. 이것은 무서운 것이다. 성경에서 가르치지 않는 것을 교회가 가르친다는 것은 심각한 문제고, 또 나아가 의무화까지 했다면 그 책임을 져야 할 것이다.

신약 성경 어디에도 없는 십일조를 의무화한 죄는 어떻게 할 것인가? 지금부터 십일조에 대한 확실한 가르침을 찾아보자. 히브리서 7장 1-13절을 보면 십일조를 처음 받은 살렘 왕 멜기세덱이 누군지 나와 있다. 1-3절 말씀이다. "이 멜기세덱은 살렘 왕이요 지극히 높으신 하나님의 제사장이라 여러 임금을 쳐서 죽이고 돌아오는 아브라함을 만나 복을 빈 자라 아브라함이 일체 십분의 일을 그에게 나눠주니라 그 이름을 번역한

즉 첫째 의의 왕이요 또 살렘 왕이니 곧 평강의 왕이요 아비도 없고 어미도 없고 족도도 없고 시작한 날도 없고 생명의 끝도 없어 하나님 아들과 방불하여 항상 제사장으로 있느니라." 아브라함이 십분의 일을 드린 멜기세덱은 예수 그리스도의 그림자로 설명되어 있다.

　십일조를 받은 예수 그리스도의 그림자이신 멜기세덱을 히브리서에서 다시 해석한 이유가 무엇일까? 새 언약의 대제사장이신 예수 그리스도를 말씀하는 것인데, 거기에 십일조를 언급하고 있으니 잘 살펴보아야 한다. 히브리서 7장 4-5절은 아브라함이 노략물 중 좋은 것으로 십분의 일을 멜기세덱에게 주었다고 하면서 레위의 아들들 가운데 제사장 직분을 받는 자들이 율법을 좇아 아브라함의 허리에서 난 자라도 자기 형제인 백성에게서 십분의 일을 취하라는 명령을 받았다고 했다. 그러므로 십일조는 율법을 좇아 취하라는 명령임이 확실해졌다. 이와 같이 십분의 일을 받는 레위도 아브라함으로 말미암아 십분의 일을 바친(9절) 것으로 앞에서 본 민수기 18장 26, 28절의 거제물로 사용되었다. 그러므로 십일조는 주님이 육체로 폐하신 율법에 속하지 않지만, 레위가 바친 십일조는 거제물이므로 이것은 분명히 폐해진 부분에 속한 것이다.

　이와 같이 불분명하면 사람들이 자기 생각으로 사람의 계명을 만들어 가르칠 가능성이 높다. 구약에도 사람의 계명이 있고, 신약에는 주님이 인용하여 말씀하셨다.

　이사야 29장 13절과 마가복음 7장 6-8절 말씀이다. "주께서 가라사대 이 백성이 입으로는 나를 가까이하며 입술로는 나를 존경하나 그 마음은 내게서 멀리 떠났나니 그들이 나를 경외함은 사람의 계명으로 가르침을 받았을 뿐이라."

히브리서 7장 12-13절 말씀이다. "제사 직분이 변역한즉 율법도 반드시 변역하리니 이것은 한 사람도 제단일을 받들지 않는 다른 자파에 속한 자를 가리켜 말한 것이라."

제사 직분이 변역[metatithemi(메타티데미), 변하다, 바꾸다]되었다는 것은 레위 계통이 아닌 다른 제사장이 세워지는 것을 말한다. 율법에서 제사장 직분은 레위 지파의 아론의 반차를 따라야 한다. 그런데 바뀌었다. 히브리서 7장 11절 말씀이다. "레위 계통의 제사 직분으로 말미암아 온전함을 얻을 수 있었으면 (백성이 그 아래서 율법을 받았으니) 어찌하여 아론의 반차를 좇지 않고 멜기세덱의 반차를 좇는 별다른 한 제사장을 세울 필요가 있느뇨." 이것이 제사 직분의 변역으로, 대제사장 되신 주님은 유다 지파로 유다 지파에서 한 사람의 제사장도 세워진 적이 없는데 주님이 단번에 지성소에 들어가셔서 제사 직분을 담당하시고 끝내신 것으로 바뀐 것이다.

그다음 "율법도 반드시[ek anangke(에크 아낭케), 무엇으로부터 반드시] 변역[metathesis(메타데시스), 변화 변모로 바뀌어짐]하리니"에서 율법은 그 앞 구절인 5절에서 언급한 "율법을 좇아 자기 형제인 백성에게서 십분의 일을 취하라는 명령"에서 율법의 십일조도 반드시 변역한다고 했다. 13절에서 이것은 제단일에 종사하지 않는 레위 지파 외 열한 지파를 두고 한 말이라고 했다. 그것은 십분의 일을 내는 그들에게 율법의 십일조가 바뀌었음을 명백히 한 것이다.

그렇다면 앞에서 언급한 율법의 네 가지가 다섯 가지로 늘어나게 된다. 1) 완전케 된 율법, 2) 변하지 않은 율법, 3) 각 나라에 사용된 시민법, 4) 폐지된 율법 그리고 5) 바뀐 율법으로 제사 직분과 십일조가 있다.

이와 같이 성경에 명백한 기록이 있는데도 교회는 수세기 동안 바뀐 율법의 십일조를 모른 채 너무나 당당하게 설교하고 의무화해왔다. 십일조 봉투까지 만들어 사용하고 있으니 이런 것은 교회를 세속화한 주범이라고 할 수 있다.

그렇다면 율법의 십일조가 어떻게 바뀐 것인가? 주님의 사역인 복음서에 나타난 예물과 헌금은 무엇을 말씀한 것인지 살펴보자. 예물에 대한 기록으로 예수님이 탄생하셨을 때 찾아온 동방 박사가 드린 예물[doron(도론)]인 황금과 유향과 몰약이 있다. 그리고 마태복음 5장 23-24절에서 예물(도론은 제물을 두고 한 말)을 제단[thusiasterion(뒤시아스테리온), 예루살렘 성전의 번제단을 말함]에 드린다고 했다. 이것은 예수님 당시에도 제물을 예루살렘 성전의 번제단에 가져온 것을 보고 하신 말씀으로 아직 예수님이 육체로 폐하시기 전 일어난 일이다. 또 마태복음 8장 4절에서 주님이 나병에서 치료된 자에게 제사장에게 가서 몸을 보이고 모세의 명한 예물(도론)을 드려 나병에서 나았음을 증거하라고 하셨다. 마태복음 23장 19절은 이렇게 말씀한다. "소경들이여 어느 것이 크뇨 그 예물(도론)이냐 예물(도론)을 거룩하게 하는 제단(뒤시아스테리온)이냐."

이와 같이 복음서에 나타난 예물은 주님이 육체로 폐하시기 전이었고,

사역 현장이 예루살렘 성전으로 제단과 함께 사용된 것이다. 이제는 제단과 제물이 폐해졌기에 역시 예물도 폐해졌다고 본다. 그러나 우리가 병고침을 받았을 때 감사함으로 주님께 드리는 것은 문제가 없을 것이다. 그런데 어디에다 드리는 것이 주님께 드리는 것인지 말씀을 잘 보아야 한다. 주님은 마태복음 25장 36절에서 "내가 병들었을 때 돌아보았다"고 하시면서 "이것은 적은 소자에게 한 것이 나에게 한 것이라"고 하셨다. 그렇다면 우리가 병에서 놓여 감사를 드린다면 병든 자를 찾아가는 것이 주님이 기뻐하시는 산 제물이 될 것이다(롬 12:1).

복음서에서 헌금이라는 단어는 누가복음 21장 1, 4절에 나오는데 원어는 도론(doron)으로 위의 예물과 동일하다. 그렇다면 신약 시대에 언급된 것은 연보에 대한 것 외에는 없다.

구약의 십일조는 레위인을 위한 것이었다. 신약의 연보에 대한 것은 고린도전서 16장 1-2절과 고린도후서 8-9장에 명확하게 기록되어 있다. 그럼 신약의 연보는 누구를 위한 것인가? 고린도전서 16장 1절 말씀이다. "성도를 위하는 연보에 대하여는 내가 갈라디아 교회들에게 명한 것 같이 너희도 그렇게 하라." 고린도후서 8장 4절, 9장 1, 9, 12, 13절 말씀이다. "이 은혜와 성도 섬기는 일에 참여함에 대하여 우리에게 간절히 구하니." "기록한바 저가 흩어 가난한 자들에게 주었으니 그의 의가 영원토록 있느니라 함과 같으니라." "성도를 섬기는 일에 대하여 내가 너희에게 쓸 필요가 없나니." "이 봉사의 직무가 성도들의 부족한 것만 보충할 뿐 아니라 사람들의 하나님께 드리는 많은 감사를 인하여 넘쳤느니라 이 직무로 증거를 삼아 너희의 그리스도의 복음을 진실히 믿고 복종하는 것과 저희와 모든 사람을 섬기는 너희의 후한 연보를 인하여 하나님께 영광을 돌리고."

이같이 율법의 십일조가 연보로 바뀌면서 레위인, 즉 교회 사역자를 위한 것이 아니라 일반 성도를 위한 것과 가난한 자를 위한 것으로 바뀐 것이다. 주님은 섬김을 받으러 오시지 않았다. 도리어 섬기고 나아가 자신의 몸까지 주셨기에 연보로 성도와 가난한 자를 섬기는 것은 너무나 당연한 것이다.

그럼 왜 성도와 가난한 자를 위한 것인가? 고린도후서 8장 14절, 9장 12절 말씀이다. "이제 너희의 유여한 것으로 저희 부족한 것을 보충함은 후에 저희 유여한 것으로 너희 부족한 것을 보충하여 평균하게 하려 함이라." "이 봉사의 직무가 성도들의 부족한 것을 보충할 뿐 아니라 사람들이 하나님께 드리는 많은 감사로 말미암아 넘쳤느니라."

오늘날 교회가 성도들에게서 십일조를 받아 성도들의 부족함을 보충했다면 문제가 생기지 않았을 것이다. 오늘날 교회의 십일조는 일차적으로 사역자를 위한 것이라고 가르쳤고 그리고 거액의 십일조가 모이자 가시직인 교회 확장으로 많은 문세가 일어나게 된 것으로 보인다. 그럼 이 십일조가 우리 구원에 영향을 미칠지 말씀을 찾아보아야 한다. 우리가 법을 몰라 어겼다고 해서 범죄가 성립되지 않는 것이 아니다. 성경에서 십일조가 바뀌었고, 예루살렘 교회가 시작된 후 한 번도 십일조를 언급한 바 없음에도 율법은 폐해졌다고 하는 자들이 십일조만은 성도의 의무로 가르쳤으니 이에 대한 책임을 져야 할 것이다.

그러므로 십일조를 율법으로 생각하고 그것을 통해 복을 받으려 했다면 잘못된 것이다. 성도는 그러한 가르침을 받아 그렇게 했겠지만, 속아서 잘못을 저질렀다고 해도 법은 봐주지 않는다. 그래서 주님은 소경이 소경을 인도하면 둘 다 구덩이에 빠진다고 하셨다.

그럼 성경적인 근거를 보자. 민수기 16장에서 고라의 반역으로 많은 백성이 멸망당했다. 고라는 모세와 아론을 대적했는데 13절에 그의 반역이 기록되어 있다. "네가 우리를 젖과 꿀이 흐르는 땅에서 이끌어 내어 광야에서 죽이려 함이 어찌 작은 일이기에 오히려 스스로 우리 위에 왕이 되려 하느냐."

고라는 그와 함께하는 자손들과 당을 짓고 유명한 족장 250명과 함께 모세를 대적했다. 하나님이 모세와 아론에게 "저들에게서 떠나라 내가 순식간에 저들을 멸하겠다"고 하실 때 모세가 중보했다. "한 사람이 범죄하였거늘 온 회중에게 진노하십니까?" 그래서 하나님이 모세에게 "너희[회중]는 고라와 다단과 아비람의 장막에서 떠나라"고 명하게 하셨다. 그래서 그 명령에 따른 자들은 살았고, 거역한 자들은 땅이 입을 열어 삼켜 버렸다. 그리고 고라와 함께한 분향하는 족장 250명은 하나님에게서 불이 나와 다 소멸되고 말았다.

이튿날 이스라엘 자손의 온 회중이 모세와 아론을 원망하여 "너희가 여호와의 백성을 죽였다"고 하며 모세와 아론을 칠 때 하나님의 영광이 나타났고, 모세에게 "내가 순식간에 그들을 멸하려 하노라"고 하셨다. 이

때 염병으로 죽은 자가 1만4천7백 명이었다

이같이 미혹되어 따라가면 멸망당한다. 나는 잘 몰랐고 누군가가 가르쳐서 그랬다고 변명할 수가 없다. 그러므로 우리는 바뀐 율법의 십일조를 하나님의 축복의 통로라고 가르치는 것에 미혹되었음을 알게 된 순간 즉시 그것에서 떠나야 한다. 만약 고집한다면 멸망을 부르게 될 것이다.

그러나 율법적 십일조로 복을 받으려는 것이 아니라 주님을 사랑하는 마음으로, 천국을 사모하는 마음으로 자기 수입의 십분의 일이나 그 이상을 주님께 헌금하는 사람들이 있다. 이러한 헌금은 귀한 것이고, 그런 사람들은 하나님의 축복을 받을 것이다.

우리는 십일조를 수입의 십분의 일로 떼었다. 그런데 선교지의 상황을 보면 현지인들이 날품을 팔아 하루하루 살아가는 모습에 선교사로서 그저 안타까울 뿐이다. 만약 그들이 십일조를 낸다면 그것으로는 선교지 교회의 공과금도 충당할 수 없을 것이다. 반면 대형 교회는 엄청난 수입을 올리지만, 이것이 교회를 세속화시키는 주범인 것을 이미 보았기에 만약 우리가 말씀에서 언급한 것을 따르지 않으면 화를 면할 수 없을 것이다.

사도 바울은 연보는 어떻게 준비하라고 가르쳤을까? 먼저 연보를 뜻하는 헬라어를 보면 로게이아(logeia, 수집, 수금, 고전 16:2), 율로기아(eulogia, 사랑에 의한 축복, 풍성한 선물, 관용, 고후 9:5), 하플로테스(haplotes, 관대, 관용, 진실함, 고후 8:2, 9:11, 13, 11:3) 하드로테스(hadrotes, 후한, 풍성함, 고후 8:20)로 나온다. 로게이아는 단지 어려운 성도를 위해 돈을 모으는 것으로 보인다. 그리고 가장 많이 언급된 하플로테스는 관대와 관용으로 성도를 돕기 위해 베푸는 것으로 보인다.

고린도전서 16장 2절 말씀이다. "매 주일 첫날에 너희 각 사람이 이를 얻은 대로 저축하여 두어서 내가 갈 때에 연보(로게이아)를 하지 않게 하라." 선교사가 설교를 하면 그 자리에서 선교사를 위해 연보를 하는 경우를 본다. 그러나 사도 바울은 자신이 갈 때 연보를 거두지 말라고 했다. 이것은 우리가 늘 돈을 소지하고 있지 않고 필요한 만큼만 가지고 있는데 갑작스럽게 연보를 한다면 당황하게 되고 불평도 할 수 있기 때문이다.

고린도후서 8장 2절에서 마게도냐 교회 성도들에 관해 이렇게 말씀한다. "환란의 많은 시련 가운데서 저희 넘치는 기쁨과 극한 가난이 저희로 풍성한 연보(하플로테스)를 넘치도록 하게 하였느니라." 넘치는 기쁨과 극한 가난인데 어떻게 연보를 넘치게 할 수 있는가? 많이 가진 자는 가진 것을 몽땅 드리지 않지만, 가난한 자는 기쁨으로 다 드릴 수 있기 때문이다.

고린도후서 9장 6-7, 11, 13절 말씀이다. "이것이 곧 적게 심는 자는 적게 거두고 많이 심는 자는 많이 거둔다 하는 말이로다 각각 그 마음에 정한 대로 할 것이요 인색함으로나 억지로 하지 말찌니 하나님은 즐겨 내는 자를 사랑하시느니라." 하나님의 사랑을 받기 원하지만 물질을 드리는 일에 인색한 자들이 많다. 성도를 돕고 섬기는 일을 즐겨한다면 하나님이 사랑하신다는 약속의 말씀이다. 11절 말씀이다. "너희가 모든 일에 부요하여 너그럽게 연보(하플로테스)를 함은 저희로 우리로 말미암아 하나님께 감사하게 하는 것이라." 역시 부요한 자들도 관대하고 관용하면 도움을 받는 성도가 하나님께 감사드리게 된다. 13절 말씀이다. "이 직무로 증거를 삼아 너희의 그리스도의 복음을 진실히 믿고 복종하는 것과 저희와 모든 사람을 섬기는 너희의 후한 연보(하플로테스)를 인하여 하나님께 영광을 돌리고." 이와 같이 모든 사람을 섬기는 일에 관대하고 관용을 베풀 때 하나님께 영광을 돌리게 된다.

성경은 연보에 대해 상세히 가르친다. 그러나 오늘날 교회들이 십일조만 강조하고 연보를 제대로 가르치지 않으면 그 교회는 분명 주님의 뜻을 따르지 않는 결과를 맞게 될 것이다. 그러므로 사업을 하는 사람은 기본으로 로게이아(logeia)의 연보를 저축하고, 그렇지 않는 사람은 마음에 정한 대로 하며, 또 감동이 되면 하플로테스(haplotes), 하드로테스(hadrotes)를 하라. 하나님은 즐겨 내는 자를 사랑하신다. 연보는 성도를 섬기는 일에 사용되어야 하기 때문이다.

사실 하플로테스(haplotes)나 하드로테스(hadrotes)의 연보는 십일조를 능가하는 것이다. 고린도 교회가 거액의 연보를 사도 바울에게 맡긴 것은 미리 준비한 것으로, 인색함과 억지로 한 것이 아니다. 그래서 하나님께 감사하고 영광을 돌렸던 것이다.

그리스도의 제자의 조건 중 하나가 누가복음 14장 33절에 나온다. "이와 같이 너희 중에 누구든지 자기의 모든 소유를 버리지[apotasomai(아포탓소마이), 포기하다, 단념하다, 버리다] 아니하면 능히 내 제자가 되지 못하리라." 이것은 소유한 것을 버리라는 말씀이 아니라 소유권을 포기하라는 의미다. 우리는 가져온 것도 없고, 가져갈 것도 없다. 지금 우리가 소유한 모든 것은 주님이 우리에게 관리하라고 맡기신 것이기에 우리는 청지기의 삶을 살아야 한다. 베드로전서 4장 10절 말씀이다. "각각 은사를 받은 대로 하나님의 각양 은혜를 맡은 선한 청지기 같이 서로 봉사하라."

예루살렘 교회가 시작된 후 십일조에 대한 기록은 없다. 연보에 대한 기록도 없다. 그들은 놀랍게도 이렇게 했다. "모든 물건을 서로 통용하고 제 재물을 조금이라도 제 것이라 하는 이가 하나도 없더라"(행 4:32). 그런데 바로 이어서 자기 땅을 팔아 얼마를 감춘 아나니아와 삽비라 부부가 베드로 앞에서 죽었다. 그들은 왜 죽었을까? 십일조 때문이 아닌 것은 분명하고, 앞의 말씀과 누가복음 14장 33절에 언급된 제자는 자기 재물의 소유권을 포기한다는 말씀과 무관하지 않을 것이다. 초대교회의 시작에서 보듯이 재물은 10퍼센트가 아닌 100퍼센트가 주님의 것임을 알아야 한다.

오늘날 교회는 어디에 연보를 내라고 가르치는가? 대부분 자기가 출석하는 교회라고 말할 것이다. 그러나 성경에는 출석하는 교회에 바쳐야 한다는 내용이 없다. 사도 바울은 성도를 섬기는 연보에 대해 자신이 사역하던 교회들과 사역자 디도를 언급하면서 자신이 갈 때 연보를 거두지 말고 미리 준비해두라고 했다.

고린도전서 16장 2절 말씀이다. "매 주일 첫날에 너희 각 사람이 이를 얻은 대로 저축하여 두어서 내가 갈 때에 연보(로게이아)를 하지 않게 하라." 고린도후서 8장 5, 20-21, 24절 말씀이다. "우리의 바라던 것뿐 아니라 저희가 먼저 자신을 주께 드리고 또 하나님 뜻을 좇아 우리에게 주었도다." "이것을 조심함은 우리가 맡은 이 거액의 연보로 인하여 아무도 우리를 훼방하지 못하게 하려 함이니." "이는 우리가 주 앞에서만 아니라 사람 앞에서도 선한 일에 조심하려 함이라." "그러므로 너희는 여러 교회 앞에서 너희의 사랑과 너희를 대한 우리 자랑의 증거를 저희에게 보이라." 고린도후서 9장 4-5절 말씀이다. "혹 마게도냐인들이 나와 함께 가서 너희의 준비치 아니한 것을 보면 너희는 고사하고 우리가 이 믿던 것에 부끄러움을 당할까 두려워하노라." "이르므로 내가 이 형제들로 먼저 너희에게 가서 너희의 전에 약속한 연보[eulogia(율로기아), 사랑에 의한 축복, 풍성한 선물, 관용]를 미리 준비케 하도록 권면하는 것이 필요한 줄 생각하였노니 이렇게 준비하여야 참 연보(율로기아)답고 억지가 아니니라." 이상은 사도 바울이 고린도 교회의 성도들에게 말한 것이다.

우리가 출석하는 교회가 말씀대로 연보를 받아 성도를 섬기는 일과 가난한 자를 위해 사용하고 있다면 출석하는 교회에 연보를 하는 것이 마땅하다. 그러나 말씀의 가르침에서 벗어났다면 우리는 말씀을 따라 실천해야 한다. 왜냐하면 오늘날 교회가 하나님 나라를 세운다면 말씀을 따라 연보를 쓰겠지만, 자기 왕국을 세우려고 한다면 성경의 가르침을 따르지 않고 다른 일들을 벌여 성도를 더욱 미혹할 것이다.

마지막으로 말씀을 따라 연보하는 자에 대해 하나님이 약속하신 것이 무엇인지 보자.

1. 심을 것을 주사 풍성하게 하시고 의의 열매를 더하게 하신다. 고린

도후서 9장 10절 말씀이다. "심는 자에게 씨와 먹을 양식을 주시는 이가 너희 심을 것을 주사 풍성하게 하시고 너희 의의 열매를 더하게 하시리니."

2. 많이 심는 자는 많이 거둔다. 고린도후서 9장 6절 말씀이다. "이것이 곧 적게 심은 자는 적게 거두고 많이 심은 자는 많이 거둔다는 하는 말이로다."

3. 하나님은 즐겨 내는 자를 사랑하신다. 고린도후서 9장 7절 말씀이다. "각각 그 마음에 정한 대로 할 것이요 인색함으로나 억지로 하지 말찌니 하나님은 즐겨 내는 자를 사랑하시느니라."

4. 그의 의가 영원토록 있다. 고린도후서 9장 9절 말씀이다. "기록한바 저가 흩어 가난한 자들에게 주었으니 그의 의가 영원토록 있느니라 함과 같으니라."

우리는 지금까지 잘못된 가르침을 따랐다. 그래서 하나님의 진정한 축복을 받지도 누리지도 못했다. 연보를 통해 주시는 주님의 약속을 받아 의의 열매로 구원을 이루어갈 때 심은 대로 거두는 복을 받을 것이다.

9장

예배의
장소는
어디인가?

9장. 예배의 장소는 어디인가?

　　　　　　　　　　오늘날 예배라고 하면 교회에 가서 드리는 예배를 말하는데, 그렇다면 예배의 의미가 무엇인지 살펴보아야 한다.

먼저 오늘날 정통 예배 순서를 보면 묵도, 성시 낭독, 사도신경으로 신앙고백, 찬송, 대표기도, 성경 봉독, 성가대 찬양, 설교, 찬송, 헌금, 광고, 축도로 되어 있다. 그러나 근래에는 열린 예배라는 이름으로 아주 자유롭게 예배를 진행하는 교회도 있다. 그럼 정통 예배의 순서는 무엇에 근거한 것이고, 열린 예배는 어떤 의미로 열렸다고 하는 것인가?

필리핀은 국교가 천주교로 그들은 사도신경을 고백하는데, 개신교는 오히려 사도신경을 사용하지 않는다. 필리핀 목회자들은 한국 선교사들이 세운 교회가 사도신경을 고백하게 하는 것을 이상하게 바라본다.

한국교회 중 예배 순서에서 사도신경을 뺀 교회들이 있다고 한다. 여기서 사도신경의 역사에 대해 논하려는 것이 아니다. 그것이 성경적인지 아닌지 살펴보고자 한다.

사도들의 사역은 사도행전에 다 기록되어 있다. 그런데 사도행전을 아무리 살펴보아도 사도들이 사도신경을 고백한 것을 찾을 수 없다. 그렇다면 사도신경은 사람이 만든 것임이 틀림없다. 그러면 필리핀 천주교에서 사도신경을 어떻게 받아들이고 있는지 살펴보자. 그들이 "성도가 서로 교통"하는 것에 대해 어떻게 오해하고 있는지 보자.

그들이 고백하는 "성도가 서로 교통"하는 것은 그들이 섬기는 죽은 성인들과 교통한다는 것이다. 그것은 자신들이 그들과 교통함으로 죄가 사해지고 몸이 다시 살아나 영원히 산다는 고백이다. 그들은 문법적으로 "성인, 즉 죽은 성인들과 교통"하므로 "죄가 사해지고 몸이 다시 살며 영원히 산다"는 것으로 이해한다. 이것이야말로 예수 그리스도가 십자가에서 흘리신 보혈을 무효로 만들고, 성인들을 내세운 천주교의 교리를 따라가는 것이다.

오늘날 예배 순서지를 보면 작은 개척교회는 종이 한 장이지만, 대형교회는 소책자처럼 되어 있다. 거기에는 별별 내용이 다 있는데 이벤트 광고부터 십일조와 감사헌금 명단까지 꽉 차 있다. 이것이 바로 오늘날 예배 순서지이니, 순서지만큼이나 예배드리는 성도의 마음이 복잡하고 무거울 것 같다.

우리가 드리는 예배는 구약 시대의 제사장처럼 백성의 죄를 사하는 제사 의식을 대행하는 것이 아님에도 불구하고 대표기도로 온 회중의 죄를 사해달라고 하면 과연 온 회중의 죄가 사해질 수 있는지 묻고 싶다.

성가대를 보면 좌석 자체가 회당의 상좌인데, 주님께 드리는 찬양인지 아니면 준비한 성가를 발표하는 시간인지 구별이 안 된다. 찬양은 선별된 성가 대원만 부르는 것이 아니라 온 회중이 주님을 찬양하는 것이 올바른 것이다. 무엇보다도 성가 대원들이 과연 하나님 앞에서 찬양할 자격, 즉 주 앞에서 바른 삶을 살았는지가 중요하다. 세상에 속해 살다가 노래하기를 좋아한다는 이유만으로 부르는 찬양은 찬양이 될 수 없다.

오늘날 예배에서 핵심인 말씀 증거가 예배냐고 묻는다면 아니라고 답하고 싶다. 왜냐하면 말씀과 기도로 거룩해지는 것인데, 그 말씀이 거룩한 삶을 살도록 하는가 묻고 싶다. 오늘날 설교는 주어진 시간 안에 마쳐야 하고, 교인들이 졸지 않도록 재미있게 해야 하니 결국 다른 복음을 전하게 되기 때문이다. 만약 말씀을 듣고 나오면서 무슨 말씀을 들었는지, 그 말씀으로 어떻게 살 것인지 하는 것이 없다면 그것이야말로 세상 강연을 들은 것과 같은 것이지 결코 레마의 말씀, 즉 살아 운동력이 있는 말씀이 될 수 없다.

왜냐하면 많은 그리스도인이 예배를 마치고 나오면서 들은 설교 내용을 잊어버릴 뿐만 아니라 그리스도인으로 어떻게 살 것인가에 대한 고민은 전혀 없다고 한다. 오히려 말씀을 듣는 목적이 무엇인지 아무 생각 없이 예배 자리에 참석하고는 아버지 집에 오니 왠지 졸음이 쏟아진다며 마음 놓고 졸다가 설교가 다 끝나고 찬송 소리에 놀라서 깨는 경우가 많다고 한다.

말씀은 살았고 운동력이 있어 좌우에 날 선 어떤 검보다 예리하여 혼과 영과 관절과 골수를 찔러 쪼개기까지 하며 또 마음의 생각과 뜻을 감찰하신다고 했다(히 4:12). 그렇다면 말씀은 분명히 영적 수술을 하는 시간으로 마음이 찔리고 회개하는 시간이 되어야 한다(행 2:37-38). 그런데 주님의 말씀을 듣고 "내 말을 듣고 행하는 자"로 변화되지 않는다면 설교를 듣는 것은 사람의 가르침을 듣는 것으로 주님을 헛되이 예배하는 것이다(막 7:7).

지금까지 언급한 보편화된 예배가 과연 성경에 근거한 것인지, 아니면 사람에 의해 만들어진 의식인지 살펴보아야 한다. 먼저, 원어로 기록된 예배, 경배를 먼저 확인해보자.

구약 성경에 나오는 예배나 경배는 모두 같은 의미를 뜻하는 단어로 기록되어 있다. Shachah(샤하)로 '엎드리다', '기도로 하나님을 경배하다', '굽히다', '가라앉다', '풀이 죽다', '낮추다', '경의를 표하다' 등이다. 이 여러 의미를 보면 오늘날 우리가 말하는 예배와 너무나 거리가 멀다는 것을 알 수 있다. 우리는 어디에 가서 예배드린다는 개념이 강하므로 예배당이라고 했을 것이다. 즉, 예배드리는 집이라는 것이다. 그러나 성경 어디를 보아도 예배드리는 집이라는 표현은 없다.

구약에서는 회막을 세워 제사장들이 백성을 섬겼다. 그러나 백성이 그 작은 회막에 들어가서 예배드렸다는 언급은 전혀 없다. 우리가 구약의 예배 행위가 제사드리는 것으로 나타나 있음을 간과해서는 예배를 제대로 알 수 없다. 그리고 신약에 와서도 회당에서 예배드린 기록은 없다.

창세기 22장 5절 말씀이다. "이에 아브라함이 사환에게 이르되 너희는 나귀와 함께 여기서 기다리라 내가 아이와 함께 저기 가서 경배(샤하)하고 너희에게로 돌아오리라." 이 말씀은 아브라함이 이삭을 번제로 드리라는 하나님의 명령을 실행하는 한 장면이다. 예배와 경배의 단어는 원어로 샤하이고, 이것과 약간 의미가 다른 Abad(아바드)가 있다.

아브라함은 왜 자신과 아들 이삭만 "저기 가서 경배"한다고 하고, 사환들은 예배에 동참시키지 않았는가? 아브라함이 창세기 17장 1절에서 "나는 전능한 하나님이라 너는 내 앞에서 행하여 완전할지니라"는 말씀을 받은 후 믿음의 조상으로 본을 보여주는 삶을 살았는데, 그는 왜 사환들을 예배에 동참시키지 않았을까? 또 경배하러 간다고 하면서 무슨 경배가 아들을 묶어 제단에서 잡아 죽이는 것인가? 그럼 아들을 번제로 드리라고 하신 말씀을 준행하기로 한 아브라함이 하나님 말씀을 이해하지 못해 사환들에게 차마 아들을 번제로 드리고 오겠다는 말을 할 수가 없어 거짓말을 했다는 말인가? 그러나 결론은 이것이 바로 하나님을 경배하는 행위였다는 것을 알아야 한다.

사무엘상 1장 3절을 보자. "이 사람이 매년에 자기 성읍에서 나와서 실로에 올라가서 만군의 여호와께 경배[hachah(샤하)]하며 제사[zabach(자바흐), 희생제물을 드리다]를 드렸는데 엘리의 두 아들 홉니와 비느하스가 여호와의 제사장으로 거기 있었더라."

이것은 한나의 남편 엘가나가 경배하며 제사드린 것을 명백히 말씀하고 있다. 이 또한 제사장들과 함께 경배한 것이 아니고 희생 제물을 드리는 제사에 제사장들이 제물을 받아 번제로 드리는 제사 사역을 한 것이다. 한나는 임신하지 못해 브닌나를 통해 괴로움을 당했고, 실로에서 오랫동안 기도하면서 아들을 주시면 바치겠다고 했다. 사무엘상 1장 19절은 이렇게 기록한다. "그들이 아침에 일찍이 일어나 여호와 앞에 경배(샤하)하고 돌아가 라마의 자기 집에 이르니라." 엘리 제사장은 그들의 예배를 보고 있었고 홉니와 비느하스가 제사 직무를 감당했으나 그들의 예배에 함께하지 않았다. 본문을 보니 엘가나와 한나는 아침 일찍 일어나 여호와 앞에 예배했는데 거기에 다른 사람은 없었다. 오직 두 내외가 예배했다.

누가 설교를 한 것도 아니고, 누가 대표로 기도한 것도 없으며, 찬양을 한 것도 아니었다. 한나는 엘리 제사장에게서 "네 기도한 것을 하나님께서 허락하시기를 원한다"는 말을 듣고 먹고 평안하게 쉬었고, 아침 일찍 일어나 예배하고 집으로 간 것이다.

우리에게는 이미 예배에 대한 굳어 있는 견해가 있기에 아침에 일찍 경배했다는 말이 이해하기가 쉽지 않지만, 원어의 뜻을 따른다면 엎드려 굽혀 경배하고 집으로 간 것이다.

그렇다면 구약 시대에 예배의 행위로 제사만 있는 것인지, 아니면 다른 것도 있는지 왕정 시대를 보자. 역대하 29장 29-30절 말씀이다. "제사 드리기를 마치매 왕과 그와 함께 있는 자가 다 엎드려[kara(카라), 무릎을 꿇다, 머리를 숙이다, 절하다, 굽히다, 굴복하다] 경배[Shachah(샤하)]하니라 히

스기야 왕이 귀인들로 더불어 레위 사람을 명하여 다윗과 선지자 아삽의 시로 여호와를 찬양하게 하매 저희가 즐거움으로 찬송하고 몸을 굽혀 [Qadad(카다드), 무릎을 꿇다, 절하다] 경배(샤하)하니라." 느헤미야 8장 6절 말씀이다. "에스라가 광대하신 하나님 여호와를 송축하매 모든 백성이 손을 들고 아멘 아멘 응답하고 몸을 굽혀 땅에 대고 여호와께 경배(샤하)하였느니라."

이와 같은 말씀들을 보면 제사를 드리고 난 후 엎드려 경배했다고 했고, 또 즐거움으로 찬양하고 난 뒤 몸을 굽혀 경배(예배)했다고 했으며, 에스라가 송축하니 백성이 "아멘 아멘" 응답하고 몸을 굽혀 땅에 대고 경배했다.

위 본문에서 "제사 드리기를 마치매", "여호와를 찬양하게 하매", "여호와를 송축하매 모든 백성이 손을 들고 아멘 아멘 응답하고" 이렇게 세 구절을 살펴보자. 엄격하게 원어의 뜻으로 보면 이것은 경배하기 전 행동으로 경배의 의미가 없지만, 이것을 통해 경배했으니 경배를 위한 과정으로 보면 큰 문제가 없을 것 같다.

여기서 눈여겨보아야 할 것은 샤하의 의미인데 이 단어 자체에 '엎드리다', '굽히다'는 의미가 있다. 그런데 본문을 자세히 살펴보면 경배(샤하) 앞에 또 '엎드려', '몸을 굽혀', '몸을 굽혀 땅에 대고'를 덧붙여 경배했다고 기록되어 있다. 성경이 이렇게 말하고 있는 것을 보면 경배, 즉 예배는 어떻게 하는 것인지 확실하게 보여준다. 전능하신 하나님 앞에서 우리가 어떻게 경배, 즉 예배해야 하는 것인지 그 핵심을 너무나 명확히 알려주고 있다.

죄인인 우리는 감히 하나님 앞에 바로 설 수 없다. 하나님 앞이라면 머리를 땅에 대고 엎드려야 하는데, 바로 그것이 예배요 경배인 것이다. 이방인도 신상을 세워 놓고 그 앞에 절하는 것을 그들의 신에게 예배하는 것이라고 한다. 그런데 우리는 멋진 프로그램으로 우리를 위한 집회를 열고 그것이 예배라고 가르쳤다. 이같이 원어의 뜻에서 벗어난 '프로그램의 예배 순서'는 사람이 만든 예배지 하나님께 드리는 예배라 할 수 없다.

다니엘서 3장 14절 말씀이다. "느부갓네살이 그들에게 물어 가로되 사드락 메삭 아벳느고야 너희가 내 신을 섬기지 아니하며 내가 세운 금 신상에게 절[cegid(쎄기드), 우상을 숭배하기 위해 엎드리다]하지 아니하니 짐짓 그리하였느냐." 바로 이것이 신에게 예배하는 것으로 절한다고 했는데, '경배'와 '절하는 것'을 뜻하는 단어는 그 의미가 똑같다.

시편 95편 6절 말씀이다. "오라 우리가 굽혀 경배(샤하)하며 우리를 지으신 여호와 앞에 무릎을 꿇자." 시편 95편을 보면 여호와께 노래하면서 구원의 반석을 향해 즐거이 외치자고 하면서 감사와 창조하심에 대해 말씀하고, 6절에서 오라 굽혀 예배하자고 하면서 여호와 앞에 무릎을 꿇자고 했으니 여호와 앞에 굽히고 무릎을 꿇는 것이 예배하는 것임을 말씀하고 있다.

시편 5편 7절과 138편 2절을 보면 우리가 생각할 수 없는 경배(예배, 샤하, 엎드리다, 굽히다)를 보게 된다. "오직 나는 주의 풍성한 인자를 힘입어 주의 집에 들어가 주를 경외함으로 성전을 향하여 경배(샤하)하리이다."

"내가 주의 성전을 향하여 경배(샤하)하며 주의 인자하심과 성실하심을 인하여 주의 이름에 감사하오리니 이는 주께서 주의 말씀을 주의 모든 이름 위에 높게 하셨음이라."

필리핀은 천주교 국가인데 사람들이 차를 타고 가다가 성당 건물을 보면 성호를 그린다. 이는 천주교에서 잘못 가르친 것으로 아마도 위 성경 구절에 근거했을 것이라 생각된다. 다윗이 드린 예배를 보면 예배의 장소가 아니라 태도에 대한 헬라어 단어인 예배[prpskuneo(프로스퀴네오), 사람의 태도를 표현하는 것으로 굴복을 표현하고, 엎드려 경배하고 순종하며 바닥에 엎으려 숭배하고 정중히 환영한다는 뜻]의 원어와 뜻이 같다. 여기서 말하는 성전은 오직 여호와가 계시는 성전을 말한다. 결코 예배당 건물이 아니다. 그런데 다윗은 그 성전에 가지 않았고 오직 성전을 향하여 샤하했던 것이다. 성전을 향하여 샤하했다는 것은 엎드려 경배했다는 것이다.

이제 우리가 흔히 생각하는 예배가 참된 샤하의 의미를 가지고 있지 않았음을 알았을 것이다. 그런데도 지금까지 우리가 드려온 대로 예배를 드린다면 그것은 잘못된 태도다.

필리핀에 Ignesia ni Cristo라는 이단이 있다. 그들은 예수님은 인간의 표본이지 삼위 중 한 분이 아니라고 가르친다. 그들은 일단 건물 안에 들어가면 하나님 존전이기에 서로 인사도 하지 않고 얼굴도 쳐다보지 않는다. 이단으로서 얼마나 엄숙한지 그 엄숙함에 압도되어 처음 온 사람들은 "와, 여기에 하나님이 계시는구나!" 하고 빠지게 된다고 한다.

우상에게 절하는 사람들이 얼마나 정성을 드리는지 알 것이다. 그들이 절하면서 폰으로 메시지를 보내고 문자를 확인하는가! 전혀 그렇지 않다. 그럼 오늘날 우리가 말하는 예배는 어떤지 보라. 한 마디로 그것이 예배가 아니기 때문에 너무나 자유로워진 것이다. 꾸벅꾸벅 조는 사람, 문자 보내는 사람, 옆 사람과 속삭이는 사람 등 가지각색이다. 이것은 종교심이 있는 사람이라면 스스로 신에게 경배하는 것을 아는데, 오늘날 교회의 예배가 예배가 아니라는 것을 자기도 알아 그 시간에 아무렇지 않게 마음대로 행동하는 것으로 보아야 하는 것이다.

선지자들은 예배에 대해 무엇이라 가르쳤는지 보자. 먼저 다니엘 6장 10절을 보면 거기에 '경배'라는 단어가 없다. "다니엘이 이 조서에 어인이 찍힌 것을 알고도 자기 집에 돌아가서는 그 방의 예루살렘으로 향하여 열린 창에서 전에 행하던 대로 하루 세 번씩 무릎을 꿇고 기도하며 그 하나님께 감사[yeda(예다), 하나님께 찬양하다]하였더라."

여기서 "무릎을 꿇고 기도"함은 샤하의 의미와 일치하며, "감사"의 원어는 하나님께 찬양한 것으로 되어 있다. 이와 같이 샤하는 집단적인 것이 아님을 명심해야 한다.

이사야 19장에 애굽 사람이 여호와께 경배하는 내용이 있다. 여호와가 애굽에 임하심으로 애굽의 우상들이 그 앞에서 떨었고, 애굽인의 마음이 속에서 녹았다고 했다. 1절에서 18절까지 하나님이 애굽에 징계를 내리셨고, 19-20절에서는 여호와를 위한 제단과 기둥이 있는데 그것이 여호와를 위하여 징조와 증거가 되었으며, 압박하는 자들로 말미암아 여호와께 부르짖었다. 그래서 여호와는 한 구원자인 보호자를 보내셔서 그들을 건지신다고 했다.

이렇게 애굽에 여호와를 알게 하였더니 애굽인들이 그들의 방법대로 하나님께 제물과 예물을 드리고 경배[abad(아바드), 하나님과 우상을 섬기다, 경배하다]할 것이라 했다. 그리고 23절에서는 애굽 사람이 앗수르 사람과 함께 경배(abad)하리라고 했다. 이것은 하나님의 권능을 본 그들이 자기들 방법대로 한 것이다.

그리고 선지서에 기록된 '경배'를 보면 여호와께 '경배'하라고 할 때 샤하를 사용했고, 이방인들이 그들의 우상에게 '경배'할 때도 아바드로 기록하지 않고 샤하로 기록하고 있다. 이것은 애굽 사람들이 '제물과 예물을 드리며' 경배를 한 것에 대해서만 아바드로 기록되었음을 보여주고 있는데, 사전의 의미도 '하나님과 우상을 섬기다'이며, 하나님도 우상도 섬길 때 사용했다.

신명기 5장 9절을 보면 십계명의 두 번째 계명인 우상을 만들지 말라고 하시면서 그것들에게 절(샤하)하지 말며 그것들을 섬기지(아바드, 경배하다, 섬기다) 말라고 했다. 우리는 여기서 '절하는 것'은 샤하로 그리고 '섬기는 것'은 아바드로 기록한 것에 유의해야 한다. 이미 앞에서 애굽 사람들이 '제물과 예물을 드리고' 경배할 때 아바드를 사용했으니 여기서 섬기지 말라고 한 것은 다른 신에게 '제물과 예물을 드리'지 말라는 것이 포함되어 있다. 그리고 앞에서 언급한 느부갓네살 왕의 신상에 절하는 것을 cegid(쎄기드, 우상을 숭배하기 위해 엎드리다)로 기록하고 있는 것을 보면 아마도 집단적으로 신상에 절하는 것을 의미하는 것으로 보인다.

그럼 오늘날 교회 안에 다른 신이 있다면 그것이 예배가 아니지만 예배라고 했으니 아바드가 되는 것이다. 탐심으로 교회를 확장하고, 탐심으로 교인 머리수를 세며, 교인들은 복을 받기 위해 물질을 드리는 섬김이 아바드가 되는 것이다. 왜냐하면 탐심은 우상숭배기 때문이다.

우리는 구약의 예배를 살펴보면서 오늘날 우리의 예배와 너무나 다르다는 것을 보았다. 그럼 이제 선지자들이 말한 예배를 한 번 더 살펴보자.

이사야 56장 7절 말씀이다. "내가 그를 나의 성산으로 인도하여 기도하는 내 집에서 그들을 기쁘게 할 것이며 그들의 번제와 희생은 나의 단에서 기꺼이 받게 되리니 이는 내 집은 만민의 기도하는 집이라 일컬음이 될 것임이라."

또 예레미야 7장 1-11절 말씀이다. "여호와께서 예레미야에게 말씀이 임하니라 가라사대 너는 여호와의 집 문에 서서 이 말을 선포하여 이르기를 여호와께 경배(샤하, 엎드리다, 기도로 하나님을 경배하다)하러 이 문으로 들어가는 유대인들아 다 여호와의 말씀을 들으라 만군의 여호와 이스라엘의 하나님이 이같이 말씀하시되 너희 길과 행위를 바르게 하라 그리하면 내가 너희로 이곳에 거하게 하리라 너희는 이것이 여호와의 전이라 여호와의 전이라 여호와의 전이라 하는 거짓말을 믿지 말라 너희가 만일 길과 행위를 참으로 바르게 하여 이웃들 사이에 공의를 행하며 이방인과 고아와 과부를 압제하지 말며 무죄한 자의 피를 이곳에서 흘리지 아니하며 다른 신들을 좇아 스스로 해하지 아니하면 내가 너희를 이곳에 거하게 하리니 곧 너희 조상에게 영원 무궁히 준 이 땅에니라 너희가 무익한 거짓

말을 의뢰하는도다 너희가 도적질하며 살인하며 간음하며 거짓 맹세하며 바알에게 분향하며 너희의 알지 못하는 다른 신들을 좇으면서 내 이름으로 일컬음을 받는 이 집에 들어와서 내 앞에 서서 말하기를 우리가 구원을 얻었나이다 하느냐 이는 이 모든 가증한 일을 행하려 함이로다 내 이름으로 일컬음을 받는 이 집이 너희 눈에는 도적의 굴혈로 보이느냐 보라 나 곧 내가 그것을 보았노라 여호와의 말이니라."

이 두 말씀에 예배의 핵심이 있다. 먼저 이사야 선지자는 성산으로 인도한다고 했다. 왜냐하면 하나님은 거룩하시기에 진정한 예배자를 성산, 즉 거룩한 시온산으로 인도하는 것을 말한다. 거룩하신 하나님께 예배드리는 장소가 거룩한 곳이어야 함은 두말할 필요가 없다. 우리가 여기까지 살펴보고도 오늘날 교회에 가서 드리는 것을 예배라고 한다면 앞으로 살펴볼 내용을 이해하기가 쉽지 않을 것이다.

그런데 그 거룩한 장소가 기도하는 내 집이라고 했다. 일반적으로 예배하는 장소를 성전이라고 하거나 예배당이라고 하지만, 성전은 예루살렘 성전 외에는 없고 예배당은 우리가 부르는 것일 뿐 성경은 내 집은 만민의 기도하는 집이라고 했으니, 그럼 예배하는 집은 어디인가?

이사야시에시 하나님이 그 기도하는 집에서 드린 번제와 희생은 단에서 기꺼이 받으심으로 그들을 기쁘게 하신다고 했다. 구약의 번제와 희생은 그 당시 예배인 것을 이미 언급했고, 끌고 온 짐승에게 자신의 죄를 전가하여 그 짐승을 잡아 희생의 번제를 드렸다. 이것은 우리가 지은 죄로 우리가 죽어야 하는데 대신 끌고 간 짐승이 죽었으니 감사가 나와야 하고, 우리에게 남은 죄의 문제는 또다시 죄를 짓지 않는 것인데, 그러려면 바로 회개의 기도를 드려야 함을 말하고 있다.

그러므로 예배자가 해야 하는 첫 행위는 회개의 기도이므로 예배의 장소가 기도하는 집이 되어야 한다. 오늘날 회개의 기도를 통해 죄 사함의 역사가 일어나고 있다면 그것은 진정한 예배라고 보아야 한다. 그러나 죄 사함이 없다면 그것은 의식으로밖에 볼 수 없다.

또한 예레미야 선지자는 여호와께 경배(샤하)하러 들어가는 유대인들에게 두 번이나 "너희 길과 행위를 바르게 하라 그리하면 내가 너희로 이곳에 거하게 하리라"고 했다. 그러나 삶이 바르지 않으면서 예루살렘 성전을 보고 여호와의 전이라고 하면 거짓말을 하는 것이라 했다. 그리고 우리가 구원을 얻었다고 하는 것은 가증한 일이며, 내 이름으로 일컬음을 받는 이 집을 도적의 굴혈로 만들지 말라고 했다. 이것은 예루살렘 성전을 두고 한 말이다.

이것은 대단히 강력한 말씀이다. 우리가 행하는 길과 행위가 바르지 않으면서 사람이 만든 예배에 참석해 나는 오늘 예배드렸다고 한다면 이는 거짓된 것이다. 나아가 구원 운운하면 가증한 일이 되어 구원에서 제외될 것이다. 예배와 구원에 대한 예레미야의 이 강력한 메시지는 겁을 주려는 것이 아니다. 이것을 한 귀로 듣고 한 귀로 흘려보내면 정말 슬피 울며 이를 갈 것이다.

다시 말해, 만약 오늘날 우리가 그리스도인으로서 바르게 살지 않고 세상의 잡다한 모든 것을 행하면서 주일에는 예배를 드리러 교회에 간다면, 그 건물은 예배하는 건물이 될 수 없고, 예배드릴 대상을 찾지도 않으면서 구원받았다고 하는 가증한 짓인 것이다. 그러면 그곳을 도적의 굴혈로 만들어버리는 것이 된다. 그렇다면 하나님 앞에 부끄럼 없이 산 사람은 어디에 가서 예배를 드리느냐가 관건이다. 왜냐하면 오늘날 많은 교회가 진정한 예배가 아닌 예배의 순서, 즉 프로그램에 의한 예배 의식을 행사하기 때문이다.

먼저 주님이 이 땅에 오셔서 가르치신 예배에 대해 살펴보자. 주님이 예레미야 7장 말씀을 어떻게 사용하셨는지 보자. 마태복음 21장 12-13절 말씀이다. "예수께서 성전에 들어가사 성전 안에서 매매하는 모든 자를 내어쫓으시며 돈 바꾸는 자들의 상과 비둘기 파는 자들의 의자를 둘러 엎으시고 저희에게 이르시되 기록된바 내 집은 기도하는 집이라 일컬음을 받으리라 하였거늘 너희는 강도의 굴혈을 만드는도다 하시니라."

또 마가복음 11장 15-17절 말씀이다. "예수께서 성전에 들어가사 성전 안에서 매매하는 자들을 내어 쫓으시며 돈 바꾸는 자들의 상과 비둘기 파는 자들의 의자를 둘러 엎으시며 아무나 기구를 가지고 성전 안으로 지나다님을 허락하지 아니하시고 이에 가르쳐 이르시되 기록된 바 내 집은 만인의 기도하는 집이라 칭함을 받으리라고 하지 아니하였느냐 너희는 강도의 굴혈을 만들었도다."

누가복음 19장 45-46절 말씀이다. "성전에 들어가사 장사하는 자들을 내어 쫓으시며 저희에게 이르시되 기록된 바 내 집은 기도하는 집이 되리라 하였거늘 너희는 강도의 굴혈을 만들었도다 하시니라."

여기 세 복음서의 내용은 거의 같지만, 마가복음에서 조금 다른 내용을 볼 수 있다. "아무나 기구를 가지고 성전 안으로 지나다님을 허락하지 아니하신 것"은 제사의 기구를 함부로 반입하지 못하게 하신 것이다. 즉, 그들의 심령이 세상과 함께할 때 제사(예배)를 드리지 못하게 하신 것이다. 그러나 오늘날 교인들이 외모로는 신사와 숙녀지만 심령은 세상의 정욕으로 더러워져 있다면 교회에서 드리는 예배가 위 말씀에 부합한지 한 번쯤은 생각해보아야 한다.

여기서 이사야서와 예레미야서 그리고 마태복음, 마가복음, 누가복음에서 공통된 것이 바로 내 집은 "예배하는 집"이라고 하시지 않고 "기도하는 집"이라고 하셨다는 사실이다. 반면 예레미야가 "여호와의 집에 경배(샤하)하러 들어 갈 때에"라고 한 것을 보면 분명 여호와의 집에 들어가는 목적은 예배하기 위함인 것이다. 그러나 이 예배(샤하, 엎드리다, 기도로 하나님을 경배하다, 굽히다, 낮추다, 경의를 표하다)와 우리가 지금 보편적으로 교회에서 드리는 예배와는 상당히 거리가 멀다. 그래서 '예배하는 집'이라 하지 않고 이사야서와 마태복음, 마가복음, 누가복음에서 예루살렘 성전을 가리켜 "기도하는 집"이라고 했음을 명심해야 한다. 위에서 언급한 예배의 의미가 '엎드리다', '무릎을 꿇다', '기도로 하나님께 경배하다'고 한 것을 잊어서는 안 된다. 이것을 직역하면 기도가 핵심이 되어 '죄를 회개'하는 시간이 바로 예배임을 알아야 한다. 오늘날의 예배처럼 예배가 사람에 의해 만들어진 순서라고 생각하면 큰 오산이다.

마가복음 7장 7절에서 주님은 구약을 인용하시며 "사람의 계명으로 교훈을 삼아 가르치니 나를 헛되이 경배[semonai(세모나이), 경의를 표하다, 숭배하다, 예배하다]하는도다 하였느니라." 주님이 인용하신 구약의 경배 샤하는 헬라어로 세모나이로 의미가 같지만 '헛된' 경배를 말하신 것이다. 주님이 하신 이 말씀은 사람에 의해 만들어진 예배 의식으로 헛된 예배를 드린다는 말씀이다. 만약 오늘날의 일반적인 예배가 성경에 부합하다면 주님이 이 말씀을 하시지 않았을 것이다. 그럼 주님의 이 말씀을 듣고 헛된 예배에 참석한다면 그야말로 헛된 행위가 되는 것이다. 아브라함이 왜 사환들을 예배에 참석시키지 않았고, 엘리 제사장은 왜 한나와 엘가나의 예배에 함께하지 않았는지 우리는 깊이 생각해볼 필요가 있다.

오늘날 우리의 삶이 세상의 정욕과 안목의 정욕과 이생의 자랑에 빠져 있다면 먼저 이 죄들을 깨끗이 하는 것이 예배다. 즉, 우리 혼자 주님 앞에 납작 엎으려 죄를 사해달라고 구하는 그것이 예배인 것이다. 하지만 요즘 교인들은 하나님 앞에 엎드려 경배하는 사람을 이상하게 여길 것이다. 왜냐하면 진짜 예배를 모르기 때문이다.

신약의 '예배'는 헬라어로 세 가지 단어로 기록되어 있다. 마가복음 7장 7절의 경배(세모나이)는 이미 언급했다. 요한복음 4장 21-24절에 언급된 예배는 주님이 수가성에서 여인과 나눈 말씀에서 사용되고 있는데, 원어로 보면 proskuneo(프로스퀴네오)로 의미는 '꿇어 엎드리다', '예배하다', '절하다', '부복하다', '숭배하다' 등이다. 더 세분화하여 설명하는 사전에서는 사람의 태도를 표현하는 데 사용되는데, 위의 의미와 함께 '정중히 환영하다'는 뜻이다.

주님은 사마리아 여인에게 예배에 대해 말씀하셨다. "이 산에서도 말고 예루살렘에서도 말고 너희가 아버지께 예배할 때가 이르리라 너희는 알지[eido(에이도), 보다, 인식하다] 못하는 것을 예배하고 우리는 아는(에이도) 것을 예배하노니 이는 구원이 유대인에게서 남이라 아버지께 참되게 예배하는 자들은 영[pnenuma(프뉴마), 성령]과 진리[aletheia(알레데이아), 절대적인 진리, 예수]로 예배할 때가 오나니 곧 이때라 아버지께서는 자기에게 이렇게 예배하는 자들을 찾으시느니라 하나님은 영이시니 예배하는 자가 영과 진리로 예배할지니라."

주님이 이 땅에 오신 후 예배에 대해 딱 한 번 말씀하셨는데 우리는 이 예배가 무엇을 말하는 것인지 정확히 알아야 진정한 예배를 말할 수 있다. "이 산에서도 말고" 하물며 "예루살렘에서도 말고"라고 하심은 사람이 지상에 만든 곳이 중요하지 않다는 것을 명백히 하신 것이다. 그 산이나 예루살렘 성전은 이미 하나님이 계시지 않기에 보지 못하는 하나님께 예배드릴 수 없다. 하나님을 보고 인식하고 예배(엎드려 경배)하라는 것으로 영과 진리로, 즉 성령과 예수 그리스도 안에서 예배할 때 진정한 예배가 된다는 것이다.

다시 말하면, 오늘날 사람이 만든 예배 순서가 예배는 아니지만 그 장소에서 어떤 사람이 죄 사함을 얻었다면 그는 하나님께 예배한 것이다. 즉, 그가 성령의 도우심으로 예수 그리스도의 보혈을 통해 죄 씻음을 받으면 그것이 예배라는 것이다. 그러나 하나님 말씀의 메시지가 잘못 전해지는 그런 곳에서 죄 사함이 일어난다고 보기는 어렵다.

더 중요한 것은 예배를 인도하는 사회자가 삶에서 옳은 길을 가지 않고 행위가 바르지 않다면 보통 심각한 것이 아니다. 왜냐하면 수많은 회중이 주님의 자비와 긍휼을 통해 하나님께 경배, 즉 엎드려 죄 사함을 구하고 은총을 받아야 하는데 오히려 인도하는 사회자가 걸림돌이 되기 때문이다. 그럴 바에는 차라리 혼자 조용히 기도실에서 주님께 엎드려 자신의 죄를 토하고 죄 사함을 받아 은혜를 입는 것이 하나님께 예배하는 것이고, 그것이 진정한 예배다.

그럼 사도 요한이 계시록에서 언급한 같은 proskuneo(프로스퀴네오)를 살펴보자. 요한계시록 19장 10절 말씀이다. "내가 그 발 앞에 엎드려 경배(프로스퀴네오)하려 하니 그가 나더러 말하기를 나는 너와 및 예수의 증거를 받은 네 형제들과 같이 된 종이니 삼가 그리하지 말고 오직 하나님께 경배(프로스퀴네오)하라 예수의 증거는 대언의 영이라 하더라."

여기서 사도 요한은 요한복음 4장에 기록된 예수님이 말씀하신 예배(프로스퀴네오)와 같은 단어로 기록하고 있는데, 그가 엎드려 경배하려 한 것이 예배였다. 이미 앞에서 본 것처럼 "하나님께 절하는 것"을 "경배"하는 것으로 말하고 있음을 알 수 있다.

사도 바울은 로마서 12장 1-2절에서 바른 영적 예배에 대해 딱 한 번 언급했다. 여기서 사용한 예배의 원어는 latreia(라트레이아, 섬김, 예배)이다. "그러므로 형제들아 내가 하나님의 모든 자비하심으로 너희를 권하노니 너희 몸을 하나님이 기뻐하시는 거룩한 산 제사로 드리라 이는 너희의 드릴 영적 예배(라트레이아)니라 너희는 이 세대를 본받지 말고 오직 마음을 새롭게 함으로 변화를 받아 하나님의 선하시고 기뻐하시고 온전하신 뜻이 무엇인지 분별하도록 하라."

여기 라트레이아는 요한복음 4장의 프로스퀴네오와 의미가 조금 다르다. 이 단어는 의식을 행하는 데 사용된다. 이는 구약의 제사 지내는 행위를 말하며, 나아가 제사 의식을 제공하기 위한 섬김의 사역까지 포함한다. 이것은 구약의 제물과 같이 우리 몸이 예배의 제물이 되어야 한다는 것이다. 우리가 지은 죄에 대해 용서를 구하는 회개의 기도가 우선되어 죄 사함을 받아 은혜를 입은 자는 예배자가 되어 말씀과 기도로 거룩한 자(딤전 4:5)가 되기 위해 달려가야 한다. 이 영적 예배(라트레이아)는 섬김과 예배로 마가복음 10장 45절에서 예수님이 말씀하신 "섬김을 받으려 함이 아니라 도리어 섬기려 하고 자기 목숨을 많은 사람의 대속물로 주신" 이것이 우리에게 보여주신 영적 예배(라트레이아)인 것이다.

영적 예배(라트레이아)의 샘플은 바로 주님이 자신의 몸을 산 제물로 드리신 것이다. 이것은 하나님 앞에 드린 영적 예배이고, 단번에 성소에 들어가셨다고 했다. 우리도 주님과 같이 섬기는 자세를 취하고, 자신의 죄를 회개하며, 세례를 통해 죄 사함을 받을 때 진정한 산 제물이 되어 영적 예배를 드릴 수 있다.

이제 우리는 의식적이고 사람이 만든 예배 순서가 진정한 예배가 아님을 알았다. 이처럼 교회 안에는 사람이 만든 신학과 교리들이 우리가 생각하는 것보다 훨씬 많다. 우리는 이것을 빨리 바로잡아야 한다. 하지만 거짓 예배를 예배라고 가르친 것에 이미 많은 사람이 깊이 빠졌고, 거기서 나온다는 것은 현실적으로 불가능하게 보인다.

다시 말하지만 오늘날 교회에서 드리는 대부분 예배는 사람의 계명으로 교훈을 삼아 가르치는, 하나님을 헛되이 예배하는 종교 행위에 속한 것이다. 이러한 상황에서 속히 벗어나야 함은 분명한 사실이요 실제인데, 성경이 말하고 있는 예배를 가르치는 교회가 없다는 것이 너무나 슬픈 일이다.

이 문제에 대해 깊이 있게 말하고 있는 요한복음 2장 13-22절을 보자. 예수님은 16절에서 "내 아버지의 집으로 장사하는 집으로 만들지 말라"고 하시면서 진정한 성전이 무엇인지 말씀하셨다. 예수님이 유대인들에게 예루살렘 성전을 헐어버리면 내가 삼일 만에 다시 세우겠다고 하셨을 때 그들은 이 성전이 46년 동안 지어졌는데 당신이 어떻게 3일 만에 세우느냐고 했다.

만약 오늘날 예수님이 이 같은 말씀을 하신다면 우리는 '아멘'이라고 할 수 있겠는가? 오랜 세월 건축한 예배당을 누군가가 헐어버리라고 한다면 어떻겠는가? 그러나 우리는 거짓 예배당을 헐어버리라는 주님의 음성을 들어야 한다. 건물을 헐라는 것이 아니라 그 건물은 성전이 아니라고 말씀한 것이다. 즉, 예배드리는 집이 아니라는 말씀이다. 우리 몸이 성전이 되어야 한다고 말씀하셨는데도 교회는 성전 된 우리 몸으로 드리는 예배를 가르치지 않고 많은 사람을 모아 예배를 드리자고 하니 모두 그것이 예배라고 속고 있는 것이다. 게다가 그 건물을 성전이라고까지 하면서 강단에는 안수받은 자들만 올라갈 수 있다고 하는 잘못을 저지르고 있다.

예수님이 하신 이 말씀은 성전 되신 주님의 몸을 두고 십자가의 죽으심과 3일 만의 부활을 말씀하신 것인데, 제자들도 당시에는 깨닫지 못하다가 부활하신 후에야 믿었다고 22절에 말씀한다. 이 말씀은 우리가 드리는 예배의 근본을 말하고 있다. 우리는 우리 마음속에 예수님을 모셨다고 쉽게 말하지만, 성전 되신 예수님이 우리 속에 들어오셨다면 우리 몸이 성령의 전이 되었는데 어디에 가서 무슨 예배를 드려야 하는지 묻고 싶다.

그래서 고린도전서 3장 16-17절과 6장 19-20절은 예배자의 근본이 무엇인지 명확히 말씀한다. "너희가 하나님의 성전인 것과 하나님의 성령이 너희 안에 거하시는 것을 알지 못하느뇨 누구든지 하나님의 성전을 더럽히면 하나님이 그 사람을 멸하시리라 하나님의 성전은 거룩하니 너희도 그러하니라." "너희 몸은 너희가 하나님께로부터 받은 바 너희 가운데 계신 성령의 전인 줄을 알지 못하느냐 너희는 너희의 것이 아니라 값으로 산 것이 되었으니 그런즉 너희 몸으로 하나님께 영광을 돌리라."

이같이 명백한 말씀이 주어졌지만 많은 사람은 이 말씀을 받아들이지 않을 것으로 보인다. 어떤 장로님이 1부 예배가 생겨서 1부 예배를 드리고 골프를 치러 갔더니 너무나 마음이 평안했다는 간증을 들은 적이 있다. 그럼 그 평안은 주님이 주신 것인가?

다시 예레미야 7장을 보면 그들이 하나님의 성전인 몸으로 어떤 죄를 지었기에 여호와의 전이라고 한 것이 거짓말이니 믿지 말라고 했을까?

예레미야 7장 8-11절을 보면 무익한 거짓말을 의뢰하는 자, 도적질하는 자, 살인하는 자, 간음하는 자, 거짓 맹세하는 자, 우상 숭배하는 자들이 여호와의 전에 들어와 우리가 구원을 얻었다고 하는 것은 가증한 일을 행하는 것이라 했다. 그렇다면 오늘날 많은 그리스도인이, 특히 사역자들이 탐심으로 가득 찬 것을 보면 우상 숭배(골 3:5)하는 것이므로 그들을 성령의 전인 예배자라고 할 수 없다. 이것은 심각한 문제로, 바로 구원에서 벗어난 자들이 된다고 한 것이다.

성령의 전인 그리스도인이 예배의 삶을 살고 주님 앞에 나아가야 구원이 성립된다. 많은 그리스도인은 자신이 예배 순서를 따라 예배를 잘 드리고 있다고 생각하지만, 예배자 자신이 성령의 전이 되지 않으면 그것은 예배가 아니다.

이제 예배에 대한 성경적인 가르침을 정리해보자. 하나님은 선지자들을 통해 이렇게 말씀하셨다. "여호와께 경배하러 이 문으로 들어가는 유대인들아 다 여호와의 말씀을 들으라." "내 이름으로 일컬음을 받는 이 집에 들어와서 내 앞에 서서 말하기를 우리가 구원을 얻었나이다 하느냐 이는 이 모든 가증한 일을 행하려 함이로다 내 이름으로 일컬음을 받는 이 집이 너희 눈에는 도적의 굴혈로 보이느냐 이는 내 집은 만민의 기도하는 집이라 일컬음이 될 것임이라."

이 말씀을 오늘날 교회에 다시 선포한다면 이런 내용일 것이다. "예배 드리러 교회에 가는 그리스도인이여, 교회에 와서 우리가 하나님의 자녀로 구원을 받았으니 걱정할 필요 없다고 하는가? 교회에 나와서 예배하고 봉사하고 십일조하고 헌금하면 된다고 하지만, 그것은 누가 가르친 것이며, 당신이 보낸 한 주간의 삶을 보니 이 모든 것이 가증스럽구나! 이 예배당이 강도들이 밤새 강도짓하고 쉬는 강도의 소굴인 줄 아느냐? 이 건물은 기도하라고 지은 집인 줄 모르느냐?"

이같이 예배의 핵심은 죄를 고백하고 죄 사함을 받는 기도다. 이것이 결국 구원과 무관한 것이 아님을 살펴보자.

예레미야 4장 14절 말씀이다. "예루살렘아 네 마음의 악을 씻어 버려라 그리하면 구원을 얻으리라 네 악한 생각이 네 속에 얼마나 오래 머물겠느냐." 이 말씀은 너무나 명백하게 구원의 핵심을 말하고 있다. 그것은 마음의 악을 씻어버리는 장소인 기도의 집에 들어가 예배의 핵심인 회개기도를 통해 우리 속에 있는 더럽고 추하고 악한 모든 것을 예수 그리스도의 보혈로 씻지 않는다면 결코 하나님이 받으시는 예배가 아니라는 것이고, 구원받을 수 없다는 것이다. 이와 같은 말씀들을 보면서도 오늘날 교회의 의식적인 예배가 진정한 예배가 아님을 인식하지 못한다면 위험 수위가 상당히 높은 것으로 보아야 한다.

지금까지 살펴보고도 예배에 대한 개념이 아직 바로 서지 않았다면 어쩔 수 없다. 우리는 아브라함의 예배와 한나의 예배를 통해 예배는 개인적으로 드려지는 것임을 살펴보았고, 또 제사드린 후 예배하고, 찬양한 후 예배하며, 나아가 성전(하나님의 전)을 향해 경배하고, 또 이제는 자신의 몸이 제물이 된 예배가 영적 예배라는 것을 알아보았다. 그런데 우리 몸이 성전이요 성령의 전인데, 그 성전을 더럽힌 채 다른 데 가서 예배드린다면 그것은 영적 예배, 참된 예배가 아니다.

우리는 기도가 핵심이 되지 않으면 예배가 아닌 것을 명심해야 한다. 그러나 오늘날 이 시대에 예배의 핵심이 기도인지 묻는다면 아니라고 할 수밖에 없다. 왜냐하면 주일 낮 예배에서는 말씀(설교)이 핵심이고, 수요 기도회나 금요 기도회를 보아도 비슷하게 말씀(설교)이 중심이며, 기도는 알아서 하고 자유롭게 돌아가라고 한다. 과연 '기도하는 집'이 맞는가? 아니면 '말씀 사역'하는 집인가? 정말 '기도하는 집'이라면 붙잡고 기도할 수 있는 말씀을 주고 철저히 회개하도록 하는 것이 바른 예배인 것이다.

성경을 보면 예수님이 사역하실 때 제자들이나 무리들과 예배하신 기록이 없다. 사도들의 사역인 사도행전에도 역시 어떤 형식으로 예배를 드렸는지 기록이 없다. 세례 요한은 구약의 마지막 선지자로 죄 사함을 얻는 세례를 베푸는 사역을 했고, 베드로는 오순절 성령 강림으로 예루살렘 교회를 시작하면서 죄 사함을 외쳤으니, 신·구약 모두 회개, 즉 죄 사함 얻는 것을 외쳤다. 그리고 사실 죄 사함을 얻은 자는 스스로 예배하는 자이기에 사도들의 사역에서 예배를 드렸다는 기록이 없는 것이다.

구약의 제사는 회막에서 진행되었지만 그곳에 백성이 들어가 제사장이 사회자가 되어 무언가 진행하지 않았다. 백성이 끌고 간 짐승에게 죄를 전가하고 실제 제사는 제사장이 드렸다. 이와 같이 어떤 장소가 아니라 개개인의 심령의 죄를 해결하는 것이 예배였다.

예수님은 마태복음 4장 23절에서 회당에 대해 이렇게 말씀하셨다. "예수께서 온 갈릴리에 두루 다니사 그들의 회당[sunagoge(쉰아고게), 대인의 회당, 집회 장소]에서 가르치시며 천국복음을 전파하시며 백성 중의 모든 병과 악한 것을 고치시니." 이같이 복음서에는 예수님이 회당에 들어가 하신 사역이 계속 언급되어 있지만 예배에 대한 것은 전혀 없다. 바로 이 회당을 오늘날의 예배당으로 보아야 하지만, 예수님은 "기도의 집"이라고 하셨지 "예배하는 집"이라고 하지 않으셨다. 그러므로 예배당은 성경에서 나온 말이 아니다. 앞에서 언급했듯이 예수님은 요한복음 4장에서 예배하는 장소에 대해 "이 산에서도 말고 예루살렘에서도 말고"라고 하셨고, 또 주님이 회당에서 예배하신 기록도 전혀 없다.

그런데 주님은 외식하는 자들이 사람에게 보이려고 회당에 들어가 기도하기를 좋아했다고 하셨다(마 6:5). 그리고 마태복음 23장 6절에서 "회당의 높은 자리"를 좋아하는 서기관들과 바리새인들을 책망하셨다. 오늘날 집회 장소에서 장로석이나 성가대석 등을 높은 자리라고 생각하는가?

그리고 회당장을 보면 제사장이 아니고 서기관들로 율법을 가르치는 장소였음을 확실히 하고 있다. 예수님은 누가복음 4장 16절에서 "안식일에 자기 규례대로 회당에 들어가사 성경을 읽으려고 서시매"라고 하셨다. 그러면 왜 유대인의 회당에서 예배드리지 않았는가? 이것은 그 장소가 '예배드리는 집'이 아니라고 말씀하신 것으로 보아야 한다. 그러니 이 산도 예루살렘도 아니라고 하신 것이다.

그럼 예수님의 제자들이 예배에 대해 언급한 것이 중요할 것이다. 사도행전 8장 27절에서 에디오피아 여왕 간다게의 내시가 예배(프로스쿠네오)하러 예루살렘에 올라온 것과 24장 11절에서 사도 바울이 예루살렘에 예배(프로스퀴네오)하러 올라갔다고 한 두 곳에서 언급되어 있다. 앞에서 말했지만 다시 보면 그 의미는 '꿇어 엎드리다', '예배하다', '절하다', '부복하다', '숭배하다' 등이다. 또 더 세밀한 사전에서는 사람의 태도를 표현하는 데 사용되는데 앞의 의미와 함께 '정중히 환영하다'는 뜻이라고 언급했다. 이처럼 내시와 바울이 드린 예배가 사람들이 모이는 집회에 참석한 것이 아니라 스스로 예배한 것임이 원어로 보면 더 분명하다. 특히 사도 바울은 사역자이자 신약 성경을 반이나 기록한 자로서 자신의 사역에서 한 번도 예배한 것이 없고, 딱 한 번 예루살렘에 예배하러 올라간 것만 기록되었으니 우리는 그 실상을 바로 알아야 한다.

사도행전에서 사도들이 한 사역은 우리 사역의 중요한 샘플로서, 특히 바울의 사역을 더 세심히 살펴야 한다.

사도 바울은 고린도전서 14장 25절에서 방언과 예언을 언급하면서 "그 마음이 숨은 일이 드러나게 되므로 엎드리어 하나님께 경배(프로스퀴네오)하며 하나님이 참으로 너희 가운데 계시다 전파하리라." 드디어 여기에 예배드린 것이 기록되어 있는데 그것은 사람을 모아 예배한 것이 아니라 방언과 예언을 통해 꼭꼭 숨겼던 것이 드러나므로, 드러난 그가 엎드러지는 것이 예배라고 했다. 이것은 사도 바울이 가르친 예배가 아니고 은사를 통해 일어난 현상이 예배로 이어진 것을 언급한 것으로, 이것 외에는 로마서 12장에 나오는 영적 예배(라트레이아)만 있을 뿐이다.

그렇다면 사도 바울이 3차 선교여행을 하는 내내 예배도 드리지 않는 모습으로 나타난 것을 우리는 어떻게 이해해야 하는가? 우리가 여기서 알아야 할 한 가지는 예배는 의식이 아니고, 또 집단적으로 행하는 것도 아님을 알아야 한다. 이미 앞에서 살펴본 것처럼 죄 사함이 일어난 개개인이 하나님께 엎드리는 예배에서 벗어난다면 결국 사람의 계명으로 가르쳐 하나님을 헛되이 경배하게 될 것이다.

그럼 사도 바울이 무슨 사역을 그렇게 열심히 했는지 살펴보자.

사도행전 14장 22절 말씀이다. "제자들의 마음을 굳게 하여 이 믿음에 거하라 권하고 또 우리가 하나님 나라에 들어가려면 많은 환란을 겪어야 할 것이라 하고." 19장 8절 말씀이다. "바울이 회당에 들어가 석 달 동안을 담대히 하나님 나라에 대하여 강론하며 권면하되." 20장 25절 말씀이다. "보라 내가 너희 중에 왕래하며 하나님 나라를 전파하였으나 지금은 너희가 다 내 얼굴을 다시 보지 못할 줄 아노라." 28장 23절 말씀이다. "저희가 일자를 정하고 그의 우거하는 집에 많이 오니 바울이 아침부터 저녁까지 강론하여 하나님 나라를 증거하고 모세의 율법과 선지자의 말을 가지고 예수의 일로 권하더라." 28장 31절 말씀이다. "담대히 하나님 나라를 전파하며 주 예수 그리스도께 관한 것을 가르치되 금하는 사람이 없었더라."

이같이 바울의 사역을 보면 우리가 하나님 나라에 대해 알지 못하면 결국 헛것이 될 뿐이다. 그러면 왜 바울은 하나님 나라와 예수 그리스도에만 집중했는가? 예수님은 부활하시고 승천하시기까지 40일을 머무셨는데, 그때 무슨 사역을 하셨는가? 사도행전 1장 3절에서 40일 동안 하나님 나라의 일을 말씀하셨다고 했다. 하나님 나라를 모르는데 하나님 나라에 어떻게 들어갈 수 있는가? 우리의 궁극적인 목표는 하나님 나라에 들어가는 것인데, 하나님 나라 복음을 모르면 못 가는 것은 당연하다.

이와 같이 사도행전의 핵심은 주님이 하나님 나라를 가르치신 것을 시작(1:3)으로 사도 바울의 하나님 나라 전파(28:31)로 기록을 마친다. 우리가 하나님 나라를 모르고 어떻게 하나님 앞에 예배한다고 할 수 있겠는가? 잘 생각해보라. 사도행전의 사역 속에 예배를 가르친 것은 없지만, 하나님 나라를 전파하고 가르쳐 하나님을 예배하게 했을 것이다. 다른 말로 하면 내 심령에 하나님 나라를 소유하게 되면 왕이신 그리스도가 내 심령에 좌정하고 계시는데 어디에 가서 예배를 드려야 하는 것인지 묻고 싶다.

만약 예배를 어떤 장소에서 드려야 한다면 예수님과 사도 바울의 사역에서 그것에 대해 여러 차례 언급하셨을 것이다. 그리고 주님이 3년간 회당을 사용해 사역을 하셨지만, 하나님 나라 복음 전파와 병과 약한 것을 고치신 기록만 있다. 그리고 사도 바울도 회당에서 석 달 동안 하나님 나라만 강론했고 로마에서도 하나님 나라만 전파했지, 그 외 어떤 사역도 기록된 것이 없다.

예수님과 사도 바울의 사역에는 약간의 차이가 있다. 복음서에서 주님의 말씀 사역은 "하나님 나라 복음과 하나님 나라"라고 되어 있다. 그러나 사도행전에 와서 주님이 3년간 복음 사역을 끝내시면서 부활 후 40일 동안 하나님 나라 복음이라 하지 않으시고 하나님 나라 일을 말씀하셨다. 그런 다음 사도들도 사도행전에서는 하나님 나라를 강론하고 전파하며 증거했다고 했다. 이것은 하나님 나라 복음을 받아들인 자에게 계속 하나님 나라를 가르친 것으로 보아야 한다. 그러나 오늘날 교회 사역을 보면 너무나 잡다한 것이 들어와 있어, 주님이 보신다면 채찍을 들고 내어 쫓으실 것이라고 생각된다.

성경에 나와 있는 교회들을 보자. 특히 요한계시록에 나오는 소아시아의 일곱 교회는 2,000년의 세월이 흐르면서 현재는 유적으로 남았을 뿐이다. 하나님을 섬기는 백성이 그곳에서 부흥의 역사를 이어가며 현존하고 있는가? 그 후 유럽을 거쳐 미국으로 그리고 한국으로 복음이 확산되었으나 하나님 나라 복음은 사라진 지 오래다. 하나님 나라 복음이 사라진 모든 곳의 공통점은 세속화되어 하나님을 헛되이 경배함으로 교회들이 서서히 사라졌음을 알아야 한다.

예수님 당시의 회당을 가리키는 원어인 '쉰아고가'는 '집회 장소'라는 의미다. 그러므로 오늘날의 건물은 집회 장소로 예수님처럼 하나님 나라 복음과 하나님 나라를 전파하고, 병과 약한 것을 고치며, 사도 바울처럼 하나님 나라를 강론하고 전파하고 증거하여 그리스도인들이 하나님 나라의 백성으로 살게 해야 한다.

앞에서 여러 번 언급했지만 너무나 중요해 다시 한 번 말하고 싶다. 주님이 이 땅에 오셔서 가장 중요하게 말씀하신 것은 "먼저 그의 나라와 그의 의를 구하라"이다. 여기서 "먼저"는 Proton(프로톤)으로 그 의미는 '첫 번째로', '무엇보다도 특히'다. 그리고 '구하라'의 원어는 Zeteo(제테오)로 '소유하고자 하라'이며, 원어에 따라 다시 해석하면 "무엇보다도 특히, 첫 번째로 그의 나라와 그의 의를 소유하고자 하라"이다. 이것은 우리 심령에 하나님 나라가 임하는 것을 말한다. 마태복음 12장 28절에서 주님은 "내가 성령을 힘입어 귀신을 좇아내는 것이라면 이미 너희 심령에 하나님의 나라가 임했느니라"고 하셨다. 귀신을 좇아내는 것은 흑암의 권세에 속한 더럽고 추하고 악한 모든 죄악을 말한다.

회개와 세례를 통해 죄에서 돌아서고 그 죄를 십자가에 못 박는 세례를 받을 때 하나님 나라가 우리에게 임하는 것이다. 이같이 하나님 나라를 소유하지 않는 한 진짜 하나님이 계시는 곳에 갈 수 없다. 그래서 주님은 이 땅에서 사역을 시작하시면서 "회개하라 천국이 가까이 왔느니라"고 하셨다. 회개, 즉 죄에서 돌아서야 천국이 가까이 오고, 회개와 세례로 죄 사함을 받은 자에게 하나님 나라가 임한다는 말씀이다. 이렇게 하나님 나라가 임한 자가 하나님 앞에 있는 그 자체가 예배인 것이다. 왜냐하면 죄 사함을 받은 자만이 하나님 앞에 산 제물이 될 수 있기 때문이다.

그렇다면 오늘날 주일 예배니 수요 예배니 하는 명칭으로 예배 순서에 따라 의식적으로 진행되는 예배가 예배가 아닌 것을 확실한 말씀을 근거로 받아들였다면, 생각을 바꾸어 피상적으로 예배하러 가지 말고 하나님 나라를 확실하게 배우러 가야 한다. 그런데 오늘날 하나님 나라를 가르치는 교회가 많지 않으니 정말 예수님을 믿기가 힘들다.

결단을 내려야 한다. 북한을 생각해보자. 많은 그리스도인이 붙잡혀 지하 용광로에서 고통당한다는 소식을 들었을 것이다. 그들은 말 한 마디만 하면 풀려난다고 한다. "나는 평양 봉수 교회(북한 정부가 세운 첫 교회)나

칠골 교회(한국 목사들이 세운 교회)에 가서 예배드리고 싶습니다." 그리고 풀려 나와 봉수 교회나 칠골 교회에 나가 예배를 드리면 되는데 왜 그들이 스스로 끝까지 순교의 제물이 되는지 생각해보아야 한다.

일본 식민지 시대에 노회가 신사 참배를 결의했다. 신사 참배는 다른 신에게 경배, 예배하는 행위인데 그리스도인 대다수가 육신의 생명을 부지하려고 신사 참배를 하고 교회에 와서 예배드렸다.

요한계시록 13장 8절 말씀이다. "죽임을 당한 어린 양의 생명책에 창세 이후로 녹명되지 못하고 이 땅에 사는 자들은 다 짐승에게 경배(프로스퀴네오)하리라."

요한계시록 19장 9-10절 말씀이다. "천사가 내게 말하기를 기록하라 어린양의 혼인 잔치에 청함을 입은 자들이 복이 있도다 하고 또 내게 말하되 이것은 하나님의 참되신 말씀이라 하기로 내가 그 발 앞에 엎드려 경배(프로스퀴네오)하려 하니 그가 나더러 말하기를 나는 너희와 및 예수의 증거를 받은 내 형제들과 같이 된 종이니 삼가 그리하지 말고 오직 하나님께 경배(프로스퀴네오)하라 예수의 증거는 대언의 영이라 하더라."

이같이 원어의 의미를 보면 하나님 앞에 예배하는 것, 신사에 절하는 것, 적그리스도에게 경배하는 것, 우상에게 절하는 것 모두가 프로스퀴네오다.

내 교회를 두고 생각해보자. 예배가 아닌 것을 예배드린다고 하는 것을 이해할 수 있겠는가? 그리고 설교 말씀에도 하나님 나라가 없고, 예수님이 직접 천국 복음을 전파하시기 위해 보냄을 받았다고 하신 말씀(눅

4:43)을 도외시하면서, 과연 구원이 성립된다고 고집하면 그것은 결국 망하는 것을 선택한 것이 되고 말 것이다.

이제 우리 자신을 두고 생각할 시간을 가져야 한다. 앞에서 말한 북한의 두 교회 건물과 신사 참배하고 예배드린 것은 분명히 하나님 섬기는 것이 아니다. 과연 오늘날 교회가 영과 진리로, 즉 성령과 예수 그리스도로 예배하지 않으면서 이것이 예배드리는 것이라고 알고 예배를 드린다면 그 경배의 대상이 누구인지 묻고 싶다. 우리가 진정 참된 예배자라면 주님 앞에서 우리의 태도와 모습이 부끄러운 것은 아닌지 살펴보아야 한다. 프로스퀴네오가 예배에 대한 사람의 태도라는 것을 이미 살펴보았다. 만약 확실한 말씀을 근거로 우리의 태도를 정하지 않고 보편적이고 대중적이라고 해서 사람의 계명으로 가르치는 것을 따라간다면 그것은 헛되이 경배하는 것이고, 그 태도로 인해 결국 망하게 되는 것이다.

이것은 결코 쉽지 않다. 출애굽한 20세 이상 장정 603,550명 중 하나님을 선택한 사람은 여호수아와 갈렙뿐이었으니, 오늘날 대부분 사람이 자신이 다수 대중에 속해 있음을 인식하지 못하고 스스로 여호수아와 갈렙에 속한 자라고 착각할 것이다.

다시 언급하지만, 구약이 오늘날 우리에게 주어신 말씀이 아니라는 잘못된 생각을 버려야 한다. 주님은 구약을 완전케 하셨고 그리고 구약의 말씀으로 3년간 사역하셨으며, 그 사역이 바로 구약의 말씀을 완전케 하셔서 기록된 것이 복음서다. 이 복음서와 구약을 해석한 것이 서신서들이라고 볼 때, 우리는 현재의 오류에서 벗어날 수 있다.

결론적으로 오늘날 많은 목회자들이 예배의 삶이 너무나 중요하다고 가르치면서 전혀 산 제물을 언급하지 않는다. 오로지 정해진 예배에 참석 잘하라고 한다. 정해진 예배(?) 사람이 만든 의식으로 헛되이 예배한다고 했지만 현실 교회는 그것이 예배라고 보편화시켜버렸다. 목회자도 교인들도 사람이 만든 멋진 예배를 통해 은혜를 받았다고 한다. 삶이 바뀌지 않은 그 은혜는 헛되이 받은 것이다.

교회가 해야 할 가장 중요한 한 가지는 하나님 나라와 그의 의를 교인들 심령에 임하게 하여 죄 사함을 받는 거룩한 산 제물을 만드는 것이 진정한 예배임을 명심하자.

10장

요한계시록의 하이라이트

10장
•
요한계시록의
하이라이트

　　　• • • • • • • • • • • •　지금 이 세상은 지진과 해일, 화산 폭발과 지구 온난화 등으로 큰 피해를 입고 있고, 지구 환경의 변화로 재앙이 닥쳐 지구가 망할 수 있음을 경고하는 뉴스 보도나 영화들이 있다. 그래서 사람들은 이런 재앙을 피해 도망가고자 하는 마음으로 가득하다. 한반도에 전쟁이 일어날 수 있다는 소문에 외국으로 도망간 사람들도 있다. 그런데 이보다 더 무서운 지구 멸망에서 벗어나려면 어떻게 해야 할까? 이것은 예수님을 믿는 사람이나 믿지 않는 사람이나 모두에게 동일한 문제다. 그런데 예수님을 믿지 않는 사람에게는 천국의 소망이 없으니 이 세상 즐기다 간다고 생각할 수 있을지 모르지만, 예수님을 믿는 사람들에게는 천국으로 탈출할 좋은 가르침이 있는데 그것이 바로 휴거다.

예수님을 잘 믿는 사람은 예수님이 다시 오실 때 공중으로 올라가 신랑 되신 예수님을 만나게 되는데, 이것이 바로 휴거라고 가르친다. 그래서 세상 마지막에 있을 엄청난 환난과 재앙에서 벗어난다고 한다. 그러나 이것은 성경의 가르침과 다르다.

우리나라를 비롯해 전 세계적으로 예수님이 곧 재림하시니 휴거할 준비를 하겠다며 재산을 다 정리하고 기다리다 허탕을 친 일들이 많았다. 그동안 이런 일들이 빈번히 일어났음에도 매해 반복되고 있는 것을 유튜브에서 볼 수 있다.

왜 이런 일이 끊임없이 일어나는 것일까? 그것은 환난 전에 휴거가 있다고 잘못 가르친 것이 문제고, 또 직통 계시를 받았다는 사람도 있는데다, 사람들을 미혹해 사기를 치는 경우도 있기 때문이다. 그러나 성경을 바로 안다면 속지 않을 것이다.

오늘날 유명한 사람들과 여러 주석과 신학에서 잘못 가르쳤기 때문에 많은 그리스도인이 그렇게 믿는 것이다. 그런데 성령의 가르침을 통해 성경을 보면 그런 가르침과는 많이 다른 것을 알 수 있다.

휴거를 성경적으로 바르게 볼 수 있는 열쇠는 요한계시록 20장에 있다. 왜냐하면 20장은 휴거한 성도들이 살아서 주님과 함께 천년 동안 왕 노릇할 것과 천년왕국 마지막 때 바다의 모래처럼 많은 사람이 있다는 것과 백 보좌 심판까지 기록된 것에서부터 거꾸로 살펴보면 정답을 찾을 수 있기 때문이다. 그러므로 요한계시록 20장을 바로 알면 재림과 휴거를 통해 만들어질 천년왕국에 누가 살며, 마지막 미혹된 자들이 누구인지 알게 된다. 그렇다면 이 문제는 예수님이 언제 재림하시는지 살펴본 후 다루기로 하자.

성경은 예수님이 다시 오시는 것에 대해 "강림하신다", "다시 오신다", "재림" 등으로 기록하고 있다. 예수님의 강림에 대해 확실히 알려면 데살로니가전후서를 보아야 한다.

데살로니가전서 2장 19절 말씀이다. "우리의 소망이나 기쁨이나 자랑의 면류관이 무엇이냐 그의 강림하실 때 우리 주 예수 앞에 너희가 아니냐." 여기서 강림은 헬라어로 Parousia(파루시야)이고, 영어로는 coming 인데, 언제 오신다는 말이 없다.

3장 13절 말씀이다. "너희 마음을 굳세게 하시고 우리 주 예수님께서 그의 모든 성도와 함께 강림(Parousia)하실 때에 하나님 우리 아버지 앞에서 거룩함에 흠이 없게 하시기를 원하노라." 여기서도 Parousia(파루시야)를 사용했는데 언제 오신다는 말이 없다.

4장 15-17절 말씀이다. "우리가 주의 말씀으로 너희에게 이것을 말하노니 주 강림[Parousia(파루시야)]하실 때까지 우리 살아남아 있는 자도 자는 자보다 결단코 앞서지 못하리라 주께서 호령과 천사장의 소리와 하나님의 나팔로 친히 하늘로 좇아 강림[katabaino(카타바이노)]하시리니 그리스도 안에서 죽은 자들이 먼저 일어나고 그 후에 우리 살아 남은 자도 저희와 함께 구름 속으로 끌어 올려 공중에서 주를 영접하게 하시리니 그리하여 우리가 항상 주와 함께 있으리라." 이 구절들에서 강림은 파루시야와 카타바이노인데, 카타바이노는 영어로 descend로, 예수님이 다시 오실 때 부활이 있고, 살아남은 사람이 끌려올라 간다고 했으니 이것을 잘 기억하고 있어야 한다.

5장 23절 말씀이다. "평화의 하나님이 친히 너희로 온전히 거룩하게 하시고 또 너희 온 영과 혼과 몸이 우리 주 예수 그리스도께서 강림(Parousia)하실 때에 흠 없게 보전되기를 원하노라." 여기서도 Parousia(파루시야)를 사용했는데, 언제 재림하신다는 말이 없다.

데살로니가후서에는 보다 상세하게 나와 있다.

1장 7-10절 말씀이다. "환란 받는 너희에게는 우리와 함께 안식으로 갚으시는 것이 하나님의 공의시니 주 예수께서 저의 능력의 천사들과 함께 하늘로부터 불꽃 중에 나타나실[apokalupsis(아포칼뤼프시스)] 때에 하나님을 모르는 자들과 우리 주 예수의 복음을 복종치 않는 자들에게 형벌을 주시리니 이런 자들이 주의 얼굴과 그의 힘의 영광을 떠나 영원한 멸망의 형벌을 받으리로다 그 날에 강림[erchomai(에르코마이)]하사 그의 성도들에게서 영광을 얻으시고 모든 믿는 자에게서 기이히 여김을 얻으시리라(우리의 증거가 너희에게 믿어졌음이라)." 여기에서는 언제인지가 확실히 나타나 있다. 7절 "나타나"에 해당하는 헬라어는 apokalup-sis(아포칼뤼프시스)로, Parousia(파루시야)와 같은 의미이며, 영어로는 Revelation으로 '나타나다'이다. 그러니 다시 오시는 것과 나타나시는 것은 똑같다. 또 10절에 나오는 강림은 erchomai(에르코마이)로 returning이다. 여기에서는 어느 상황에 예수님이 다시 오실 것인지 확실하게 말하고 있다. 환란을 받는 것은 대환란이고, 대환란 끝에 하나님을 알지 못하고 복음을 받아들이지 않은 자들을 심판하러 예수님이 다시 오신다고 한 것이다.

2장 8절 말씀이다. "그 때에 불법한 자가 나타나리니[apokalupto(아포칼륖토)] 주 예수께서 그 입의 기운으로 저를 죽이시고 강림[Parousia(파루시야)]하여 나타나심으로 폐하시리라." 여기에 더 확실한 내용이 있다. 강림하여 나타나심의 헬라어가 Parousia(파루시야) apokalupto(아포칼륖토)인데, 아포칼륖토는 영어로 Appearing으로 파루시야와 아포칼륖토는 똑같은 의미다. 그리고 그때란 대환란 때를 말한다. 불법한 자는 적그리스도다. 2장 3-4절은 이렇게 말씀한다. "누가 아무렇게 하여도 너희가 미혹하지 말라 먼저 배도하는 일이 있고 저 불법의 사람 곧 멸망의 아들이 나타나기 전에는 이르지 아니하리니 저는 대적하는 자라 범사에 일컫는 하나님이나 숭배함을 받는 자 위에 뛰어나 자존하여 하나님 성전에 앉아 자기를 보여 하나님이라 하느니라."

바로 이것이 적그리스도인데, 8절에서 예수님의 입 기운으로 죽인다고 했다. 7년 대환란 후 3년 반은 적그리스도가 온 세계를 통치하고, 7년 환란이 끝날 때 예수님이 재림하시며 휴거가 있다는 것이 데살로니가전서와 후서의 명확한 가르침이다. 그리고 심판에 대해서는 요한계시록 13장이 적그리스도의 통치를 말하고 있고, 17상은 음녀 심판, 18장은 바벨론 심판, 즉 재림하셔서 심판하신다. 그렇다면 데살로니가전후서에서 예수님이 언제 재림하시고, 환란을 통과한 성도들이 언제 휴거되어 공중으로 끌려 올라가는지 확실해졌다.

데살로니가전서 4장 15-17절을 다시 보자. "재림하실 때 우리 살아남은 사람들도 그들과 함께 구름 속으로 끌려 올라가 공중에서 주님을 영접하여 주님과 함께 있게 될" 것이라고 했으니 너무나 확실한 것이다. 그리고 재림은 자기가 하나님이라고 주장하는 적그리스도가 통치하는 대환란 3년 반이 끝날 때 예수님이 재림하셔서 적그리스도를 멸하신다고 했으니 너무나 명백한 것이다. 그런데 가장 중요한 것은 주님이 이 땅에 계실 때 하신 말씀이다.

마태복음 24장 29-31절 말씀이다. "그 날 환란 후에 즉시 해가 어두워지며 달이 빛을 내지 아니하며 별들이 하늘에서 떨어지며 하늘의 권능들이 흔들리리라 그 때에 인자의 징조가 하늘에서 보이겠고 그 때에 땅의 모든 족속들이 통곡하며 그들이 인자가 구름을 타고 능력과 큰 영광으로 오는 것을 보리라 저희가 큰 나팔소리와 함께 천사들을 보내리니 저희가 그 택하신 자들을 하늘 이 끝에서 저 끝까지 사방에서 모으리라."

그 날 환란 후라고 했고, 땅의 모든 족속이 인자가 재림하시는 것을 본다고 했으니 아주 명백하다. 그리고 휴거에 대해서도 천사들이 하늘 이 끝에서 저 끝까지 사방에서 모은다고 했다.

한 번 더 정리해보면 데살로니가전후서에 나오는 것과 주님이 직접 하신 말씀이 같다. 그렇다면 주님이 재림하실 때 휴거가 일어나는 것은 데살로니가전서 4장 15-17절 말씀대로 의심의 여지가 없다.

이같이 재림의 시기가 확실해졌으니 휴거의 대상과 목적을 알아보기로 하자. 앞서 말한 요한계시록 20장에 휴거한 대상이 있다. 4절을 보자.

"또 내가 보니 예수의 증거와 하나님의 말씀을 인하여 목 베임을 받은 자의 영혼들과 또 짐승과 그의 우상에게 경배하지도 아니하고 이마와 손에 그의 표를 받지도 아니한 자들이 살아서 그리스도로 더불어 천년 동안 왕 노릇 하니." 여기에 보면 두 종류가 있는데, 하나는 영혼들이고, 다른 하나는 살아 있는 사람들이다.

데살로니가전서 4장 15-17절 말씀이다. "우리가 주의 말씀으로 너희에게 이것을 말하노니 주 강림하실 때까지 우리 살아남아 있는 자도 자는 자보다 결단코 앞서지 못하리라 주께서 호령과 천사장의 소리와 하나님의 나팔로 친히 하늘로 좇아 강림하시리니 그리스도 안에서 죽은 자들이 먼저 일어나고 그 후에 우리 살아남은 자도 저희와 함께 구름 속으로 끌어 올려 공중에서 주를 영접하게 하시리니 그리하여 우리가 항상 주와 함께 있으리라." 역시 여기서도 두 종류로, 그리스도 안에서 죽은 자들과 우리 살아 남은 자다.

그렇다면 요한계시록 20장 4절에 나오는 두 부류와 데살로니가전서 4장 15-17절에 나오는 두 부류는 동일한 것일 수밖에 없다. 만약 이 두 절을 다르게 보면 설명할 수 없는 문제에 봉착한다. 그리스도 안에서 죽은 자들이 먼저 일어나고와 목 베임을 받은 자의 영혼이 첫째 부활이라고 한 요한계시록 20장 5절 말씀은 같은 것으로 보아야 한다. 만약 다르게 보면 요한계시록 20장 5절에 나오는 나머지 죽은 자들은 그 천 년이 차기까지 살지 못하더라 한 것과 목 베임을 당한 자의 영혼이 부활하는 첫째 부활과 요한계시록 20장 11-15절의 심판 받는 자들이 부활하는 것을 설명할 수가 없다.

만약 "그리스도 안에서 죽은 자들이 먼저 일어나고"에서 이것을 아담 이후 그리스도 안에서 죽은 자들이라고 하면 목 베임을 받은 자의 영혼이 첫째 부활이라고 한 것과 같아야 천년 왕국의 두 부류로 문제가 되지 않는다. 모든 그리스도 안에서 죽은 자가 다 부활해 천년 왕국에서 산다면 모든 그리스도 안에서 죽은 자가 목 베임을 받은 자가 되어야 한다. 그러나 요한계시록 20장의 두 부류와 전혀 다른 자들이다. 그러므로 "그 나머지 죽은 자들이 천년이 차기까지 살지 못한다"고 한 것은 요한계시록 20장 11-15에 천년 왕국이 끝나고 백 보좌 심판을 위한 마지막 나팔로 부활한다는 것으로, 바로 이것이 두 번째 부활로서 고린도전서 15장 51-55절과 일치한다.

여기까지 이해가 안 된다면 재림과 함께 심판이 이 땅에 어떻게 내려질지 기록된 말씀을 보자. 베드로후서 2장 6절 말씀이다. "소돔과 고모라 성을 멸망하기로 정하여 재가 되게 하사 후세에 경건치 아니할 자들에게 본을 삼으셨으며."

3장 7절 말씀이다. "이제 하늘과 땅은 그 동일한 말씀으로 불사르기 위하여 간수하신 바 되어 경건치 아니한 사람들의 심판과 멸망의 날까지 보존하여 두신 것이니라."

요한계시록 18장 8절은 지상을 불로 사르는 심판을 너무나 분명하게 전한다. "그러므로 하루 동안에 그 재앙들이 이르리니 곧 사망과 애통과 흉년이라 그가 또한 불에 살라지리니 그를 심판하신 하나님은 강하신 자이심이니라."

이같이 지상을 불로 심판하면 무엇이든지 지상에 있는 한 재가 되고 만다. 그러므로 공중에 끌려올라간 믿음을 지킨 산 자들과 목 베임을 받은 자들이 첫 째로 부활하여 천년 왕국에서 산다고 했으니, 아담 이후 죽은 자들은 둘째 부활에 속할 수밖에 없다.

휴거의 시기는 대환란이 끝나는 3년 반으로, 적그리스도의 통치에서 인침을 받은 그리스도인들이 죽임을 당하지 않고 휴거된다는 것을 알아야 한다. 그것은 천년 왕국에서 살 두 종류의 사람 외에는 모두 불 심판으로 재가 되기 때문이다.

우리를 미혹했던 휴거를 주제로 한 영화는 모두 휴거가 환란 전에 일어나는데, 일상생활 속에서 사람들이 갑자기 사라지는 것으로 그리고 있다. 그리고 거기서 갑자기 사라지는 것을 변화체로 바뀐다고 생각한다. 그것은 휴거의 목적을 모르기 때문이다. 만약 휴거 때 변화체로 바뀐다면 심판으로 온 인류가 모두 불 심판으로 재가 되었는데 어떻게 천년 왕국에 환란을 거친 그리스도인들이 살아서 그리스도와 더불어 왕 노릇을 한다고 한 요한계시록 20장 4절에 나오는 살아 있는 사람을 설명할 길이 없다.

재림과 함께 휴거와 불 심판이라는 순서로 보지 않으면 심각한 문제가 생긴다. 왜냐하면 불 심판을 먼저 하면 대환란을 이긴 인 맞은 그리스도인은 모두 타 죽을 것이기 때문이다. 이것이 휴거의 목적으로 지상을 불로 사르기 위해 환란을 이긴 그리스도인을 산 채로 공중에 끌어올려 주님을 먼저 만나는 것이다. 역시 첫째 부활한 목 베임을 받은 자들은 부활체로 스스로 주님을 맞이하러 공중에 갈 것이다. 공중에서 주를 만나는 동안, 즉 요한계시록 18장 8절에서 하루 동안 불로 사르는 심판을 한다. 이같이 지상을 불로 심판하고 이 지상에 에덴동산이 회복되어 창조의 능력으로 천년 왕국을 창설하는 것이 그 목적이다. 이같이 목 베임을 당한 부활한 영혼들과 짐승과 우상에게 경배하지도 않고, 이마와 손에 그의 표를 받지도 않은 자들이 살아서 주님을 공중에서 만난 후 창설된 에덴동산의 회복된 천년 왕국에 내려와 혼인잔치를 하고 그리스도와 더불어 천년 동안 왕 노릇 하는 것임을 알아야 한다.

성경은 논리가 맞아야 진리다. 그렇다면 위의 논리를 증명할 수 있을까?

데살로니가 4장 17절 말씀이다. "그 후에 우리 살아 남은 자도 저희와 함께 구름 속으로 끌어 올려 공중에서 주를 영접[apantesis(아판테시스)]하게 하시리니 그리하여 우리가 항상 주와 함께 있으리라."

공중에서 주를 영접(아판테시스)한다고 한 것에 대해 잘못된 가르침이 많다. 거기서 혼인잔치를 한다고 가르치는데, 원문을 보면 실상을 알게 된다. 영접에 해당하는 헬라어는 아판테시스인데 마태복음 25장 1, 6절에 아판테시스가 있다.

마태복음 25장 1절 말씀이다. "그 때에 천국은 마치 등을 들고 신랑을 맞으러(아판테시스) 나간 열 처녀와 같다 하리니." 6절 말씀이다. "밤중에 소리가 나되 보라 신랑이로다 맞으러(아판테시스) 나오라 하매." 이 구절에 있는 "맞으러", 즉 마중 나간다는 것이 바로 아판테시스의 참 의미다.

하나 더 살펴보면, 사도행전 28장 15절에서 바울이 로마에 온다는 소식을 들은 로마의 그리스도인들이 바울을 맞으러 마중 나온 것을 보자. "거기 형제들이 우리 소식을 듣고 압비오 저자와 삼관까지 맞으러(아판테시스) 오니 바울이 저희를 보고 하나님께 사례하고 담대한 마음을 얻으니라." 여기 나오는 "맞으러" 역시 아판테시스로 되어 있다.

그렇다면 데살로니가전서 4장 17절도 천사들에 의해 신랑을 맞으러 공중(마 24:31)에 끌려 올라간 것이 확실하다.

열 처녀 비유에서 신랑을 맞으러 나가 길거리에서 혼인 잔치를 한 것이 아니고 신랑이 집으로 왔기에 미련한 다섯 처녀가 집에 돌아와 닫힌 문을 두드리며 열어달라고 주님을 불렀지만, 주님이 그들을 알지 못한다고 말씀하신 것을 우리는 너무나 잘 알고 있다.

사도행전에서도 바울을 마중 나간 사람 중에 압비오 광장에서 먹고 자고 쉬었다고 할 사람은 아무도 없을 것이다. 이것은 너무나 상식적인 것이다. 공항에 누군가를 마중 나가면 그 사람을 호텔에 모시거나 집에 모시지 공항에서 먹고 자고 쉬게 한다면 말도 안 되는 것이다.

아판테시스는 인 맞은 성도 중 살아남은 자들이 공중에 끌려 올라가 공중에 재림하시는 주님을 맞는 것이다. 그래서 그들은 지상의 불 심판을 면하게 되고, 주님은 지상에 에덴을 회복하시며 장설한 천년 왕국에 내려오셔서 혼인 잔치를 하는 것이 정상인 것이다.

우리가 잘못 생각하는 것이 공중에서 혼인 잔치를 한다고 하면 공중에 끌려 올라간 성도들은 살아 있는 사람인데, 그렇다면 상당히 어려운 상황을 억지로 만들어야 설명이 될 것이다. 그러나 아판테시스는 마중 나가는 것으로 천사에 의해 끌려 올라간 것이지, 육체를 가진 인간이 영화처럼 사라지는 휴거는 사람이 만든 작품일 뿐 성경적이 아니다.

또 하나의 잘못된 가르침을 보자. 보통 어린양의 혼인 잔치에 대해 말할 때 예수님은 우리의 신랑, 우리는 그분의 신부로 가르친다. 그러나 결혼식에 하객이 없다면 썰렁할 것이다. 그러므로 우리가 성경을 읽을 때 단어를 하나하나 잘 살펴보아야 한다.

요한계시록 19장 7-9절을 보자. "우리가 즐거워하고 크게 기뻐하여 그에게 영광을 돌리세 어린 양의 혼인 기약이 이르렀고 그 아내가 예비하였으니 그에게 허락하사 빛나고 깨끗한 세마포를 입게 하셨은즉 이 세마포는 성도들의 옳은 행실이로다 하더라 천사가 내게 말하기를 기록하라 어린 양의 혼인 잔치에 청함을 입은 자들이 복이 있도다 하고 또 내게 말하되 이것은 하나님의 참되신 말씀이라 하기로."

여기에서 우리가 놓친 것이 바로 아내와 청함을 입은 자다. 이것은 너무나 쉬운 것으로 아내는 신부이고 청함을 입은 자는 하객으로 보아야 혼인 잔치의 현장인 것이다. 그런데 흔히 우리 모두가 다 신부가 된다고 할 뿐, 복이 있다 한 청함을 입은 자는 말하지 않는다. 앞에서 언급했듯이 하나님의 나팔로 재림하실 때 목 베임을 받은 영혼들이 첫째 부활에 참예하고 또 적그리스도의 통치 아래서 살아남은 성도들이 공중에 끌려 올라가 주님을 마중 하면 지상에 심판이 시작되어 온 세상을 불태운 후 에덴의 회복으로 천년 왕국을 창설해 거기서 어린양의 혼인 잔치가 열리는데, 그럼 누가 아내고 누가 청함을 입은 자인가?

여기서 복이 있다고 한 청함을 받은 자에 대해 생각해보면 왜 예비된 신부, 즉 아내에 대해 복이 있다는 말을 하지 않았는가? 또 만약 그리스도인이 다 신부가 되면 복 받을 사람은 없게 될 것이다. 기복 신앙으로 교회들이 세속화되었는데, 기복이 아닌 복이 있다고 한 청함을 받은 자는 원하지도 않고 가르치지도 않는다.

먼저 신부의 대상이 될 수 있는 부류는 두 부류밖에 없다. 첫째 부활에 참예한 자와 살아남은 성도들이다. 그럼 여기서 신부가 있고 청함을 입은 자가 있다는 것이 분명해졌다. 그렇다면 누가 신부이고, 누가 청함을 입은 자이겠는가? 아내가 예비하였다고 할 때 아내에 해당하는 헬라어는 gune(귀네)로, 마태복음 1장 20절에서 "다윗의 자손 요셉아 네 아내(귀네) 마리아 데려오기를"에서 나오는 "아내"가 귀네다. 또한 요한계시록 21장 9절 말씀인 "가로되 이리 오라 내가 신부[numphe(눔페)] 곧 어린양의 아내(귀네)를 네게 보이리라 하고"에서 신부는 눔페, 아내는 귀네다. 신부와 아내는 귀네와 눔페로 같은 의미로 쓰였다.

그러나 "청함[kaleo(칼레오)]을 입은 자[ho(호)]"는 호 칼레오로 칼레오는 '초대하다', '불러 모으다' 그리고 호는 지시 대명사로 '이 사람', '저 사람'으로 초대를 받은 사람이 된다. 여기에서 우리가 억지로 해석할 필요는 없다. 왜냐하면 혼인 잔치에 두 부류가 있고, 신랑 예수님은 이미 변화체로 시공간을 초월하시는 분으로, 그렇다면 누가 예비된 아내고 누가 청함을 입은 자인지 감이 잡힌다.

첫째 부활에 참예하는 자가 복이 있고 거룩하며, 둘째 사망이 그들을 다스리는 권세가 없다고 했다(계 20:6). 이들이 목 베임을 당한 영혼들로 부활한 변화체로서 거룩하고 둘째 사망이 그들을 다스리는 권세가 없다고 했다. 반면 적그리스도의 통치에서 살아남은 사람들은 거룩하다고 언급하지 않았고, 둘째 사망이 그들을 다스리기에 역시 인간은 부활하여 변화체가 될 때까지 완전한 거룩은 아님을 알 수 있다. 그러므로 변화체가 아닌 환란을 거친 사람이 청함을 입은 자에 해당할 것이라고 생각된다.

이럴 경우 많은 그리스도인이 자신을 주님의 신부라고 확신하고 있는데 아닐 수 있다고 하니 무언가 잘못된 것이지 하지만 잘 생각해보라. 지금 혼인 잔치는 천년 왕국에서 있을 것인데 과연 우리가 천년 왕국에서 살 것인가? 적그리스도의 통치에서 믿음을 지켜 살아남은 자가 아니면 해당되지 않고, 또한 예수님을 증언하고 하나님의 말씀 때문에 목 베임을 받은 자가 아니면 천년 왕국의 일원이 될 수 없다. 그런데도 보편적으로 알고 있듯이 예수님은 신랑, 우리는 신부라고 한다면 청함을 받은 자는 누구인가?

그러나 한 가지 기대할 것은 요한계시록 21장 9절에서 신부 곧 어린양의 아내를 네게 보이리라 하셨다. 그런데 10절부터 하늘에서 내려온 거룩한 성 예루살렘이 보였다. 그리고 보석들을 소개하고 있는데, 예루살렘 성을 신부라고 하는 것인지, 그 보석들이 신부로 비유된 것인지 분명히 알아야 하지만 성경에서 더는 설명이 없기에 언급할 수 없다.

반면 천국에 대한 내용을 보면 거할 집이 있다(요 14:2)는 것으로 볼 때 분명히 구조물들이 있다는 증거다. 하나 더 지적한다면 진주 문은 진주 하나로 되어 있다고 했는데, 그것을 구조물에 속한 것으로 보아야 할지 신부로 보아야 할지 의문이다.

또 흔히 말하는 것처럼 휴거와 동시에 변화체로 바뀐다면 요한계시록 20장 7-10절에 나오는 수많은 산 사람을 설명할 길이 없다. 왜냐하면 모두 다 변화체가 되었는데 천년 왕국 마지막에 그 수많은 사람은 누가 출산했는가?

요한계시록에서 음녀 심판이 17장에 나오고, 바벨론 심판은 18장에 나오며, 19장에 주님이 재림하셔서 지상의 모든 것을 불로 심판하시려고 인맞은 성도 중 살아남은 자를 공중으로 끌어 올려 보호하시고 지상의 모든 것을 불로 재가 되게 하시며 에덴을 회복시켰으니, 만약 휴거 된 성도들이 변화체라면 두 가지 문제에 봉착한다.

첫째, 변화체는 시공간을 초월하는데 데살로니가전서 4장 17절에 나오는 "구름 속으로 끌어 올려"에서 "끌어 올려"에 해당하는 헬라어는 하르파조로 '끌어가다', '잡아가다'는 의미이며 수동태로 쓰였다. 천사에 의해 공중으로 끌려 올라가는 것이다. 만약 변화체라면 스스로 공중에 올라갈 것이다.

그리고 첫째 부활한 복 베임을 받은 자들과 휴거된 변화체라면 요한계시록 20장 8절에 나오는 땅의 사방 백성 그리고 바다의 모래 같은 사람들은 어디서 온 사람인가? 설명할 길이 없다. 그럼 이 사람들은 누구인가?

에덴의 회복이라는 말을 수차례 했으니 감을 잡아야 한다. 하나님이 인간의 범죄로 에덴을 폐쇄하셨을 때 하나님은 두 개의 에덴을 회복하실 것을 계획하셨다.

우리가 알아야 할 전제는 에덴은 지상에 창설한 하나님 나라다. 그래서 하나님이 에덴에 거니실 때 의의 깃발이 날렸다. 왜 의의 깃발인가? 예레미야 23장 6절에서 "그 이름은 여호와 우리의 의라"고 했고, 예레미야 33장 16절에서도 "그 성은 여호와 우리의 의라"고 했다. 그러므로 하나님의 깃발은 의의 깃발이다. 그런데 아담의 범죄로 에덴은 폐쇄되었고, 의의 깃발은 사탄이 훔쳐감으로 의인은 없나니 하나도 없게 된 것이다(롬 3:10).

그래서 하나님의 첫 번째 계획은 주님이 이 땅에 오실 때 에덴의 회복을 위해 철저히 준비하는 것이었다. 마가복음 1장 15절 말씀이다. "때가 찼고 하나님 나라가 가까웠으니 회개하고 복음을 믿으라." 바로 이것이 에덴의 회복에 대한 첫 번째 계획으로 하나님 나라를 말씀하신 것이다.

이 땅에 오신 예수님이 우리에게 먼저 하라고 하신 것이 있다. 마태복음 6장 33절 말씀이다. "먼저[Proton(프로톤), 첫번째로, 무엇보다도 특히] 그의 나라와 그의 의를 구하라[zeteo(제테오), 소유하고자 하라]." 무슨 말씀인가? 이것은 에덴을 회복하라고 하시는 것이다. 앞에서 말한 것처럼 에덴은 하나님 나라가 지상에 창설된 것이다. 그런데 사탄에 의해 폐쇄된 에덴을 어떻게 회복하느냐가 하나님의 계획이다. 지상에 세운 에덴은 아담으로 인해 실패했지만, 예수 그리스도로 우리 심령에 하나님 나라를 세우는 것이 첫 에덴의 회복이다. 원어로 보면 "무엇보다도 특히 첫 번째로 하나님 나라와 그의 의를 소유하도록 하라"는 뜻이다. 이것은 사탄에 의해 폐쇄되고 빼앗긴 하나님 나라와 의를 우리 심령에 세우는 것이 바로 에덴의 회복이라는 것이다.

그래서 주님이 마태복음 12장 28절에서 이렇게 말씀하셨다. "그러나 내가 하나님의 성령을 힘입어 귀신을 쫓아내는 것이면 하나님의 나라가 이미 너희에게 임하였느니라." 바로 에덴의 회복을 말씀하신 것이다. 사탄에 의해 폐쇄된 에덴, 그 졸개인 마귀와 귀신을 쫓아내면 하나님 나라가 우리 심령에 임하는 것인데, 그리스도인에게는 이것이 급선무다. 회개하여 자신에게서 귀신을 쫓아내고, 세례를 통해 죄를 죽이면, 그리스도가 내 안에 살게 되셔서 그의 나라와 의를 소유하게 된다. 그래서 마음에 하나님 나라, 즉 에덴의 회복이 일어나는 것이다.

그러나 하나님의 계획은 언젠가 이 지상에 하나님 나라인 에덴의 회복을 천년 왕국에 창설하시는 것이다. 지상의 에덴을 생각하시며 사탄을 천년간 무저갱에 가두시고, 에덴의 회복인 천년 왕국을 지상에 창설하실 것이다. 만약 이것이 아니면 요한계시록 20장 8-10절에 나오는 바다의 모래같이 많은 사람을 설명할 길이 없다. 에덴의 회복, 즉 생육하고 번성하여 땅에 충만하라는 창세기 1장 28절이 실제로 이루어질 것이다.

앞에서 천년 왕국을 구성하는 두 부류의 구성원으로 목 베임을 받은 자들의 영혼과 짐승과 그의 우상에게 경배하지 않고 이마와 손에 그의 표를 받지 않은 자들이 살아서 그리스도로 더불어 천 년 동안 왕 노릇 한다고 했으니, 여기서 산 사람이 출생을 통해 수많은 사람이 거기에 살아 있음을 언급한 것이다.

그들이 완전히 거룩하지 못한 인간임에도 천년 왕국에 살 때 마귀의 유혹이 없다. 왜냐하면 무저갱에 갇혔기 때문이다. 그러나 천 년이 찰 때 사탄을 잠시 풀면 미혹되는 사들이 생긴다. 요한계시록 20장 10-11절에서 "미혹된 자들이 성도들의 진과 성을 두를 때 하늘에서 불이 내려와 저희를 소멸하고 또 저희를 미혹하는 마귀가 불과 유황 못에 던지우니 거기는 그 짐승과 거짓 선지자도 있어 세세토록 밤낮 괴로움을 받으리라"고 했다.

그렇다면 왜 휴거 때 변화된다고 가르쳤을까? 그것은 고린도전서 15장 51-54절을 휴거라고 본 것이 오류다. 이것은 휴거가 아니다. 데살로니가전서 4장 13-18절과 고린도전서 15장 51-55절을 같은 내용으로 보고 가르치면 안 된다. 전자는 예수님의 재림과 휴거 때를 말하고, 후자는 천년 왕국이 끝나고 영원한 천국으로 들어가는 것을 말하고 있다. 더 세밀하게 살펴보도록 하자.

데살로니가전서는 하나님의 나팔로 재림 나팔이고, 고린도전서는 마지막 나팔이다. 요한계시록 20장 5절 말씀이다. "그러나 나머지 죽은 자들은 천 년이 차기까지 살아나지 못하리라." 이처럼 천 년이 찼을 때 두 번째 부활을 위한 마지막 나팔인 것이다. 데살로니가전서는 첫 번째 부활로 목 베임을 받은 영혼들이고, 고린도전서는 백 보좌 심판을 위한 모든 죽은 자의 부활이다.

고린도전서 15장 52절 말씀이다. "나팔 소리가 나매 죽은 자들이 썩지 아니할 것으로 다시 살고 우리도 변화하리라." 이것이 휴거가 아닌 이유는 우리가 변화된다는 것은 3년 반 동안 믿음을 지킨 산 사람 그대로 계속 천년 왕국에 산다는 요한계시록 20장 4절을 설명할 수 없다.

고린도전서 15장은 부활 장으로 부활의 첫 열매는 그리스도시다. 20절과 23절에 언급되는데, 특히 23절은 "그 다음은 그리스도 강림하실 때 그에게 붙은 자요"라고 말씀하는데, 요한계시록 20장 4절에 나오는 목 베임을 받은 자들의 영혼이다. 24절은 이렇게 말씀한다. "그 후에는 나중이니 저가 모든 정사와 모든 권세와 능력을 멸하시고 나라를 아버지 하나님께 바칠 때라."

여기서 순서를 보면 부활의 첫 열매는 그리스도시고, 첫째 부활은 그리스도가 강림하실 때 붙은 자로 목 베임을 받은 자들이다. 마지막 부활은 요한계시록 20장 11-15절에 나오는 백 보좌 심판에서 죽은 모든 인류가 부활해["선한 일을 행한 자는 생명의 부활로 악한 일을 행한 자는 심판의 부활로 나오리라"(요 5:29)] 생명책에 기록되지 못한 자를 불 못에 던지는 마지막 심판 후 천년 왕국을 아버지 하나님께 바친다고 명백히 말씀하고 있다(고전 15:24).

그럼 마지막으로 적그리스도가 통치할 때 인 맞은 성도는 어떻게 될 것인지를 살펴보자. 먼저 누가 인을 맞는가? "예수를 잘 믿는 사람"이라고 가르치면 말은 맞는 듯한데, 에스겔 9장 4절은 이렇게 말씀한다. "이르시되 너는 예루살렘 성읍 중에 순행하여 그 가운데서 행하는 모든 가증한 일로 인하여 탄식하며 우는 자의 이마에 표하라 하시고." 요한계시록

7장 14절은 이렇게 말씀한다. "이는 큰 환란에서 나오는 자들인데 어린 양의 피에 그 옷을 씻어 희게 하였느니라." 이 말씀에 따르면 인 맞은 자들이 큰 환란을 거치게 될 것이고, 인 맞은 자들은 어린 양의 피에 그 옷을 씻어 희어진 자로 회개한 자들을 말한다. 우리가 회개할 때 예수 그리스도의 피가 우리가 지은 추하고 악한 모든 죄를 씻겨주시므로 회개한 자가 된다.

이같이 인 맞은 자들은 어떤 환란을 당할지 살펴보자. 요한계시록 13장은 적그리스도가 통치하는 666을 말한다. 8절 말씀이다. "죽임을 당한 어린 양의 생명책에 창세 이후로 녹명되지 못하고 이 땅에 사는 자들은 다 짐승에게 경배하리라." 이들은 다 적그리스도의 통치에 속한 자들이다. 그래서 인 맞은 성도들에게 엄청난 환난이 닥칠 것이다. 13장 9-10절 말씀이다. "누구든지 귀가 있거든 들을찌어다 사로잡는 자는 사로잡힐 것이요 칼로 죽이는 자는 자기도 마땅히 칼에 죽으리니 성도들의 인내와 믿음이 여기 있느니라." 또 13장 17절 말씀이다. "누구든지 이 표를 가진 자 외에는 매매를 못하게 하니 이 표는 곧 짐승의 이름이나 그 이름의 수라." 14장 12절 말씀이다. "성도들의 인내가 여기 있나니 저희는 하나님의 계명과 예수 믿음을 지키는 자니라."

반면 13장 13-14절은 이렇게 말씀한다. "[적그리스도는] 큰 이적을 행하되 심지어 사람들 앞에서 불이 하늘로부터 땅에 내려오게 하고 짐승 앞에 받은 바 이적을 행함으로 땅에 거하는 자들을 미혹하며 땅에 거하는 자들에게 이르기를 칼에 상하였다가 살아난 짐승을 위하여 우상을 만들라 하더라." 이같이 엄청난 능력을 가진 적그리스도의 통치로 인 맞은 성도들은 상상을 초월하는 환난을 당한다. 그래서 성도들의 인내와 믿음을 말씀한 것이다.

그런데 일부 가르침은 그것을 너무 쉽게 가르친다. 요한계시록 3장 10절 말씀이다. "네가 나의 인내의 말씀을 지켰은즉 내가 또한 너를 지키어 시험의 때를 면하게 하리니 이는 장차 온 세상에 임하여 땅에 거하는 자들을 시험할 때라." 일부 가르침은 이 말씀에서 "시험의 때를 면하게 하리니"라는 부분을 들어 7년 대환난 전에 휴거한다고 잘못 가르치고 있고, 환난 후 휴거를 말하는 사람도 그 환난에서 지키고 보호해주니 걱정할 필요가 없다고 한다.

그렇다면 '면하게 하다'는 헬라어를 살펴보자. 그것은 테레오 에크로, 무엇에서 '보호하다'는 뜻이다. 직역하면 '온 세상에 닥칠 고난에서 믿음을 지키는 성도를 보호하다'는 뜻이다. 구약에서 같은 의미를 찾아볼 수 있는데, 하나님이 애굽에 내리신 열 가지 재앙에서 이스라엘 백성을 보호하신 것과 같은 의미다. 이것은 하나님 편에서 하신 말씀이다. 그러나 말씀은 양면성이 있다. 그러므로 환난 때 우리를 지키고 보호해주시니 걱정할 필요가 없다고 가르치면 안 된다. 왜냐하면 주님이 그때에 대해 말씀하신 내용을 확인해보아야 한다.

누가복음 21장 34-36절이 7년 대환난에 대한 내용이다. 36절 말씀이다. "이러므로 너희는 장차 올 이 모든 일을 능히 피하고 인자 앞에 서도록 항상 기도하며 깨어 있으라 하시니라." 이 말씀을 근거로 환난 전에 휴거함으로 앞으로 일어날 모든 일을 능히 피한다고 가르치는 경우가 있다.

"능히 피하고"에 해당하는 헬라어는 에크ㅎ퓨고인데, 그 뜻은 '많은 장애에도 불구하고 극복해 만들다(make it through)'이다. 영어의 make it through는 미식축구에서 수비나 장애물, 태클에도 불구하고 통과한다는 의미다. 그러므로 "피하고"는 에크(ㅎ)퓨고를 잘못 번역한 것이다. 바로잡으면 "이 모든 일을 믿음으로 이기고, 이 환난을 참고 통과하여 내 앞에 서도록"으로 번역해야 맞다. 이것이 원어에 부합하는 번역이고, 또 인 맞은 그리스도인 중 적그리스도의 통치 아래서 목 베임을 당한 자가 있음을 볼 때, 만약 극심한 환난에서 주님이 완전히 보호하시는 것으로 본다면 성도의 인내와 믿음은 그렇게 중요하지 않게 되는 것이다.

하나님이 우리를 지키시고 보호하시는 것은 의심의 여지가 없다. 그러나 "끝까지 견디는 자는 구원을 얻으리라", "두렵고 떨림으로 구원을 이루라"는 말씀의 양면성으로 볼 때 우리가 하나님께 올바로 반응하지 않으면 구원에서 제외된다.

이제 때가 얼마 남지 않았다. 주님의 재림이 눈앞에 와 있다. 재림은 심판으로 이어진다. 그렇다면 심판의 기준을 분명히 알고 준비해야 한다.

베드로후서 3장 7절 말씀이다. "이제 하늘과 땅은 그 동일한 말씀으로 불사르기 위하여 간수하신 바 되어 경건치 아니한 사람들의 심판과 멸망의 날까지 보존하여 두신 것이니라." 유다서 15절 말씀이다. "이는 뭇사람을 심판하사 모든 경건치 않은 자의 경건치 않게 행한 모든 경건치 않은 일과 또 경건치 않은 죄인의 주께 거스려 한 모든 강퍅한 말을 인하여 저희를 정죄하려 하심이라 하였느니라." 이처럼 심판의 기준이 있고, 이것은 구약에서 두 번의 심판에도 명백히 나타나 있다.

베드로후서 2장 5절은 물 심판에 대한 말씀이다. "옛 세상을 용서치 아니하시고 오직 의를 전파한 노아와 그 일곱 식구를 보존하시고 경건치 아니한 자들의 세상에 홍수를 내리셨으며." 또 이어지는 절에서 "소돔과 고모라 성을 멸망하기로 정하여 재가 되게 하사 후세에 경건치 아니한 자들에게 본을 삼으셨으며"라는, 경건치 않은 자들을 심판한 기록이 있는데도, 심판의 기준은 믿음이라고 하는 사람이 너무나 많다. 이 마지막 때에 말씀을 있는 그대로 받아들이지 않고 자기가 배운 것과 알고 있는 것을 고집하면 나중에 돌이킬 수 없는 후회를 하게 될 것이 분명하다.

그럼 경건이란 무엇인가? 야고보서 1장 26-27절을 보자. "누구든지 스스로 경건하다 생각하며 자기 혀를 재갈 먹이지 아니하고 자기 마음을 속이면 이 사람의 경건은 헛것이라 하나님 아버지 앞에서 정결하고 더러움이 없는 경건은 곧 고아와 과부를 그 환란 중에 돌아보고 또 자기를 지켜 세속에 물들지 아니하는 이것이니라." 경건은 우리가 돕지 않으면 굶게 되거나 환난 속에 있게 될 자들을 돌보는 것이고, 자기 자신을 지켜 세속에 물들지 않는 것이다.

그럼 세속에 물들지 않는 것은 무엇인가? 요한일서 2장 15-16절 말씀이다. "이 세상이나 세상에 있는 것들을 사랑치 말라 누구든지 세상을 사랑하면 아버지의 사랑이 그 속에 있지 아니하니 이는 세상에 있는 모든 것이 육신의 정욕과 안목의 정욕과 이생의 자랑이니 다 아버지께로 좇아 온 것이 아니요 세상으로 좇아 온 것이라."

이같이 세속에 물들지 않는 것은 세상으로부터 온 육신의 정욕, 안목의 정욕, 이생의 자랑으로 이 세 가지는 원죄에서 출발한 것이다. 그러므로 이것 역시 에덴의 회복으로, 하와가 범죄한 이 세 가지를 우리가 해결하지 않으면 우리의 믿음은 헛것이 된다.

요한일서 5장 4절 말씀이다. "대저 하나님께로서 난 자마다 세상을 이기느니라 세상을 이긴 이김은 이것이니 우리의 믿음이니라." 우리가 세상으로부터 온 이 세 가지를 이기지 못하면 믿음이 무너져 구원에서 제외된다. 그 증거를 보자.

요한계시록 2장 7절 말씀이다. "이기는 그에게는 내가 하나님의 낙원에 있는 생명나무의 과일을 주어 먹게 하리라." 생명나무의 과일은 이 지상에는 없다.

요한계시록 2장 11절 말씀이다. "이기는 자는 둘째 사망의 해를 받지 아니하리라."

요한계시록 3장 5절 말씀이다. "이기는 자은 이와 같이 흰 옷을 입을 것이요 내가 그 이름을 생명책에서 반드시 흐리지 아니하고 그 이름을 내 아버지 앞과 그 천사들 앞에서 시인하리라."

하나님은 에덴을 회복시키셔서 우리 심령에 하나님 나라가 임하게 하시고, 천년 왕국을 통한 하나님 나라를 이루려고 계획하셨다. 주님이 그 일을 이루셨기 때문에 우리 심령에 먼저 그의 나라와 그의 의를 소유해

에덴을 회복하도록 하셨다. 천년 동안 그리스도로 더불어 왕 노릇 할 하나님 나라인 에덴을 회복하여 결국 하나님 아버지께 그 나라를 바침으로 그리스도의 사역을 완성하게 될 것이다. 이같이 그리스도의 사역의 완성은 하나님 나라이고, 우리는 하나님 나라 복음을 선포해야 하며, 하나님 나라를 강론하고 전파하며 증거해야 한다.

예수님이 복음서에서 계속 하나님 나라 복음을 전파하셨고, 부활하신 후 승천하시기까지 40일을 머무셨는데 사도행전 1장 3절에서 하나님 나라의 일을 말씀하셨다고 했다. 그렇다면 하나님 나라를 모르는데 어떻게 하나님 나라에 들어갈 수 있는가? 우리의 궁극적인 목표는 하나님 나라에 들어가는 것인데, 하나님 나라 복음을 모르면 가지 못하는 것은 당연하다.

사도행전 14장 22절 말씀이다. "제자들의 마음을 굳게 하여 이 믿음에 거하라 권하고 또 우리가 하나님 나라에 들어가려면 많은 환란을 겪어야 할 것이라 하고." 19장 8절 말씀이다. "바울이 회당에 들어가 석 달 동안을 담대히 하나님 나라에 대하여 강론하며 권면하되." 20장 25절 말씀이다. "보라 내가 너희 중에 왕래하며 하나님 나라를 전파하였으나 지금은 너희가 다 내 얼굴을 다시 보지 못할 줄 아노라." 28장 23절 말씀이다. "저희가 일자를 정하고 그의 우거하는 집에 많이 오니 바울이 아침부터 저녁까지 강론하여 하나님 나라를 증거하고 모세의 율법과 선지자의 말을 가지고 예수의 일로 권하더라." 28장 31절 말씀이다. "담대히 하나님 나라를 전파하며 주 예수 그리스도께 관한 것을 가르치되 금하는 사람이 없었더라." 이와 같이 사도행전의 핵심은 주님이 하나님 나라를 가르치신 것으로 시작하여(1:3), 사도 바울이 하나님 나라를 전파한 것으로 마쳤다(28:31).

이 마지막 때에 꼭 필요한 것은 하나님 나라를 전파하는 것이다. 그런데 오늘날 교회들이 강해 설교를 통해 성경을 지식으로만 가르치고 교인들의 심령에 하나님 나라가 임하도록 가르치지 못했다. 그렇다면 구원의 확신을 가진 많은 그리스도인이 하나님 나라에 들어간다고 가르치는 확신은 위험하다. 주님은 누가복음 18장 8절에서 "인자가 올 때에 믿음을 보겠느냐"고 하셨다.

11장

성만찬을
기념하는
어리석음

11장

성만찬을 기념하는 어리석음

・・・・・・・・・・・ 오늘날 교회에서 행하는 성만찬은 성경에 근거한 것인지, 아니면 누군가가 미혹된 탓으로 시작한 것인지 살펴보고자 한다. 개신교는 대부분 성만찬을 기념해야 한다고 가르치고, 또 그렇게 행하고 있다.

가장 중요한 성만찬은 예수 그리스도와 열두 제자와의 마지막 만찬이다. 그리고 고린도 교회의 잘못된 성만찬을 바로잡은 성만찬에 대한 사도 바울의 메시지다. 그러나 그보다 앞서 이스라엘 백성이 광야에서 먹고 마신 것이 성만찬 문제를 이해하는 데 중요한 자료가 될 것이다.

이스라엘 백성이 약 430년간 종살이한 애굽에서 나올 때 20세 이상 남자만 603,550명이었으니, 전체 인구는 200만 명 정도가 될 것이다. 그들은 홍해를 건너면서 구원의 세례를 받았지만 여호수아와 갈렙 외에는 광야에서 모두 죽었다. 그들의 자녀들이 미디안 광야에서 40년 동안 살면서 어떻게 먹고 마셨을까? 농사를 짓지 않은 그들이 먹은 것은 만나였고, 목마를 때 반석에서 물이 샘처럼 솟아 나와 마실 수 있었다. 그들이 40년 동안 만나를 먹고 물을 마신 것이 분명하다.

그럼 성경으로 확인해보자. 고린도전서 10장 2-4절 말씀이다. "모세에게 속하여 다 구름과 바다에서 세례를 받고 다 같은 신령한 식물을 먹으며 다 같은 신령한 음료를 마셨으니 이는 저희를 따르는 신령한 반석으로부터 마셨으매 그 반석은 곧 그리스도시라."

수천 년이 지난 후 사도 바울이 어떻게 이런 말을 할 수 있었는지 생각해보면 그것은 분명 성령님의 가르침이다. 신령한 식물, 신령한 음료 그리고 신령한 바위라고 한 것은 성령님이 말하게 하신 것이다. 그럼 신령한 식물, 신령한 음료, 신령한 바위는 무엇인가? 우리가 볼 때 만나는 만나일 뿐 그 이상은 설명할 수 없다. 그리고 반석에서 나온 물은 샘이 터져 나온 것이다. 그리고 광야에 있는 많은 반석은 다 똑같은 반석이지 호렙산 반석이라고 특별한 반석은 아니다. 그런데 이 모든 양식과 음료와 반석이 신령한 것이라고 하신 성령님의 가르침을 우리가 제대로 알아야 성만찬에 대한 것도 제대로 풀 수 있다.

그럼 그 당시 광야로 가서 무엇이 신령한 것인지 알아보자. 출애굽기 17장 1-7절에서 보면 이스라엘 백성이 신 광야를 떠나 르비딤에 이르러 장막을 쳤지만 마실 물이 없었다. 그래서 백성이 모세와 다투면서 물을 달라고 했다. 그때 모세는 그들이 왜 자신과 다투며 또 여호와를 시험하느냐고 했지만, 그들은 모세를 원망했다. 모세가 그들을 애굽에서 인도해내 그들과 그들의 자녀와 생축으로 목말아 죽게 한다고 했다. 이에 모세가 여호와께 "내가 이 백성에게 어떻게 하리이까 그들이 얼마 아니면 내게 돌질하겠나이다"라고 부르짖었다. 그러자 여호와가 모세에게 "백성 앞을 지나가서 이스라엘 장로를 데리고 하수를 치던 네 지팡이를 손에 잡고 가라 내가 거기서 호렙산 반석 위에 너를 대하여 서리니 너는 반석을 치라 그것에서 물이 나리니 백성이 마시리라"고 하셨다. 모세는 이스라엘 장로들의 목전에서 여호와가 말씀하신 대로 행했다. 그리고 그곳 이름을 맛사 또는 므리바라 불렀다.

이 말씀에는 놓쳐서는 안 될 놀라운 내용이 있다. 하나님이 반석 위에 서겠다고 하신 것이다. 하나님은 모세에게 반석을 치라고 하셨는데, 하나님이 반석 위에 서시면 모세가 어떻게 반석을 칠 수 있겠는가? 그러나 모세는 말씀대로 행했고, 모세가 반석을 쳤을 때 반석 위에 서신 하나님이 그 지팡이에 맞으신 것이다. 그럼 하나님이 지팡이에 맞으시려고 반석 위에 서신 것인가? 바로 여기에 신령한 의미가 있다.

이사야 53장 5절은 하나님이 우리의 죄 때문에 찔림을 당하시고 상처를 입었으니 그분이 징계를 받음으로 우리가 평화를 누리게 되었고, 그분이 채찍에 맞으심으로 우리가 고침을 받았다고 말씀한다. 바로 이것이다. 하나님은 그저 반석을 쳐서 물을 마시게 하지 않으시고, 이스라엘 백성을 사랑하셔서 그들이 평화를 누리고 고침을 받게 하시려고 반석 위에 서시고 채찍에 맞으신 것이다.

하나님은 어떤 하나님이신가? 하나님은 이스라엘 백성을 애굽의 열 가지 재앙에서 보호해주셨고, 바다에 길을 내어 구원을 이루어주셨다. 그런데 그들은 하나님을 시험하고 원망했다. 그런데도 하나님은 그들을 위해 반석 위에 서신 것이다. 그럼 반석에서 지팡이에 맞으신 그분은 누구신가? 이 정도면 그분이 바로 그리스도로서, 십자가의 고난과 죽으심을 예표한 것임을 눈치 챌 것이다. 바로 호렙산 반석 위에 서신 그리스도시다.

이제 신령한 것이 무엇인지 답이 나왔다. 이렇게 40년간 신령한 양식과 물을 마신 그들이 어떻게 살았는지 살펴보자. 신명기 29장 5절 말씀이다. "주께서 40년 동안 너희를 광야에서 인도하게 하셨거니와 너희 몸의 옷이 낡아지지 아니하였고 너희 발의 신이 헤어지지 아니하였으며." 이같이 채찍에 맞으신 하나님이 그들에게 주신 복은 엄청난 것이었다. 한 번 생각해보자. 우리에게 옷이 한 벌밖에 없다고 할 때 몇 년을 입으면 다 해질까? 옷 한 벌을 입고 빨면서 1년을 버틴다면 오래 입는 것이다. 운동화 하나로 몇 년을 신을 수 있을까? 그러나 전능하신 하나님이 하시면 40년이 아니라 100년도 가능하다.

그럼 신령한 양식과 물은 도대체 무엇이기에 이스라엘 백성은 이렇게 놀랍게 살았을까? 앞에서 살펴본 세 구절을 다시 보자. 고린도전서 10장 4절, 출애굽기 17장 6절, 이사야 53장 5절로, 바로 예수 그리스도의 십자가 고난과 죽으심인 것을 직감하게 된다.

고린도전서에서 신령한 바위는 그리스도라고 했다. 그 바위에 하나님이신 그리스도가 서 계셨다. 이사야서에서 채찍에 맞아 고난을 당하셨다. 십자가에서 몸이 상하시고 피를 흘려주셨다. 지팡이에 그리스도가 맞으셨고, 그 반석이신 그리스도에게서 물이 나왔다면 성경이 말씀한 신령한 음료는 분명히 그리스도의 보혈 외에는 없다. 이스라엘 백성은 그리스도에게서 나온 신령한 음료인 보혈을 40년간 마시고, 신령한 양식인 그리스도를 먹으며, 기적으로 살았다. 너무나 명백하게도 예수 그리스도의 살과 피가 신령한 양식이요, 물이라고 한 것이다.

이것 외에 다른 신령한 양식과 신령한 음료는 없다. 이스라엘 백성이 40년간 예수 그리스도의 살과 피로 살았다고 하면 "아멘"이라고 할 그리스도인이 과연 얼마나 있을까? "도대체 말이 안 된다"고 하면서 얼마나 많은 사람이 거부할까?

현실적인 사람은 실제 눈에 보인 것은 만나고 반석에서 나온 것은 샘물이니, 그들이 만나를 먹고 샘물을 마셨다고 할 것이다. 그러나 영적인 사람은 그것에 대한 말씀을 찾을 것이다..

그럼 예수님이 이 땅에 계실 때 무엇이라 말씀하셨는지 보자. 요한복음 6장에는 우리가 잘 아는 물고기 두 마리와 보리 떡 다섯 개로 20세 이상의 남자만 5천 명, 전체 숫사가 약 1만 5천 명 정도 되는 사람이 나 먹고 열두 광주리를 남긴 기적이 나온다. 그 많은 사람이 예수님을 따르는 제자들이었다고 했다. 그 후 예수님은 그들에게 천국 복음을 가르치셨다. 예수님은 그들에게 이렇게 말씀하셨다. "너희들이 나를 찾는 것은 표적을 본 까닭이 아니고 떡을 먹고 배부른 까닭이로다 썩는 양식을 위하여 일하지 말고 영생하도록 있는 양식을 위하여 하라 이 양식은 인자가 너희에게 주리니 인자는 아버지 하나님이 인치신 자니라." 그때 그들은 예수님께 당신을 믿을 수 있는 기적을 보여달라고 하면서 그들의 조상은 광야에서 모세가 하늘에서 양식을 내려 먹었다고 했다. 이에 예수님은 그들에게 너희에게 참된 양식을 주시는 분은 모세가 아닌 내 아버지라고 하셨다.

여기서도 "참된 양식"이라고 했다. 그때 그들은 "주님 그런 양식을 항상 우리에게 주십시오"라고 했다. 그러자 예수님은 "내가 바로 생명의 떡이다"라고 하시면서, "이 떡을 먹는 사람은 영원히 살 것이다 이 떡은 곧 세상의 생명을 위해 주는 내 살이다"라고 하셨다. 그들은 그 말씀을 듣고 말다툼을 하였다. 그래서 예수님은 그들에게 "나의 살을 먹지 않고 나의 피를 마시지 않으면 너희 안에 생명이 없다 누구든지 내 살을 먹고 내 피를 마시는 사람은 영생을 가졌다 그래서 나는 마지막 날에 그를 다시 살릴 것이다"라고 하셨다.

이 말을 들은 그들은 "어렵다, 어려워" 하면서 다 예수님을 떠나버렸다. 그때 예수님이 열두 제자에게 너희도 떠나고 싶으냐고 물었는데, 베드로가 "주님에게는 영생의 말씀이 있습니다. 우리가 누구에게로 가겠습니까"라고 멋진 대답을 했다.

여기서 우리가 바로 알아야 할 것은 예수님의 말씀은 영생의 말씀이라는 것이다. 예수님이 내 살을 먹고 내 피를 마시는 사람에게는 영생이 있다고 하신 말씀이 무슨 의미인지 살펴보자.

이스라엘 백성이 40년간 먹고 마신 것은 예수님의 살과 피인데, 누군가는 "반석에서 나온 것은 물인데 그것이 어떻게 피인가! 말도 안 되는 소리 하지 마라!"고 할 것이다. 하지만 육신의 자녀가 태어날 때 아버지의 피를 받아 태어난다고 하면 그렇다고 할 것이다. 그러나 피 속에 물이 있기에 어떤 의사가 아이가 태어날 때 아버지의 물을 받아 태어난다고 말하면 아무도 수긍하지 않을 것이다. 그러나 의사가 "우리 몸에서 물이 30퍼센트가 빠져 나가면 죽을 것입니다"라고 말하면 "말도 안 되는 무식한 소리 하지 마시오. 피라면 몰라도 물이 무슨 그런 역할을 한단 말이오"라고 하지 않을 것이다. 왜냐하면 물과 피는 분리될 수 없기 때문이다.

그럼 영적인 상식을 보자. 요한일서 5장 6-8절 말씀이다. "이는 물과 피로 임하신 이시니 곧 예수 그리스도시라 물로만 아니요 물과 피로 임하셨고 증언하는 이는 성령이시니 성령은 진리니라 증언하는 이가 셋이니 성령과 물과 피라 또한 이 셋은 합하여 하나이니라." 이 말씀은 과학과 일치한다. 우리 육체의 피도 물과 DNA가 일치하고 하나다. 그런데 왜 교회에서는 물과 피와 성령을 하나로 가르치지 않는지 알 수 없다.

지금까지 살펴본 내용을 정리하면 이스라엘 백성이 광야 생활 40년 동안 신령한 양식과 물을 마셨는데, 그것은 **물과 피로 오신 예수님의 살과 피를 먹고 마신 것으로, 그들은 농사도 짓지 않고 기적으로 살았다.** 그리고 예수님은 이 땅에 오셔서 그분의 살을 먹고 그분의 피를 마셔 영생을 얻은 사람들을 마지막 날에 살리셔서 천국에 데려가신다고 하셨다.

그런데 오늘날 교회에서 성찬식 때 떡과 잔을 기념하고 있으니 심각한 문제다. 이 세상의 많은 교회가 떡과 잔을 기념하고 있고 우리도 그렇게 한다. 그럼 예수 믿는 많은 사람이 넓은 길로 가고 있기에 나도 따라간다고 하면 어떻게 되겠는가? 반면, 매우 적은 수의 신자가 좁은 길로 가고 있으니 잘못되었다고 무시한다면 역시 어떻게 되겠는가? 생각만 해도 아찔하다.

그럼 예수님이 제자들과 마지막 만찬을 하실 때 떡과 잔을 뭐라고 하셨는지 살펴보자. 마태복음 26장 26-28절에서 예수님은 떡을 떼어 제자들에게 주시며 "자 받아 먹으라 이것은 내 몸이다"고 하셨다. 또한 "모두 이 잔을 받아 마셔라 이것은 많은 사람의 죄를 용서하기 위해 흘리는 나의 피 곧 언약의 피다"고 하셨다. 우리가 분명히 알아야 할 한 가지는 예수님의 말씀이 영생의 말씀이요, 창조하실 때도 말씀으로 하셨다는 사실이다. 그런데 예수님이 직접 내 살이고 내 피라고 하셨는데, 그것을 떡으로 먹고 포도 주스로 마시면서 떡과 잔을 기념한다면 예수님의 말씀이 거짓이 되는 것이다. 예수님은 분명히 나를 기념하라고 하셨지 떡과 잔을 말씀하신 것이 아니다. 누가복음 22장 19절에서 예수님은 "너희는 이것을 행하여 나를 기념하라"고 하셨는데, 만약 떡과 잔을 기념한다면 말씀을 따르지 않은 것이 된다.

고린도 교회 교인들이 성찬을 잘못 행하자 사도 바울이 책망하는 내용이 있다. 바울이 성만찬에 대해 어떻게 말했는지 살펴보자. 고린도전서 11장 23-34절에서 사도 바울은 자신이 성찬에 대해 말한 것은 주님께 받은 것을 전한다고 했다. 예수님은 떡을 가지시고 "이것은 내 몸이다"고 하셨고, "너희는 이것을 행하여 나를 기념하라"고 하셨다. 잔도 마찬가지로 "나의 피 곧 언약의 피다"고 하시면서, "이것을 행하여 나를 기념하라"고 하셨다. 바울은 예수님이 말씀하신 그대로 고린도 교회에 가르쳤다. 그런데 그들은 배운 대로 하지 않았다. 그들은 집에서 가져온 음식으로 마음대로 먹었고, 예수님의 살과 피로 마시지 않았다. 그 결과 몸이 약해진 사람, 병든 사람, 죽은 사람까지 있었다고 30절에 기록되어 있다.

만약 예수님이 떡과 잔을 기념하라고 하신 것이 진리라면 떡은 떡이고 포도 주스는 포도 주스인데, 어떻게 떡을 먹고 포도 주스를 마셨다고 해서 사람이 약해지거나 병들거나 죽을 수 있을까? 성경 말씀을 보아도 떡과 잔을 기념하라고 하신 것은 아니다.

예수님은 분명히 이것을 행하여 "나를 기념하라"고 하셨지 떡과 잔을 기념하라고 하시지 않았다. 문제는 기념이 잘못된 번역이고, 잘못된 번역으로 예수님이 아닌 떡과 잔을 기념하는 것은 더 큰 잘못을 범한 것이다.

예수님이 "나를 기념하라"고 하신 말씀에서 '기념하라'에 해당하는 원어를 살펴보자. 그것은 헬라어 anamnesis(아남네시스)로 동일한 단어가 히브리서 10장 3절에 나온다. "제물을 드리는 일이 계속되어 해마다 죄를 기억나게 하였다." 여기서 "기억나게 하였다"는 말이 헬라어로 아남네시스다. 그럼 이것을 '기념하다'로 번역해보자. 그러면 "해마다 죄를 기념하게 하였다"이다. 죄를 기념한다면 그것은 마귀들이 할 일이다. 원어의 뜻을 살려 보면 "이것을 행하여 나를 생각하라 또는 기억하라"이다. 그러므로 원어의 정확한 뜻은 떡과 잔을 먹고 마실 때마다 예수님이 나를 위해 살을 찢으시고 피를 흘려주신 것을 기억하고 생각하여 주님이 오실 때까지 주님의 죽으심을 전하라는 것이다. 이것이 "너희가 이 떡을 먹으며 이 잔을 마실 때마다 주의 죽으심을 오실 때까지 전하는 것이니라"(고전 11:26)고 말씀하신 의미다. 그러니 떡과 잔을 기념하는 것은 잘못된 것이 된다.

이같이 기념하는 것은 잘못된 것이지만, 만약 떡과 잔을 기념하는 것이라면 누구든지 먹고 마셔도 문제가 없어야 한다. 왜냐하면 세례받은 어른은 기념하고 어린이는 기념하지 못하게 하니 이 또한 틀린 것이다. 어른은 하나님의 자녀이고 어린이는 하나님의 자녀가 아니라면 몰라도 예수 그리스도의 제자 된 어린이에서부터 어른에 이르기까지 다 성찬에 참예하는 것이 합당하다. 왜냐하면 성찬을 하는 목적이 "주의 죽으심을 오실 때까지 전하는 것"인데 이 말씀은 하나님의 모든 자녀에게 주신 것이다. 그럼 어린이는 하나님의 자녀가 아닌가? 어린이는 주님의 죽으심을 주님이 오실 때까지 전하면 안 된다는 말인가?

성찬의 목적에 해당되는 사람은 어른이나 어린이나 구별이 없어야 한다. 예수님이 어린이들을 위해서도 죽어주셨으니 그것을 믿는 어린이라면 주님이 오실 때까지 전해야 한다. 그런데 어린이는 안 된다고 하니 주님의 뜻과는 거리가 멀다.

성찬 때 떡과 잔을 기념하는 것은 결국 죄를 짓는 것이다. 고린도전서 11장 27절에서 누구든지 함부로 떡과 피를 먹고 마시면, 곧 떡과 잔을 기념하면 주님의 몸과 피에 대해 죄를 짓게 되는 것이라고 했다.

성만찬은 진실로 주님의 살을 먹고 피를 마실 때 이스라엘 백성이 광야에서 40년간 그리스도의 살과 피를 먹었다고 하신 말씀과 일치한다. 광야의 이스라엘 백성과 오늘의 우리 그리스도인이 다른 것이 무엇인가? 물론 광야 생활과 지금의 문화는 판이하게 다르다. 그러나 우리 모두는 광야 인생길을 가고 있다는 사실을 간과해서는 안 된다. 더군다나 "내가 예수 그리스도와 함께 십자가에 못 박혔고 이제는 내가 산 것이 아니고 내 속에 그리스도가 사는" 참된 그리스도의 제자라면 그는 분명히 주님이 주시는 신령한 양식과 신령한 음료를 마실 것이 분명하다.

육신의 눈으로 보면 만나요 미네랄 물이다. 그렇기 때문에 우리가 마음의 눈이 열리지 않으면 결코 깨달을 수 없다. 이미 앞에서 언급한 것처럼 요한일서 5장 6-8절에서 예수님이 이 땅에 오실 때 물과 피로 오셨고, 성령과 물과 피는 하나라고 하신 말씀도 깨닫지 못함으로 결국 기념설을 따라가게 된다.

가장 중요한 것은 말씀으로 천지 만물을 창조하신 예수님이 직접 "이것은 내 몸이다"고 하실 때 떡이 예수님의 살이 되었고, "이것은 내 피다"고 하실 때 포도 주스가 피가 된 것을 믿음의 눈으로 보면 보인다는 사실이다. 그래서 믿음의 눈으로 본 많은 사람이 있다. 만약 이것을 믿지 않으면 말씀으로 천지 만물을 창조하신 것도 믿지 않는 결과를 초래한다. 그러므로 성만찬이 예수님의 살과 피가 아니라면 다음 말씀이 의미가 없다.

고린도전서 11장 27-29절 말씀이다. "그러므로 누구든지 주의 떡이나 잔을 합당치 않게 먹고 마시는 자는 주의 몸과 피를 범하는 죄가 있느니라 사람이 자기를 살피고 그 후에야 이 떡을 먹고 이 잔을 마실찌니 주의 몸을 분변치 못하고 먹고 마시는 자는 자기의 죄를 먹고 마시는 것이니라." 이 말씀을 보면서 직감적으로 주의 떡과 잔은 주님의 몸과 피라는 사실이 깨달아져야 한다. 그렇지 않기 때문에 그리스도인으로서 삶이 망가져 있으면서도 떡과 잔을 받으며 아무런 느낌도 죄책도 없는 것이다. 만약 우리 삶이 세상 사람들과 확실하게 다르다면 누구나 성만찬 때 분명한 메시지를 깨닫고 날마다 더 경건한 삶을 살게 될 것이다.

또한 그리스도인은 과연 평소에 경건하게 살다가 주님 앞에 나아가는가? 만약 그렇지 않다면 성만찬에 참예한다는 것은 죄를 먹고 마시게 하는 무서운 행위가 된다.

실제로 일어난 일을 소개하고자 한다. 성만찬에 대한 진정한 메시지를 듣고 떡과 잔을 받은 어떤 집사님이 그동안 기념으로 먹고 마신 것을 철저히 회개하고는 떡을 먹고 포도 주스를 마시는데 피 냄새를 맡았고, 성령님이 임재하시면서 회개의 통곡을 하게 되었다고 한다.

우리가 예수님의 제자가 되었다면 예수 믿는 사람이고, 하나님의 자녀다. 자신의 죄를 진정으로 십자가에 못 박아 죽이고 세례받은 사람은 누구나 예수님의 살과 피를 먹고 마심으로 주님을 기억하고 생각하면서 주님이 죄인을 위해 죽어주신 것을 끝까지 전해야 할 사명이 있다.

그런데 많은 교회에서 세례와 성만찬 둘 다 잘못 행하고 있다. 물 세례는 의식이요 구원받은 표(벧전 3:21)인데, 진짜 세례인 예수님과 함께 죽고 예수님과 함께 무덤에 죄를 묻고 예수님과 함께 부활하여 새 생명으로 사는 것을 가르치지도 않고 의식인 물 세례만 주고 세례를 받았다고 말하는 것이다.

성만찬은 의식이 아닌데 떡과 잔을 기념하는 의식으로 1년에 한두 차례 행한다. 누가 이렇게 틀린 것을 가르치고 행하게 했을까?

디모데전서 4장 1-2절 말씀이다. "그러나 성령이 밝히 말씀하시기를 후일에 어떤 사람들이 믿음에서 떠나 미혹케 하는 영과 귀신의 가르침을 좇으리라 하셨으니 자기 양심이 화인 맞아서 외식함으로 거짓말하는 자들이라." 바로 이것이다. 지옥으로 끌고 가려는 마귀들이 교회 지도자들을 미혹해 신학교 강의와 교회 설교에서 가르친 결과다. 그러므로 성경 말씀을 꼼꼼히 읽고, 묵상하고, 회개하고, 세례받고, 죄 사함을 받아 성령을 선물로 받고, 성령님이 친히 가르쳐주시는 것을 알아야 한다.

요한복음 14장 26절 말씀이다. "보혜사 곧 아버지께서 내 이름으로 보내실 성령 그가 너희에게 모든 것을 가르치시고 내가 너희에게 말한 모든 것을 기억나게 하시리라."

요한일서 2장 27절 말씀이다. "너희는 주께 받은 바 기름부음이 니희 안에 거하나니 아무도 너희를 가르칠 필요가 없고 오직 그의 기름 부음이 모든 것을 너희에게 가르치며 또 참되고 거짓이 없으니 너희를 가르치신 그대로 주 안에 거하라."

이 두 말씀은 같은 내용으로 예수님이 직접 말씀하신 것과 사도 요한이 주님 말씀을 해석한 것이다. 예수님의 제자들을 보면 이 말씀이 얼마나 실제인지를 알 수 있다.

베드로는 실수도 많이 했지만 사도행전 2장에서 성령을 받고 난 뒤 성령님의 가르치심으로 성령님과 함께 사역하면서 실수하지 않았다. 우리도 성령님이 함께하지 않으면 마귀가 우리 옆에서 하는 달콤한 속삭임을 따라가게 된다. 예수님을 믿는 사람 중 이런 사람들이 아주 많다는 것을 알고 정신을 차리고, 예수님 말씀이 영생의 말씀임을 100퍼센트 믿고 말씀대로 살 때 성만찬의 의미를 바로 깨닫게 될 것이다.

그렇다면 어떻게 주님의 살과 피를 먹고 마실까? 앞에서 언급한 것을 통해 본다면 회개하고 세례를 받는 것이 주님의 살과 피를 먹고 마시는 것이다. 그러면 왜 회개와 세례가 예수님의 살과 피를 먹는 것일까? 예수님이 십자가에서 살이 찢기시고 피를 흘려주신 것은 우리 죄인들을 위한 것이다. 바로 그 죽으심이 주님이 받으신 세례(요 12:50, 막 10:38)인 것을 앞에서 확인했다. 우리가 주님과 함께 십자가에 못 박혀 죄를 죽이고, 무덤에 장사되고, 다시 주님과 함께 살아나 새 생명으로 살 때 주님의 살과 피를 늘 먹고 마시는 자가 되는 것이다. 그들이 광야 교회에서 40년간 신령한 양식과 음료를 마신 것도 반석 위에 서신 그리스도가 채찍에 맞으셔서 주신 신령한 음료, 즉 보혈을 말한 것이다.

회개와 세례를 통하지 않으면 죄 사함이 없기에 구속, 곧 구원은 불가하다. 주님의 살과 피를 먹고 마시지 않으면 영생은 불가하다. 즉, 죄 사함으로 구원과 영생이 이루어지고, 살과 피를 먹고 마심으로 영생이 이루어짐으로 회개와 세례를 받은 자만이 주님의 살과 피를 먹고 마신 자요, 주님 오실 때까지 먹고 마시게 될 것이다. 이것이 구원이요 영생이다. 그리고 좀더 우리 생활 속에서 예수님의 살과 피를 어떻게 먹고 마실까? 말씀이 육신이 되셨기에 매일 영의 양식인 말씀을 상고하고 묵상하는 것이다. 그리고 내 육신의 더럽고 추한 것을 주님의 보혈로 씻는 회개를 하는 것이다.

결론은 말씀과 기도로 거룩으로 계속 나아가는 것이 주님의 살과 피를 먹고 마시는 것이다.

12장

뜻을
돌이키시는
하나님

12장
·
뜻을
돌이키시는
하나님

● ● ● ● ● ● ● ● ● ● ● ● ● ● ● 오늘날 교회 안에 "나는 택함을 받았 으니 절대 망하지 않는다", "나는 예수님을 영접해 하나님의 자녀가 되었으니 하나님이 나를 버리지 않으신다", "예수 이름을 부르면 구원받 는다", "내가 문제가 있어도 하나님은 언젠가는 나를 견인해서라도 천국 으로 데려가신다", "한번 구원은 영원하다"고 믿는 사람이 허다하다.

그런데 사람들은 이 문장들에 쓰인 단어의 뜻도 모르면서 그것을 배우 고, 믿고, 가르치면서 위로와 평안을 누리고 있다. 이것은 아주 잘못된 것이다. 왜냐하면 로마서 14장 17절을 보면 "하나님 나라가 내 심령에 임 함으로 성령 안에서 의와 평강과 희락이 일어난다"고 했다. 그러나 위의 말들은 하나님의 구원을 쉽게 얻을 수 있다고 하니, 듣는 사람의 기분이 좋아지게 한다. 이러한 잘못된 가르침으로 평강과 희락을 얻고 기분이 좋아진다면 심각한 문제에 부딪히게 된다.

　가르침의 주제가 '사랑, 은혜, 평안, 만사형통, 축복'이라면 하나님의 뜻을 저버릴 가능성이 매우 높다. 왜냐하면 거의 모든 말씀 구조가 하나님 말씀에 우리가 어떻게 반응하느냐가 중요한 부분이기 때문이다.

　위에서 언급한 "나는 택함을 받았기에 절대 망하지 않는다"고 믿는 자들에게 "하나님이 당신을 택하셨다는 증거가 무엇인가?"고 물으면 황당한 대답을 한다. 또 이렇게 가르치는 사역자에게 '택함을 받은 증거'가 무엇이고, 어떻게 가르치느냐고 물으면 역시 정확히 답하지 못한다.

　그럼 믿음은 바라는 것들의 실상이고 보지 못하는 것들의 증거인데 택함을 받았다는 실상도, 증거도 모른 채 무조건 자기는 택함을 받았다고 확신한다면, 그것은 사람에 의해 만들어진 교리에 속은 것이고, 자신을 위한 위로에 불과하다.

　우리가 하나님의 뜻을 분명히 안다면 이런 말을 할 수 없다. 또 하나님의 뜻에는 변함이 없다고 하는 것도 역시 사람이 만든 이론에 불과하다. 처음부터 하나님의 뜻은 인간에게 자유의지를 주었고 그리고 인간 스스로 선택하도록 했다. 하나님의 뜻 또한 하나님이 하신 말씀을 따르면 축복을 주시고, 말씀을 따르지 않으면 버리신다고 하셨다. 이것이 성경 전체의 흐름이다.

　'택함을 받은 사람은 망하지 않는다'와 같은 '한번 구원은 영원하다'고 하는 말은 하나님이 뜻을 바꾸지 않으신다는 뜻이기에 그것이 성경에 확실한 증거가 있는 말인지 확인해볼 필요가 있다. 창세기 6장에서 사람들의 죄악이 관영함으로 하나님이 무슨 말씀을 하셨는지 살펴보자.

3절 말씀이다. "여호와께서 가라사대 나의 신이 영원히 사람과 함께 하지 아니하리니 이는 그들이 육체가 됨이라." 5-7절 말씀이다. "여호와께서 사람의 죄악이 세상에 관영함과 그 마음의 생각의 모든 계획이 항상 악할 뿐임을 보시고 땅 위에 사람 지으셨음을 한탄하사 마음에 근심하시고 가라사대 나의 창조한 사람을 내가 지면에서 쓸어버리되 사람으로부터 육축과 기는 것과 공중의 새까지 그리하리니 이는 내가 그것을 지었음을 한탄함이니라 하시니라."

3절에서 육체(육신)에 해당하는 히브리어는 바사르(basar)로, 사람이든 짐승이든 육신적인, 즉 영적인 것이 전혀 없는 상태를 말한다. 이것이 당시 그들의 모습으로 주님은 마태복음 24장 38-39절에서 이렇게 말씀하셨다. "홍수 전에 노아가 방주에 들어가던 날까지 사람들이 먹고 마시고 장가들고 시집가고 있으면서 홍수가 나서 저희를 다 멸하기까지 깨닫지 못하였으니 인자의 임함도 이와 같으리라." 창세기 6장 5-7절을 보면 하나님이 사람을 지으셨음을 한탄하셨고, 다 쓸어버리겠다고 하셨다. 그런데 하나님이 창조하실 때의 뜻은 그들에게 복을 주시면서 생육하고 번성하여 땅에 충만하라, 땅을 정복하라, 바다의 고기와 공중의 새와 땅에 움직이는 모든 생물을 다스리라고 하셨다. 바로 이것이 하나님의 뜻인데 그들의 죄악으로 인해 쓸어버리겠다고 뜻을 바꾸신 것을 우리는 알고 있다. 성경에는 하나님이 뜻을 돌이키신 실제 예들이 기록되어 있다.

또한 소돔과 고모라를 유황불로 사르는 심판에서 오직 롯의 가족만 구원을 받는 것이 하나님의 뜻이었다. 하나님의 사람이 롯과 롯의 가족의 손을 잡아 성 밖으로 이끌어낸 후 "도망하여 생명을 보존하라 돌아보거나 들에 머무르거나 하지 말고 산으로 도망하여 멸망함을 면하라"고 했다. 바로 이것이 하나님의 뜻이었으나, 롯의 아내는 뒤를 돌아보아 소금 기둥이 되고 말았으니 이것은 하나님의 뜻이 아니다. 그녀는 택함을 받았고 또 구원까지 받았으나 말씀에 순종하지 않아, 즉 하나님의 뜻을 저버림으로 멸망당한 것이다.

또한 출애굽한 이스라엘 백성은 모세와 함께 하나님께 구원받았다. 출애굽기 14장 13절에서 "모세가 백성에게 이르되 너희는 두려워 말고 가만히 서서 여호와께서 오늘날 너희를 위하여 행하시는 구원을 보라 너희가 오늘 본 애굽 사람을 또 다시는 영원히 보지 못하리라"고 하신 것은 이스라엘 백성을 구원하시는 하나님의 완전하신 뜻이다. 이렇게 구원받은 이스라엘 백성이 하나님을 원망하지 않고 말씀대로 믿음으로 곧바로 가나안에 들어갔다면 40년 광야 교회는 생기지 않았을 것이다. 그러나 민수기 14장에 나오는 그들을 보면 열 번이나 원망했고, 드디어 하나님의 진노가 그들에게 임하여서 "너희 말이 내 귀에 들린 대로 내가 행해 주겠다"고 하셨다. 이로 인해 그들은 광야에서 칼에 죽었고, 그들의 자녀들은 40년을 광야에서 유리했다. 하나님이 뜻을 돌이키셨기 때문이다.

출애굽기 32장에는 엄청난 사건이 나온다. 이스라엘 백성이 광야에서 금송아지 우상을 만들어 섬긴 것이다. 하나님은 부패하고 목이 곧은 그들을 진멸하기로 뜻을 정하셨다.

모세는 11-14절에서 이렇게 기도했다. "여호와여 어찌하여 그 큰 권능과 강한 손으로 애굽 땅에서 인도하여 내신 주의 백성에게 진노하시나이까 어찌하여 애굽 사람으로 이르기를 여호와가 화를 내려 그 백성을 산에서 죽이고 지면에서 진멸하려고 인도하여 내었다 하게 하려 하시나이까 주의 맹렬한 노를 그치시고 뜻을 돌이키사 주의 백성에게 이 화를 내리지 마옵소서." 이 기도로 여호와가 뜻을 돌이키사 말씀하신 화를 그들에게 내리지 않으셨다.

또 하나님의 뜻을 살펴보자. 사무엘상 10장 17-24절을 보면 이스라엘 초대 왕을 뽑는 과정이 나온다. 그것은 사무엘을 통해 하나님의 뜻을 세우는 과정으로 왕을 세우는 것이 하나님의 뜻이 아니었지만, 백성이 원하니 뜻을 바꾸시고 왕을 뽑게 하셨다.

사무엘은 사울이 여호와가 택하신 자라고 백성에게 분명히 일러주었다. 그렇다면 그에게 왕위가 계승되는 것이 하나님의 뜻인데 결과가 어떻게 되었는지 살펴보자.

사무엘상 13장 8-14절을 보자. 사울은 사무엘이 정한 기한대로 7일을 기다렸는데 사무엘이 길갈로 오지 않자 부득이 번제를 드렸다. 그런데 그 후 사무엘이 와서 사울에게 이렇게 말했다. "왕이 망령되이 행하였도다 왕이 왕의 하나님 여호와께서 왕에게 명하신 명령을 지키지 아니하였도다 그리하였더면 여호와께서 이스라엘 위에 왕의 나라를 영영히 세우셨을 것이어늘 지금은 왕의 나라가 길지 못할 것이라 여호와께서 왕에게 명하신 바를 왕이 지키지 아니하였으므로 여호와께서 그 마음에 맞는 사람을 구하여 그 백성의 지도자를 삼으셨느니라." 사울은 제사법을 지키지 않아 망령된 자가 되었고, 그의 왕위는 끝나버렸다. 하나님이 택하여 세우신 초대 왕 사울의 생애가 왜 이같이 비참하게 끝났는지 우리는 교훈을 얻어야 한다.

사사기 2장 18절에서 이스라엘 백성이 하나님께 범죄함으로 대적에게 압박당하고 괴롭힘을 당하자 슬피 부르짖으니 하나님이 뜻을 돌이키셨다.

시편 106편 44-45절도 여호와가 그들의 부르짖음을 들으시고는 그 고통을 권고하시고 그들을 위하여 언약을 기억하사 그 많은 인자하심을 따라 뜻을 돌이키셨다.

예레미야 15장 6절에서 여호와는 "네가 나를 버렸고 내게서 물러갔으므로 네게로 내 손을 펴서 너를 멸하였노니 이는 내가 뜻을 돌이키기에 염증이 났음이로다"라고 하셨다. 또 18장 8-10절을 보면 "만일 나의 말한 그 민족이 그 악에서 돌이키면 내가 그에게 내리기로 생각하였던 재앙에 대하여 뜻을 돌이키겠고…만일 그들이 나 보기에 악한 것을 행하여 내 목소리를 청종치 아니하면 내가 그에게 유익케 하리라 한 선에 대하여 뜻을 돌이키리라"고 하셨다. 또한 26장 3, 13, 19절은 이스라엘 백성이 그 악한 길에서 떠나 길과 행위를 고치고 또 왕이 여호와를 두려워하여 간구하면 그들에게 선고하신 재앙에 대해 뜻을 돌이키신다고 했다. 또 42장 10절에서도 하나님의 말씀을 따르면 그들에게 내린 재앙에 대해 뜻을 돌이키겠다고 하셨으니, 예레미야를 통해 주신 메시지는 말씀을 듣고 행하면 재앙을 거두시겠다는 것이다.

요엘 2장 13-14절에서 너희는 옷을 찢지 말고 마음을 찢고 너희 하나님 여호와께로 돌아오면 주님이 마음과 뜻을 돌이키시고 복을 끼치실 것을 언급한다.

아모스 7장 3, 6절은 황충과 불의 재앙의 환상을 본 아모스의 기도로, 하나님이 뜻을 돌이키시는 것을 언급한다.

요나 3장 9-10절은 니느웨 왕이 회개의 금식기도를 선포하면서 이렇게 하면 하나님이 혹시 뜻을 돌이키지 않겠느냐 했고, 하나님이 그들이 악한 길에서 떠난 것을 감찰하시고 뜻을 돌이키셨다. 또 4장 2절에서 요나가 원한 것은 니느웨의 멸망이었는데 그들이 회개함으로 뜻을 돌이키시는 하나님이심을 알게 되었다고 했다.

이와 같이 뜻을 돌이키시는 하나님을 바로 안다면 "나는 예수님을 영접해 하나님의 자녀가 되었으니 하나님이 나를 버리시지 않는다"고 말하지 못할 것이다. 자기 마음대로 살다가는 버림을 받는다.

사도 바울은 한 사람이 하나님의 자녀가 되는 것을 해산의 고통으로 표현했다. 디모데전서 2장 15절 말씀이다. "그러나 여자들이 만일 정절로써 믿음과 사랑과 거룩함에 거하면 그 해산함으로 구원을 얻으리라." 이같이 구원을 해산의 과정으로 표현한 것을 보면 하나님의 자녀가 되는 것은 결코 불과 몇 분의 전도로 될 수 없음이 분명하다. 이런 일들이 하나님의 뜻을 깨닫지 못한 결과다.

"주님을 영접해 하나님의 자녀가 되었는데 하나님이 버리신다고요?"라고 힘주어 말하는 사람에게 "당신이 진정 하나님의 자녀라는 것을 말씀해 보세요"라고 한다면 대개는 얼버무리고 만다. 여기서 누가 과연 하나님의 자녀인지, 성경이 말하는 하나님께로서 난 자가 누군지 살펴보자.

예수님은 니고데모에게 "사람이 거듭나지 아니하면 하나님 나라를 볼 수 없느니라", "사람이 물과 성령으로 나지 아니하면 하나님 나라를 볼 수 없느니라"고 하셨다. 그럼 거듭난다는 것이 무엇인가? 니고데모와 같이 훌륭한 바리새인이 "두 번째 모태에 들어갔다 날 수 있느냐?"고 어린아이 같은 질문을 했다. 잘 모를 때는 우리도 니고데모처럼 겸손히 어린아이가 되어야 한다. 니고데모는 우리가 묻고 싶은 것을 대신 물은 것이다.

믿음은 무엇인가? 회개하고 복음을 믿으라고 하심은 빛으로 오신 왕을 영접하는 것이다. 히브리서 11장 1절에서 정의한 바에 비추어 보면 "믿음은 바라는 것들의 실상"으로 어두운 자신의 마음을 밝게 하고자 하는 바람이 있는 사람은 빛을 영접함으로 실상인 빛이 자기 속에 들어오는 것이다. 그리고 "보지 못하는 것들의 증거"로 왕이신 예수님을 보지 못했지만, 말씀에 순종하고 왕을 영접하면 내 속에 있는 마귀의 일들을 왕이신 주님이 몰아내주시는 증거를 보게 되는 것이다. 이같이 예수님을 영접할 때 하나님의 자녀가 되는 권세를 주셨고, 그 이름을 믿는 자는 하나님께로서 난 자이며, 역시 하나님의 자녀의 권세가 주어지는 것이다. 우리는 하나님의 자녀의 권세를 아주 좋아한다. 그러나 반면 하나님의 자녀의 의무에 대해서는 적당히 넘기고 등한시한다. 하나님의 자녀가 되는 것, 거듭나는 것 그리고 하나님께로서 난 자 이 셋은 같은 뜻이다.

우리가 하나님께로서 난 자이면 하나님의 자녀로서 어떻게 해야 진짜 하나님의 자녀일까? 많은 사람이 이렇게 생각한다. 사람이 태어나면 그는 아버지의 자녀로 출생신고가 된다. 그러면 죽을 때까지 그 아버지의 자녀이기에 아무리 잘못을 하고 의무를 다하지 않아도 끝까지 아버지는 자기를 버리지 않는다고 생각한다. 집에서 쫓아내도 출생신고가 무효로 되지 않는다고 믿는다. 그래서 하나님의 자녀로서 의무를 다하지 않아도 구원에는 지장이 없다고 주장한다. 이렇게 보면 논리에 맞는 것 같다. 그러나 성경은 과연 무엇이라 말씀하는지 살펴보자.

누가 진정 하나님의 자녀인가? 감사하게도 사도 요한이 요한일서에 잘 정리해놓았다(하나님의 자녀에 대한 상세한 내용은 나의 책 『마땅히 행할 길』 18, 19장 참조).

첫째, 의를 행하는 자다. 요한일서 2장 29절 말씀이다. "너희가 그의 의로우신 줄을 알면 의를 행하는 자마다 그에게서 난 줄을 알이라."

둘째, 같은 죄를 계속 짓지 아니하는 자다. 요한일서 3장 9절 말씀이다. "하나님께로서 난 자마다 죄를 (계속) 짓지 아니하나니 이는 하나님의 씨가 그의 속에 서함이요 서도 범죄치 못하는 것은 하나님께로서 났음이라."

셋째, 서로 사랑하는 자다. 요한일서 4장 7-8절 말씀이다. "사랑하는 자들아 우리가 서로 사랑하자 사랑은 하나님께 속한 것이니 사랑하는 자마다 하나님께로서 나서 하나님을 알고 사랑하지 아니하는 자는 하나님을 알지 못하나니 이는 하나님은 사랑이심이니라."

넷째, 예수를 그리스도로 믿는 자다. 요한일서 5장 1절 말씀이다. "예수께서 그리스도이심을 믿는 자마다 하나님께로서 난 자니."

다섯째, 세상을 이기는 자다. 요한일서 5장 4절 말씀이다. "대저 하나님께로서 난 자마다 세상을 이기느니라 세상을 이긴 이김은 이것이니 우리의 믿음이니라."

그럼 우리가 이겨야 할 세상은 무엇인가? 요한일서 2장 16절 말씀이다. "이는 세상에 있는 모든 것이 육신의 정욕과 안목의 정욕과 이생의 자랑이니 다 아버지께로 좇아 온 것이 아니요 세상으로 좇아 온 것이라."

우리가 세상을 이기지 못하면 정말 구원에 문제가 되는 것인가?

요한계시록 2장 11절 말씀이다. "이기는 자는 둘째 사망의 해를 받지 아니하리라." 요한계시록 3장 5절 말씀이다. "이기는 자는 이와 같이 흰 옷을 입을 것이요 내가 그 이름을 생명책에서 반드시 흐리지 아니하고 그 이름을 내 아버지 앞과 천사들 앞에서 시인하리라." 요한계시록 21장 7절 말씀이다. "이기는 자는 이것들을 유업으로 얻으리라 나는 저의 하나님이 되고 그는 내 아들이 되리라." 결국 이기는 자가 하나님의 아들이 되는 것이다. 이 다섯 가지를 하나님 자녀의 기본으로 삼고 살아야 한다.

이 다섯 가지 외에도 하나님의 영으로 인도함을 받는 자가 하나님의 자녀이고(롬 8:14), 화평케 하는 자가 하나님의 자녀이며(마 5:9), 그리스도와 합하여 세례를 받고 그리스도로 옷 입은 자가 하나님의 자녀이고(갈 3:26-27), 부활의 자녀가 될 때 하나님의 자녀(눅 20:36)가 된다고 성경은 명확하게 말씀하고 있다.

스스로 하나님의 자녀라고 말하면서 요한일서에 기록된 하나님의 자녀로서의 삶을 살지 않는다면 거짓말하는 것이 된다. 성경은 분명히 하나님께로서 난 자가 누구인지 명확하게 말하고 있기 때문에 사람이 영접시키고 하나님의 자녀가 되었다고 아무리 선포해도 결코 하나님의 자녀가 될 수 없다. 이스라엘 백성을 보라. 그들은 온 인류 중 하나님이 선택하신 백성이지만, 하나님의 뜻을 따르지 않았을 때 가차 없이 버림받았다.

오늘날 많은 교회는 하나님이 우리를 예수 그리스도의 십자가 사랑으로 받아주시므로 걱정할 필요가 없다고 한다. 그러나 앞에서 언급한 말씀들을 따르지 않으면 하나님의 자녀가 아니다. 특히 '십자가 사랑'은 이미 앞에서 살펴본 것처럼 많은 사람이 그 의미를 제대로 모르고 사용하고 있다. 우리는 '십자가 사랑'이라 말할 수 없고, 아들을 십자가에 내어주신 '하나님 사랑'이라고 말해야 한다. 하나님이 우리를 사랑하신다는 것은 진리지만, 우리가 마음과 정성과 뜻과 힘을 다해 하나님을 사랑하지 않으면 영생을 얻는 것은 불가능하다(눅 10:25-28).

하나님의 뜻을 바로 안다면 하나님의 뜻대로 살고 있는지 점검해보아야 한다. 예수님이 이 땅에 오셔서 하나님의 뜻에 대해 식섭 말씀하신 것을 살펴보자.

마태복음 7장 21절 말씀이다. "나더러 주여 주여 하는 자마다 천국에 다 들어갈 것이 아니요 다만 하늘에 계신 내 아버지 뜻대로 행하는 자라야 들어가리라." 이처럼 아버지의 뜻을 행하는 자는 천국에 들어가고 행하지 않는 자는 멸망당하는 것이 바로 하나님의 뜻이다.

마태복음 18장 14절 말씀이다. "이와 같이 이 소자 중 하나라도 잃어지는 것은 하늘에 계신 너희 아버지의 뜻이 아니니라." 요한복음 6장 39-40절 말씀이다. "나를 보내신 이의 뜻은 내게 주신 자 중에 내가 하나도 잃어버리지 아니하고 마지막 날에 다시 살리는 이것이니라 내 아버지의 뜻은 아들을 보고 믿는 자마다 영생을 얻는 이것이니 마지막 날에 내가 이를 다시 살리리라 하시니라." 이와 같이 하나님의 뜻은 소자 하나라도 구원하는 것이요, 믿는 자 역시 영생을 얻는 것인데, 성경에서 말씀한 내용을 볼 때 구원받는 숫자가 아주 적다고 했다. 그럼 아버지의 뜻은 소자 하나라도 귀히 여기시는 것인데, 하나님 아버지의 뜻이 변함이 없으시다면 많은 사람이 구원받는 것이 마땅하다.

그러나 구원받을 사람이 적다는 말씀은 하나님의 뜻은 하나님의 뜻대로 행하는 자에게만 적용된다는 것이 확실하다. 이렇게 볼 때 하나님의 무조건적인 사랑이 우리를 구원으로 인도하는 것이 아니다. 그리고 하나님의 사랑을 뜻하는 헬라어 원어인 아가페의 의미는 '의지적인 선택'과 '존중하다'로 무조건적인 사랑이라는 뜻은 사전에 없다. 우리가 의지적으로 하나님을 존중하고 선택하는 것이 아버지 하나님의 뜻이다. 지구상의 모든 그리스도인이 하나님의 사랑을 사전에 없는 '조건 없는 사랑'으로 알고 있는데, 바로 이것이 사람의 계명으로 사탄에 미혹된 것이다.

누가복음 7장 30절 말씀이다. "오직 바리새인과 율법사들은 그 세례를 받지 아니한지라 스스로 하나님의 뜻을 저버리니라." 여기서 바리새인과 율법사들이 스스로 하나님의 뜻을 저버렸다고 한 것은 예수님의 말씀이다. 예수님은 하나님의 뜻이 "그 세례"를 받는 것이라고 말씀하셨다. 세례가 아니고 왜 "그 세례"인가?

이것은 세례 요한의 세례를 뜻하신 것으로, 마가복음 1장 4-5절에 이렇게 기록되어 있다. "세례 요한이 이르러 광야에서 죄 사함을 얻게 하는 회개의 세례를 전파하니 온 유대 사람과 예루살렘 사람이 다 나아가 자기 죄를 자복하고 요단강에서 세례를 받더라." 죄 사함을 얻게 하는 회개의 세례를 받는 것이 하나님의 뜻이었지만 그들은 받지 않아 하나님의 뜻을 저버렸다.

그럼 지금 우리가 하나님의 뜻을 따르고 있는지 살펴보자. 마가복음 16장 16절 말씀이다. "믿고 세례를 받는 사람은 구원을 얻을 것이요 믿지 않는 사람은 정죄를 받으리라."

세례를 받는 것이 하나님의 뜻인데, 여기서 '믿고 세례받는 것'과 '믿지 않고 세례받는 것'과 '믿고 세례받지 않는 것' 그리고 '아예 믿지 않는 것'을 구분해 생각해보자

먼저 '믿고 세례받는 것'으로 '믿는 것'과 '세례받는 것'이 동격이다. '믿는 것'이 '세례받는 것'이고 '세례받는 것'이 '믿는 것'이 될 때를 말한다. 그러므로 이 둘은 분리될 수 없다. 갈라디아서 3장 26-27절 말씀이다. "너희가 다 믿음으로 말미암아 그리스도 예수 안에서 하나님의 아들이 되었으니 누구든지 그리스도와 합하여 세례를 받은 자는 그리스도로 옷 입었느니라."

먼저 세례의 의미를 알면 믿음이 무엇인지 바르게 알 수 있다. 세례는 로마서 6장 3-4절에 설명되어 있다. 예수님과 함께 죽고, 예수님과 함께 십자가에 못 박아 죽인 죄를 장사하며, 예수님과 함께 살아나 새 생명으로 사는 것이 세례의 의미다. 갈라디아서 2장 20절이 믿음과 세례를 말하는 말씀이다. "내가 예수 그리스도와 함께 십자가에 못 박혔나니 그런즉 이제는 내가 산 것이 아니요 오직 내 안에 그리스도께서 사신 것이라 이제 내가 육체 가운데 사는 것은 나를 사랑하사 나를 위하여 자기 몸을 버리신 하나님의 아들을 믿는 믿음 안에서 사는 것이라." 바로 이것이 세례받은 사람이 믿는 사람임을 증거한 것이다.

믿지 않았다면 세례를 받을 수 없다. 세례의 의미가 바로 믿음의 과정을 뜻한다. 그런데 오늘날 교회 안에 믿지 않는 세례교인이 수없이 많다. '믿는다'는 것은 바라는 것들의 실상이요 보지 못하는 것들의 증거다. 실상과 증거가 없다면 믿는 사람이 아니다. 그저 교회에 출석하는 사람일 뿐이다. 그런데 그런 사람이 교회에서 주는 물 세례를 받고 세례교인이 된 것이다. 물 세례는 의식이요 하나의 표다(벧전 3:21). 그렇게 교회를 왔다 갔다 하는 사람은 세례의 의미인 예수님과 함께 십자가에 못 박혀 죽는다는 것을 생각해본 적이 없을 것이다. 그리고 자기 죄를 무덤에 장사해야 한다는 것도 모를 것이다. 그러니 부활하신 그리스도가 성도 가운데 살아계신다는 것은 그에게 아무런 의미가 없다. 그런데도 많은 세례교인이 집사도 되고 권사도 되고 장로도 되며, 나아가 목사까지 된다. 이런 교회가 있다면 그저 종교 단체라고 보아야 한다.

그다음 '믿고 세례를 받지 않은 자'들이 교회 안에 있다. 이것도 상당히 어려운 부분인데, 그들의 말을 들어보면 분명히 믿는 것으로 보인다. 그런데 그가 의식인 물 세례는 받았지만 진짜 세례를 받은 삶을 살지 않고 있다면 그것은 세례를 받은 것이 아니다. 그가 정말 세례를 받았다면 그는 자신의 죄를 십자가에 못 박았을 것이고, 그 죽인 죄를 무덤에 장사지냈다면 분명히 요한일서 3장 9절 말씀대로 살아야 한다. "하나님께로서 난 자마다 죄를 계속 짓지 아니하나니 이는 하나님의 씨가 그의 속에 거함이요 저도 범죄치 못하는 것은 하나님께로서 났음이라."

믿지 않는 자는 정죄함을 받는다고 했는데 '정죄함'은 '죄 사함'의 반대를 말한다. 우리가 죄 사함을 받는 것이 믿는 것이요, 죄 사함은 회개와 세례를 통해 이루어진다. 오늘날 교회를 보면 회개는 사라졌고, 세례는 의식적인 물 세례만 주며, 죄 사함은 무엇인지 전혀 경험하지 못한 사람이 집사요 권사요 장로다. 그러나 그들은 결코 믿는 자가 아니다.

사도행전 2장 38절을 보자. "회개하고 각각 예수 그리스도의 이름으로 세례를 받고 죄 사함을 얻으라 그리하면 성령을 선물로 받으리라." 누가복음 1장 77절에서 세례 요한의 아버지인 제사장 사가랴가 죄 사함으로 말미암는 구원이라고 했다. 그리고 구속은 바로 죄사함이고(엡 1:7, 골 1:14) 구속은 구원이다. 그러므로 회개하고 세례를 받지 않으면 구원을 얻을 수 없다.

그래서 주님이 믿고 세례를 받은 사람은 구원을 얻을 것이라고 친히 말씀하셨고, 이것이 곧 하나님 아버지의 뜻이다. 그러나 이 뜻을 따르지 않으면 아무리 오래된 교인일지라도 하나님이 그 뜻을 돌이키실 것이고, 구원에서 제외된다.

사도 바울이 말한 하나님 아버지의 뜻을 살펴보자. 데살로니가전서 4장 3절, 5장 13-18절 말씀이다. "하나님의 뜻은 이것이니 너희의 거룩함이라." "사랑 안에서 가장 귀히 여기며 너희끼리 화목하라 또 형제들아 너희를 권면하노니 규모 없는 자들을 권계하며 마음이 약한 자들을 안위하고 힘이 없는 자들을 붙들어 주며 모든 사람을 대하여 오래 참으라 삼가 누가 누구에게든지 악으로 악을 갚지 말게 하고 오직 피차 대하든지 모든 사람을 대하든지 항상 선을 좇으라 항상 기뻐하라 쉬지 말고 기도하라 범사에 감사하라 이는 그리스도 예수 안에서 너희를 향하신 하나님의 뜻이니라."

로마서 12장 2절 말씀이다. "너희는 이 세대를 본받지 말고 오직 마음을 새롭게 함으로 변화를 받아 하나님의 선하시고 기뻐하시고 온전하신 뜻이 무엇인지 분별하도록 하라."

이 말씀들을 보면 하나님의 뜻은 하나같이 우리 삶을 오직 하나님께로 향하도록 말씀하고 있다. 위 말씀의 뜻을 따르지 않아도 하나님이 뜻을 영원히 바꾸지 않으시고 우리를 구원하신다면 수많은 그리스도인이 구원을 받겠지만 실상은 그렇지 않다.

오늘날 많은 가르침은 하나님의 뜻과 멀다. 우리가 스스로 분별하지 못하고 가르침을 따르고 결국 영혼이 잘못되었을 때 아무도 원망할 수 없다. 그러므로 우리 스스로 하나님의 뜻을 분별하지 못하면 아무런 방법이 없다. 우리가 스스로 하나님을 찾고 철저히 회개하여 그 열매인 세례를 받고 죄 사함을 받아야 한다.

여기서 회개의 열매가 세례라는 말은 아마 처음 들을 것이다. 진정한 세례는 자기 죄를 자기 십자가에 못 박아 죽이는 것이고, 회개의 열매는 죄를 단순히 회개하는 것이 아닌 더 철저하고 강하게 회개하여 결국 죄를 죽이는 것이 되어야 하는데, 죄를 죽이는 것이 바로 세례이므로 세례가 회개의 열매인 것이다.

지금 우리는 마지막 때에 살고 있다. 마지막 때의 우리 삶은 디도서 2장 12절로 보아야 한다. "우리를 양육하시되 경건치 않은 것과 이 세상 정욕을 다 버리고 근신함과 의로움과 경건함으로 이 세상에 살고." 여러 번 강조하지만 바로 이것이 우리 삶이 되어야 한다.

이제 우리 주심이 다시 오시면 심판하신다. 그럼 그 심판을 누가 받을 것인지 살펴보자. 유다서 15절 말씀이다. "이는 뭇사람을 심판하사 모든 경건치 않은 자의 경건치 않게 행한 모든 경건치 않은 일과 또 경건치 않은 죄인의 주께 거스려 한 모든 강퍅한 말을 인하여 저희를 정죄하려 하심이라 하셨느니라."

하나님이 심판하시는 뜻은 경건힌 자는 받으시고 경건치 않은 자는 심판으로 멸하시는 것이다.